साहित्यिक निबंध : आधुनिक दृष्टिकोण

साहित्यिक निबंध : आधुनिक दृष्टिकोण

बच्चन सिंह

वाणी प्रकाशन

वाणी प्रकाशन का 'लोगो'
विख्यात चित्रकार मक़बूल फ़िदा हुसेन की
कूची से

ISBN : 978-81-8143-810-2

वाणी प्रकाशन
21-ए, दरियागंज, नयी दिल्ली-110002
द्वारा प्रकाशित

फोन : 0091#11#23273167, 23275710
फैक्स : 0091#11#23275710
ई-मेलः vaniprakashan@gmail.com
vani_prakasha n@yahoo.com
वेबसाइट : www.vaniprakashan.com

प्रथम संस्करण : 2008

मूल्य : 150.00
आवरण : वाणी प्रकाशन
जय भारत प्रिंटिंग प्रेस, शाहदरा, दिल्ली-110032
द्वारा मुद्रित

SAHITYIK NIBANDH : AADHUNIK
DRISHTIKON
by : Bachchan Singh

भरत समान अनुज रामाज्ञा सिंह
को सस्नेह

भूमिका

जब आँख खुलती है,
तो बिस्तर से ऐसे लपक कर मत उठो
मानो किसी ने डंक मार दिया हो।
तुमने जो कुछ सपने में देखा है,
पहले उस पर विचार कर लो।

—रसूल हमज़ातोव

चाहे जीवन हो या लेखन उसके मूल में कोई न कोई सपना होता है। सपने के अभाव में न जीवन सार्थक है न लेखन। इसलिए लंबी-चौड़ी उबाऊ भूमिका से अलग लेखन से सीधे साक्षात्कार बेहतर होता है। भूमिका में कुछ ट्रेसेज (चिह्न) जरूर होते हैं। उनसे सपने पहचाने जाते हैं। पुस्तक का नाम है 'सास्त्र सुचिंतित पुनि पुनि देखिय।' यह बाबा तुलसीदास की पंक्ति है। बाबा ने यह कार्य स्वयं किया है। देश काल (स्पेस-टाइम) के बदल जाने पर पुराने चिंतन पर पुनः विचार करना ज़रूरी हो जाता है। एक ही देश काल में रहकर भी एक ही विषय पर दो व्यक्ति अलग-अलग ढंग से विचार करते हैं। जैसे, अभिनवगुप्त और कुंतक। पहले में आनंद पर बल है, दूसरे में आह्लाद पर। आनंद का संबंध अलौकिकता से है। आह्लाद का इहलौकिकता से।

आचार्य शुक्ल ने कविता, भाषा और भारतेंदु पर तीन-तीन, चार-चार निबंध लिखे हैं। इसी का नाम 'पुनि-पुनि देखिय' है। इस पुस्तक में पहला निबंध तो 'पुनि-पुनि देखिय' से संबद्ध है। आज दुनिया तेजी से बदल रही है, हमारा परिप्रेक्ष्य बदल रहा है। पुरानी चीजों को देखना कुछ नया देखना होगा। दूसरा निबंध—हिंदी साहित्य के इतिहास पर नए सिरे से, परिवर्तित समय-चेतना से संबद्ध करते हुए,

पुनर्विचार किया गया है। आगे का निबंध बताता है कि स्वयं आचार्य शुक्ल अपने को निरंतर बदलते गए हैं। बाबा तुलसीदास जैसे अन्यतम राम भक्त कवि को 'हनुमान बाहुक' तक आते-आते मुझे लगता है कि उनमें मोहभंग की प्रवृत्ति जाग्रत हुई है। विजयदेव नारायण साही ने जाएसी में जो कुछ देखा था यहाँ पर कुछ अनदेखा कर दिया गया है। 'अनदेखा' भी नया देखना होता है। भारतेंदु में कुछ ऐसे ट्रेसेज हैं जो समग्र भारतेंदु के संकलन और वैज्ञानिक संपादन की माँग करते हैं। घनआनंद पर जो कुछ लिखा गया है वह बहुत कुछ देखने के बाद पुनः देखा गया है।

साहित्यपरक चिंतन यथास्थितिवाद–'स्टेटसको' को तोड़ता है।

इन निबंधों में इसी वाद को तोड़ा गया है। यह भी कह सकते हैं कि लेखन की प्रक्रिया में वह अपने आप टूटता गया है।

–बच्चन सिंह

निराला निवेश,
रथयात्रा, महमूरगंज
वाराणसी-221010

अनुक्रम

सास्त्र सुचिंतित पुनि-पुनि देखिय

I

इधर पिछले तीन दशकों में यूरोप-अमरीका में विज्ञान का—उसके प्रत्येक क्षेत्र में—इतना अद्‌भुत विकास हुआ है, इतनी तेजी से हुआ है कि हमारे लिए अकल्पनीय है। विचारधारा में भी तेज परिवर्तन आया है जैसे, भूमंडलीकरण, उदारीकरण, मुक्त बाजार। ये विकसित, समृद्ध पूँजीवादी देशों के धारदार हथियार हैं जिनके सहारे वे तीसरी दुनिया को अपनी हाट बनाकर अपने माल बेच कर उसे लूट रहे हैं—माल चाहे शस्त्रास्त्रों का हो, चाहे प्रौद्योगिकी का हो या संस्कृति और विचारों का हो। एजाज अहमद ने ठीक ही कहा है—"...फिर जहाँ तक अब मुझे दिखाई पड़ता है 'भूमंडलीकरण' का मुख्य वैचारिक काम सारी दुनिया में, राजनीति और अर्थ-व्यवस्था के क्षेत्रों के साथ-साथ संस्कृति के परिदृश्य में भी एक तरह की बेबसी का भाव भरना और हर किसी को यह यकीन दिलाना है कि वास्तव में अब कोई विकल्प नहीं है; कि राष्ट्र-राज्य तक भूमंडलीकरण की प्रक्रियाओं के आगे असहाय हैं; कि भारत और चीन जैसे विशाल देश भी—जहाँ दुनिया की आधी आबादी रहती है, असहाय हैं...।" तीसरी दुनिया भूमंडलीकरण के व्याल-जाल से फिलहाल तो मुक्त नहीं हो सकती पर स्वदेशीकरण और अपनी सांस्कृतिक अस्मिता की सही पहचान द्वारा अपने को बचाने का प्रयास कर रही है या उसे बचाने में संलग्न है।

साहित्य शास्त्र और आलोचना का संबंध संस्कृति से ही है। इस आलेख में मैं अपने को इन्हीं तक सीमित रखूँगा। जिस तरह भूमंडलीकरण एक खतरनाक विचारधारा है उसी तरह यूरो-अमरीकी संरचनावाद, उत्तर-संरचनावाद, आधुनिकतावाद, उत्तर-आधुनिकतावाद पाठवाद, विरचनावाद आदि को कम खतरनाक नहीं समझना चाहिए। इस अधकचरे आयातित माल को लेकर हम आधुनिकता का ताज पहन

अपनी पीठ थपथपाने लगते हैं। भारतीय आलोचक, मुख्यतः हिंदी के आलोचक सस्यूर, लेवी स्त्रौस, डी मन, फुको, लकां, याकोब्सन, हाइडेगर, दरिदा आदि का नाम जाप करने में सबसे आगे रहते हैं। दूसरी ओर आलोचना के वे पंडित हैं जो भरत, भामह, दंडी आनंदवर्धन, अभिनवगुप्त को एकांत भाव से दंडवत करते हैं। इनकी लक्ष्मण-रेखा से बाहर जाने पर उनकी नानी मरने लगती है। वे शांतं पापं शांतं पापं कह उठते हैं।

यह सही है कि पाश्चात्य आलोचनात्मक सिद्धांतों के आधार पर, जो दूसरी मिट्‌टी, पर्यावरण, इतिहास में पैदा हुए नहीं देख सकते, जब तक भारतीय दृष्टि, परंपरा, स्रोत आदि के माध्यम से अपनी चिंता का अध्ययन नहीं करेंगे तब तक न हम सही निष्कर्षों पर पहुँच सकेंगे न अपनी-अपनी अस्मिता की पहचान कर उसकी रक्षा कर सकेंगे। इसका अभिप्राय यह नहीं है कि हम पाश्चात्य काव्यशास्त्र की उपलब्धियों को नकार दें। उनसे कुछ भी न सीखने की कसम खा लें। बिंब, पेटफर, मिथक आदि पश्चिम से ही मिले हैं। हमें अपने काव्यशास्त्र और दर्शनों के पुनरीक्षण की जरूरत है। उनमें बहुत-सी ऐसी बातें मिल सकती हैं जो पश्चिमी सिद्धांतों से कहीं अधिक बेहतर और व्यवस्थित हों। पर उनमें ऐसी बातें भी हैं जिनकी अस्वीकृतियाँ आवश्यक हैं। अस्वीकृतियों का अर्थ इतनी समृद्ध परंपरा का नकार नहीं है।

इधर प्रो. देवी ने नए काव्यशास्त्र के निर्माण का एक शिगूफा छोड़ा है—देशज काव्यशास्त्र के निर्माण का। इस संदर्भ में वे पूर्वी और पश्चिमी काव्य-सिद्धांतों को खारिज कर देते हैं। उनके मतानुसार हमें देश्य भाषाओं के आधार पर नए काव्यशास्त्र का निर्माण करना चाहिए। उनकी एक पुस्तक है—'आफ्टर एम्लेशिया।' उसमें उन्होंने अनेक महत्त्वपूर्ण मुद्‌दों को उठाया है। इनमें एक यह भी है कि हम यूरोपीय काव्य-सिद्धांतों, को बिना उनका इतिहास जाने हुए अपना रहे हैं। देश के उपनिवेशीय मानस पर उनकी टिप्पणी है कि उपनिवेशवादी सिद्धांत देते और उपनिवेशीय मानस उनका अनुकरण करता है। पर जब वे संस्कृत काव्यशास्त्र को खारिज करते हुए भाषा-काव्यशास्त्र की बात करते हैं तो आश्चर्य होता है। तब तो जितनी भाषाएँ होंगी, उतने ही काव्य-सिद्धांत होंगे। अकेले हिंदी-प्रदेश में हिंदी, उर्दू, अवधी, ब्रजी के लिए अलग-अलग काव्य-सिद्धांत होंगे। उत्पलदत्त जैसे प्रसिद्ध प्रयोगशील रंगकर्मी ने स्पष्ट कहा है कि बिना परंपरा का आधार ग्रहण किए हम कुछ नया नहीं कर सकते। हिंदी, बंगला, मराठी, गुजराती पर तो संस्कृत की काव्य-परंपरा का प्रभाव है ही कन्नड़, तमिल, मलयालम पर भी कम नहीं है। केवल इतना हो सकता है

कि भाषा की अपनी विशेषताओं के आधार पर संस्कृत काव्यशास्त्र में कुछ नया जोड़ा जा सकता है। पंडितराज जगन्नाथ के रस गंगाधर पर भाषा कवि बिहारी का प्रभाव देखा गया है।

एस.के. नांदी ने 'स्टडीज इन माडर्न एस्थेटिक्स' में रवींद्रनाथ टैगोर, ब्रजेंद्रनाथ सील, श्री अरविंदो और अवनींद्रनाथ टैगोर की सौंदर्यशास्त्रीय दृष्टि पर विचार किया है। उसके मतानुसार उन्होंने भारतीय सभ्यता, संस्कृति और परंपरा से बहुत कुछ ग्रहण किया है। उन्हें सौंदर्यशास्त्र के श्रेष्ठ पाश्चात्य विचारकों स्पिनोजा, क्रोचे के समकक्ष रखा जा सकता है। टैगोर के बारे में सभी को ज्ञात है कि मूलतः भारतीय संस्कृति चिंतक और साहित्यशास्त्र पर पश्चिम ने उन्हें नए ढंग से सोचने की प्रेरणा दी है। कहने का तात्पर्य यह है कि अपनी परंपरा को छोड़कर और पश्चिम को एकदम नकार कर हम कुछ ताजा नया और महत्त्वपूर्ण नहीं दे सकते।

हिंदी के भाषा-कवियों—कबीर, सूर, तुलसी, बिहारी आदि की रचनाओं पर विचार करने से ज्ञात होता है वे भारतीय संस्कृति और काव्यशास्त्र दोनों से प्रभावित हैं। हिंदी आलोचकों में आचार्य रामचंद्र शुक्ल एकमात्र एस्थेटिशियन हैं। इस संबंध में उनकी पुस्तक 'रस-मीमांसा' द्रष्टव्य है। अपने सारे अंतर्विरोधों के बावजूद उसकी सौंदर्य या रस दृष्टि में एक टटकापन है। उस पर भी पाश्चात्य चिंतन का प्रभाव है।

यों भारतीय काव्यशास्त्र, भारतीय संस्कृति पर ऊंगलियाँ उठती रही हैं और उठ रही हैं। भारतीय काव्यशास्त्र को संस्कृत-काव्यशास्त्र कहना लोग अधिक औचित्यपूर्ण मानते हैं। सच पूछिए तो अपने देश में संस्कृत काव्यशास्त्र के अतिरिक्त अन्य कोई काव्यशास्त्र नहीं। अतः उसे व्यापक अर्थ में भारतीय काव्यशास्त्र कहना ज्यादा संगत है। भारतीय संस्कृति पर नाक-भौं सिकोड़ने वालों की संख्या और भी अधिक है। माना भारत में एक नहीं अनेक संस्कृतियाँ हैं। कुछ संस्कृतियाँ एक-दूसरे की विरोधी भी हैं। किंतु उनमें विरुद्धों का अद्भुत सामंजस्य है। काव्यशास्त्र को वर्गवादी दृष्टि से नहीं देखना चाहिए। वह स्वायत्त और वर्ग-निरपेक्ष होता है। साधारणीकरण के सिद्धांत से भी यह सिद्ध होता है। कवि की अभिव्यक्तियाँ साधारणीकृत होकर ही लिपिबद्ध होती हैं। इसी साधारणीकृत अभिव्यक्ति को सहृदय ग्रहण करता है। साधारणीकरण का संबंध मानवीय चित्तवृत्ति से है, न कि एक वर्ग-विशेष से। मानवीय जीवन को काव्य पूर्णतर बनाता है।

II

भारतीय काव्यशास्त्र में काव्य की प्रकृति और स्वरूप दोनों पर विचार किया गया है। प्रकृति यानी रस और स्वरूप या रचना की भाषा-विधि। पश्चिम और पूर्व के काव्य-भाषा-विचार में बुनियादी अंतर नहीं है। पश्चिम उलझाऊ है तो पूर्व सुलझाऊ और बहुत दूर तक पारदर्शी अभिनव की भाषा और विचार जहाँ-तहाँ दुर्ग्राह्य जरूर हैं पर उसकी अपनी ऊँचाइयाँ भी हैं।

काव्य की प्रकृति रसात्मक होती है। भरत का स्पष्ट कहना है कि नाट्य का पर्यवसान रस में होता है। किंतु आश्चर्य है कि किसी आचार्य ने रस को काव्य की आत्मा नहीं कहा है। 'आत्मा' शब्द का प्रयोग रीतिवादी वामन ने किया है और ध्वनिवादी आनंदवर्धन ने। वामन 'रीतिरात्मा काव्यस्य' कहता है तो आनंदवर्धन 'काव्यस्यात्मा- ध्वनिरिति।' ध्वनिवाद रसवाद ही है। प्रश्न उठता है कि आनंद ने इसे रसवाद क्यों नहीं कहा? वस्तुतः रस एस्थेटिक्स का विषय है जो दर्शन की एक शाखा है। रस का सीधा संबंध नाटक से है। नाटक में विभानुभाव मंच पर प्रत्यक्षीकृत होते हैं। वह स्थिति काव्य में नहीं होती। ध्वनिवादियों ने काव्य में रस की स्थापना के लिए ध्वनि को सामने रखा। शब्द को जो अर्थ ईश्वर या समाज ने दिया है वह अभिधा है। कोरी अभिधा काव्य-रचना के काम की नहीं है। दूसरे शब्दों में—वाच्यार्थ काव्य नहीं होता। उसके प्रयोग से कुछ विलक्षण अर्थ ध्वनित होना आवश्यक है। यह प्रतीयमान अर्थ है। व्यंजना को लेकर अनेक ऊहापोह चलते रहे, विवाद होते रहे। आज के संदर्भ में यह पूछना महत्त्वपूर्ण है कि क्या व्यंजना शाब्दी और आर्थी दोनों होती है। मेरे ख्याल में व्यंजना केवल शाब्दी होती है। अर्थ तो शब्द में होते ही हैं। अर्थ ध्वनय का आधार शब्द ही है। पूर्व-पश्चिम दोनों में शब्द सर्वोपरि है। हमारे यहाँ उसे ब्रह्म तक कहा गया है। सहृदय को व्यंजना की समझ के लिए प्रतिभा की आवश्यकता होती है। पाठकवादी आलोचना के पाठक को भी प्रतिभा संपन्न और व्युत्पन्न होना चाहिए।

वस्तुतः रस काव्य का प्राण है। यदि प्राण न हो तो काव्य की संज्ञा नहीं दी जा सकती। एकमात्र रस को काव्य या साहित्यालोचना की कसौटी नहीं माना जा सकता—आज के संदर्भ में तो और भी नहीं। किंतु काव्य की पहचान रस से ही होती है। लेकिन इसकी चर्चा करते हुए इसे ब्रह्मानंद सहोदर, चिन्मय, अनिर्वच, आत्म-परामर्श आदि कह कर धर्म-अध्यात्म से जोड़ दिया गया है। भरत ने इसकी विवेचना भौतिक धरातल पर ही की है। रस का आध्यात्मीकरण मुख्यतः ध्वनिवादियों

ने किया है—आनंदवर्धन, अभिनव और मम्मट ने। इनके पहले भट्टनायक की पहल भी द्रष्टव्य है। वेदांत और सांख्य से प्रेरणा लेकर उन्होंने इसे ब्रह्मानंद के समकक्ष ही नहीं ठहराया बल्कि नाट्य को मोक्ष का सर्वोत्तम साधन भी कहा। अभिनवगुप्त का शैवागमीय आनंद भी यही है। आनंद कुमार स्वामी ने 'दी डांस आफ शिव' में इसकी विस्तृत चर्चा की है। वे इसे अनिवार्यतः आध्यात्मिक और वेदांतिकनी मानते हैं—पद्धति और निष्कर्ष दोनों में। के.सी. पांडेय का मत इससे भिन्न नहीं है। अलौकिकत्व और आनंदत्व की चर्चा न अलंकारवादियों ने की है और न वक्रोक्ति न जीवितकार कुंतक ने। भरत रस से हर्षादि की प्राप्ति बतलाते हैं और कुंतक आह्लाद। कुंतक कदाचित् आनंदवर्धन और अभिनव के परवर्ती हैं। फिर भी आनंद की जगह आह्लाद का उल्लेख करते हैं। यह अकारण नहीं है। कुंतक को दार्शनिक जगड्वाल पसंद नहीं था। वे 'रस समाहित चित' का मखौल उड़ाते हैं।

आचार्य रामचंद्र शुक्ल ने रस की अलौकिकता और आनंदमयता पर जबरदस्त प्रहार किया है—'मेरी समझ में रसास्वादन का प्रकृत स्वरूप आनंद के व्यक्त नहीं होता है। लोकोत्तर, अनिर्वचनीय आदि विशेषणों से न तो उसके अवाचकत्व का परिहार होता है। और न प्रयोग का प्रायश्चित्। क्या क्रोध, शोक, जुगुप्सा आदि आनंद का रूप धारण करके श्रोता के हृदय में प्रकट होते हैं, अपने प्रकृत रूप का सर्वथा विसर्जन कर देते हैं, उसे कुछ भी लगा नहीं रहने देते। क्या कोई दुःखांत कथा पढ़कर बहुत देर तक उसकी खिन्नता नहीं बनी रहती? चित्त का द्रुत होना क्या आनंदमय है। इस आनंद शब्द ने काव्य के महत्त्व को नाच-तमाशे की तरह बना दिया है।'

लोकोत्तरता से संभवतः शुक्ल जी लोक से बाहर आध्यात्मिक या ईश्वरीय अर्थ लेते प्रतीत होते हैं। यदि उन्होंने इसे रचना के संदर्भ में लिया होता तो यह आध्यात्मिक न मालूम पड़ता। रचना में जो अर्थ संगुफित होता है वह लोकगत होकर भी उससे भिन्न होता है, विचित्र होता है। रसानुभूति लोकानुभूति से विलक्षण होती है। वह केवल साहित्य में होती है। पाठक काव्य पढ़ने के बाद जब वह रसानुभव करता है तो स्व, पर तथा तटस्थता से परे हो जाता है। पाठक साधारणीकृत काव्य-व्यापार से तादात्म्य करता है। इस अवस्था को शुक्ल जी 'हृदय की मुक्तावस्था' कहते हैं। क्या है यह मुक्तावस्था? हिंदी के आलोचक-वृंद इस शब्द लहू हैं? क्या यह आनंदावस्था या समाधिचित्रता से भिन्न है। शुक्ल जी का यह अंतर्विरोध पूर्व-पश्चिम की टकराहट का अंतर्विरोध है। शुक्ल जी अंततः आनंदवाद का ही समर्थन करने लगते हैं। भरत स्वयं रसादि को सुख-दुःखात्मक मानते हैं। रामचंद्र-गुणचंद्र तो स्पष्टतः

'सुख-दुःखात्मको रसः' कहते हैं। ऐसा मान लेने पर लौकिक सुख-दुःखात्मकता के साथ पाठक का हृदय-संवाद हो सकता है।

सबसे महत्त्वपूर्ण प्रश्न है कि आलोचना कर्म में रसवाद की क्या भूमिका है? सच तो यह है कि रसवाद से आलोचना का कोई खास सरोकार नहीं है। वाजपेयी जी आधुनिक समीक्षा के लिए रसवाद को बहुत उपयोगी नहीं मानते। उनके मतानुसार रसवाद की विश्लेषण क्रिया से आधुनिक समीक्षाकार विशेष लाभ नहीं उठा पाता। एक-एक पंक्ति या चार-चार पंक्तियों में रस ढूँढ़ने की प्रक्रिया अब पुरानी पड़ गई है। सैकड़ों-सहस्रों नायक-नायिकाओं के भेदों को जन-जीवन से अलग करके देखने में क्या रखा है? यही नहीं उनका आरोप है कि 'रद्दी से रद्दी भ्रष्ट से भ्रष्ट कविता की जाती रही और रस-संप्रदाय अकर्मण्य होकर उसे प्रोत्साहन देता रहा। काव्य दोषों में अश्लीलत्व आदि दो-एक जोड़ देने से काम नहीं चल सकता, रसवाद ने अपने संरक्षण में निम्न से निम्न कवियों को प्रश्रय दिया है।' किंतु वाजपेयी जी का यह निषेधात्मक दृष्टिकोण समीक्षा का मार्ग नहीं निर्दिष्ट करता। उनके मतानुसार आधुनिक समीक्षक कवि के मानसिक और कलागत विकास का आकलन करता है। यह एक रोमेंटिक दृष्टिकोण है। गैर रोमेंटिक दृष्टिकोण कवि को उसके आसन से च्युत करके समस्त काव्य-व्यापार का यानी टेक्स्ट का विवेचन करता है। पश्चिम में कवि की मृत्यु की घोषणा की जा चुकी है, मीमांसकों ने भी कवि के साथ यही व्यवहार किया है।

संस्कृत काव्यशास्त्र में ध्वनिवाद का महत्त्व अधिक है, वक्रोक्ति का कम। दूसरी एक बात और भी ध्यातव्य है कि वक्रोक्ति की कोई परंपरा नहीं चली या चलने नहीं दी गई। इसके कारणों की तलाश रोचक है। ध्वनि संप्रदाय आत्मवादी है। उसके साथ थोड़ा अध्यात्म भी जुड़ा हुआ है। वक्रोक्ति देहवादी है, आत्मवाद वह बचता है। वह, जैसा कि डॉ. लाहिरी और डॉ. मुखर्जी मानते हैं, आनंदवर्धन का समसामयिक और अभिनवगुप्त का पूर्ववर्ती था। कुंतक ध्वनिवाद को आरोपित सिद्धांत कहता है। अभिनव ने वक्रोक्ति का उल्लेख किया है, भामह के संदर्भ में। अभिनव ने कुंतक की कुछ बातों को लिया है, किंतु कुंतक का नाम गोल कर दिया है। उसे 'अन्यैः' कह कर चलतन कर दिया है। इससे भी सिद्ध होता है कि आत्मवादियों को आत्म-निरपेक्ष व्यक्ति स्वीकार्य नहीं था। हमारी दृष्टि में वक्रोक्ति-सिद्धांत आज के भाषावादी सिद्धांत के निकट है, आधुनिक है।

वह जीवन और जगत के यथार्थ से जुड़ा हुआ है, इसीलिए राजशेखर की तरह कवि को पूरी स्वच्छंदता नहीं देना चाहता। राजशेखर का कथन है—'अपारे

काव्य संसारे कविरेकः प्रजापतिः/ यथास्मै रोचते विश्वं तथेदं परिवर्तते।' कुंतक का कहना है–'इत्य-सत्तर्क स्वतंत्रेऽप्यकृतादरः' अर्थात् इस प्रकार के असत् तर्क के संदर्भ वाले स्वतंत्र में श्रद्धा न रखते हुए मैं साहित्य के अर्थरूप अमृत के सागर का उन्मीलन करने जा रहा हूँ। वह कवि की ऐसी उड़ान का पक्षधर नहीं है कि धरती कोसों दूर छूट जाए। पर यथातथ्य वर्णन को भी वह काव्य मानने को तैयार नहीं है कि वह वक्रोक्ति पूर्ण होनी ही चाहिए। वक्रोक्ति जीवित की टीकाएँ परमार्थवादियों ने की हैं। इसलिए चमत्कारपूर्ण आमोद का अर्थ परमार्थ कर दिया गया है। कुंतक कहता है कि काव्यपाठ से सहृदय को आह्लाद प्राप्त होता है पर टीकाकार आह्लाद का अर्थ आनंद कर देता है। किसी विवेकवान विद्वान् को इसकी आधुनिक टीका लिखनी चाहिए।

III

आज आलोचना पाठ और पाठक पर निर्भर हो गई है। इसे पाठकवादी आलोचना का नाम दिया गया है। आलोचना के क्षेत्र से कवि या लेखक का नाम खारिज कर दिया गया है। पश्चिम में तो लेखक की मृत्यु की घोषणा कर दी गई है। अपने यहाँ भी मीमांसकों ने कवि को 'अजगलस्तन' कहकर आलोचना के दायरे से बाहर कर दिया है। पश्चिम में पाठक की स्वयं की गुणवत्ता का वर्णन नहीं के बराबर है। पर भारत में उसकी योग्यताओं का वर्णन संक्षेप में ही सही, बड़े ही तर्कसंगत और सुष्ठ ढंग से किया है। पर पश्चिम में पढ़त पद्धति पर अधिक विचार किया गया है।

जिसे आज पाठक या प्रबुद्ध पाठक कहा जाता है उसे अपने सहृदय कहा जाता है। वही हृदय-संवाद भी करता है, किससे करता है विवाद्य है। सहृदय शब्द में हृदय लगा हुआ है। इसका अभिप्राय यह है कि वह मूलतः संवेदनशील होता है। वही रस का अधिकारी आस्वादक है। अभिनवगुप्त के शब्दों में–'अधिकारी चात्र विमल प्रतिभानशाली।' वह विमल प्रतिभा का व्यक्ति होता था। उसकी प्रतिभा को प्राणिशास्त्रीय देन मान भी लें तो भी उसे निरंतर काव्याभ्यास द्वारा अर्जित करना पड़ता है। अभिनवगुप्त 'लोचन' में कहते हैं–'देषां काव्यानुशीलनाभ्यासद विशदीभूते मनोमुकुरे वर्णनीय तन्मयीभवन योग्यता ते स्व हृदय संवादभाजः सहृदयाः।' निरंतर काव्याभ्यास के कारण उसका मन दर्पण की तरह निर्मल हो जाता है और वर्ण्य के प्रति उसमें तन्मयीभूत होने की योग्यता आ जाती है। उसके साथ उसका हृदय-संवाद होता है और निज सुखादि का विसर्जन हो जाता है। आनंदवर्धन उसे सचेतस कहते

हैं। वह सतही अर्थ से तृप्त नहीं होता और अर्थ की तह में उतरने के लिए बेचैन रहता है।

पाल डी मन का कहना है कि सिद्धांत (थ्योरी) के पहले पढ़त है जो पूर्व निर्धारित सिद्धांतों को बदलता है। फ्रेडरिक नीत्शे के मतानुसार भाषागत समझदारी के लिए पाठक को धीरे-धीरे, धैर्यपूर्वक, समय लेकर पढ़ना चाहिए। यह स्वर्णकार का पेशा है। इस उपभोक्तावाद और 'फास्ट फूड' के जमाने में ऐसे पाठक संग्रहालय में रखने योग्य हो गए हैं। किंतु गंभीर साहित्य के लिए, जबकि आज की आपाधापी के युग में साहित्य के आगे अनेक प्रश्न चिह्न लग गए हैं, प्रबुद्ध की और भी अधिक अपेक्षा है। प्रबुद्ध पाठक या सहृदय का महत्व हमारे यहाँ भी स्वीकार्य है और पश्चिम में भी। पहले साहित्य जिस किसी के प्राद्यमय में रहा हो अब तो पाठकाश्रित है।

किंतु ध्यान देने की सबसे महत्त्वपूर्ण बात अर्थ की अन्विति है। संस्कृत के आचार्यों ने अर्थ की अन्विति पर अत्यधिक बल दिया है। योरो-अमरीकी दरियाई आलोचना ने काव्य की एकार्थता को पूर्णतः खारिज करते हुए उसके स्थान पर अनेकार्थता की स्थापना की है। हिंदी आलोचना में भी इस सिद्धांत का अविचारित प्रवेश हो चुका है।

संस्कृत कविता सामान्यतः आत्मनिष्ठ नहीं होती। या तो पाठक या श्रोता उनका अर्थ समझा है या नहीं समझा। इनके बीच कोई अन्य मार्ग नहीं है। संस्कृत का अध्यापक इतना ही पूछता है—'अर्थो ज्ञातो वा न वा।' मीमांसक अनेकार्थता को 'अकल्पना' कहते हैं। वे इस तथ्य से परिचित थे कि शब्द अथवा वाक्य स्वयं में अर्थ निर्धारित नहीं करते। एक शब्द विभिन्न संदर्भों में प्रयुक्त होकर भिन्न-भिन्न अर्थ दे सकता है—प्रयोग चाहे अभिधा में हो या लक्षणा में। यही बात वाक्य के संबंध में भी सच है। वे शब्द का पर्याय भी नहीं मानते। जैमिनी का कहना है कि भिन्न-भिन्न शब्दों के एक ही अर्थ नहीं हो सकते। एक लंबे अरसे से पर्याय के रूप में प्रयुक्त होने वाले शब्दों को वे पर्याय मान लेते हैं, जैसे हस्त, कर, पाणि।

मीमांसक अनेकार्थता की समस्या को हल करने और उसे एक अर्थ में सीमित करने के लिए अनेक उपायों का विस्तार में उल्लेख करते हैं। सबसे महत्त्वपूर्ण सिद्धांत 'बाध' का है। शब्द की व्यंजना-शक्ति में इसे देखा जा सकता है। इस बाध के कारण प्रतीयमान अर्थ ज्ञात हो जाता है। दरिदा जिस अनुपस्थित अर्थ की तलाश की बात करता है वह ध्वनि में समाहित है। शब्द का मेटाफरिक प्रयोग वाच्य को गौण बना देता है। ध्वनिवादियों का कहना है कि व्यंग्यार्थ अनित्य होता है। क्योंकि

शब्द और अर्थ के सुनिर्धारित पारंपरिक संबंध इसमें नहीं हैं। किंतु वह संदर्भ से सुनिश्चितता ग्रहण करता है। व्यंग्यार्थ का भी एक ही ठोस अर्थ होता है।

रोलां बार्थ का कहना है कि उत्तर-आधुनिकतावाद ने विश्व दृष्टि को बहुलतावाद में बदल दिया है। आजकल इसी का स्मरण करते हुए दरिदा को भी याद करते हैं। आलोचकों का मानना है कि क्लासिकल काव्य ग्रंथों में स्थिर भाषा, संस्कृति, आस्था, विश्वास के चौखटे में जड़े हुए हैं। उनमें संशय, वितर्क, अनिश्चितता के लिए कोई अवकाश नहीं है—वे चाहे कालिदास हों या शेक्सपियर। तुलसी, सूर की स्थिति भी यही है। पर आज के विकेंद्रीकरण के युग में, नाना प्रकार के संचार माध्यमों के जमाने में हम अजीब अंतर्विरोधों में जी रहे हैं—एक ओर विश्वग्राम दूसरी ओर क्षेत्रवाद, एक ओर राष्ट्र-राज्य दूसरी ओर छोटी-छोटी भाषायी-सांस्कृतिक इकाइयों का द्वंद्व। इन्हीं के बीच साहित्य को अनिश्चियता, इतिहास-निरपेक्षता, रूपवाद आदि के रूप में साहित्य की पाठकवादी परख की जा रही है। बहुलतावाद यानी जितने पाठक उतने अर्थ एक अराजक स्थिति। भेदात्मकता उत्तर-आधुनिक युग का स्वभाव बन चुकी है, पारंपरिक शब्द-अर्थ को उलट-पुलट दिया गया है। उत्तर-आधुनिकतावादी तो सार्थक आलोचनात्मक प्रोक्ति को भी इनकार करता है।

इसी के तहत पश्चिम में, मुख्यतः अमरीका में तरह-तरह के विरचनावादी (डीकान्स्ट्रक्शनवादी) शिगूफे छोड़े गए हैं। पाल डी मन साहित्य और साहित्येतर की भाषा में कोई अंतर नहीं करता। इसे कुतर्क नहीं तो क्या कहा जाए? साहित्य की भाषा साहित्येतर ग्रंथों की भाषा से इसलिए भिन्न होती है कि उसमें मानवीय संवेदना, आवेग, अनुभूति भी होते हैं जो साहित्य की भाषा में अजनबियत ला देते हैं। भारतीय आलोचक भी जो कुछ है वह पाठ में निहित है, पाठ के बाहर नहीं। कालिदास के सुप्रसिद्ध टीकाकार मल्लिनाथ कहते हैं—

इहान्वय मुखेनैव सर्वं व्याख्यायते मया
नामूलं लिख्यते किंचित् नानपेक्षितं उच्यते।

जो कुछ मैंने व्याख्यायित किया है पाठ के आधार पर किया है। जो मूल में नहीं है उसे नहीं लिखा गया है और अनपेक्षित है उसे नहीं कहा गया है। कहा जाता है कि भाषा स्वयं बोलती है। जो कुछ हो, पाठक को उसे डिकोड करना पड़ता है। किंतु हर पाठक अपने ढंग से, अपनी बौद्धिक क्षमता से, उसे डिकोड करेगा। इसलिए एक की व्याख्या दूसरे की व्याख्या से थोड़ी-बहुत ही सही, भिन्न होगी। इस व्याख्या में, पाठ को एक ठोस वस्तु मान लेने पर भी, पाठक की वैयक्तिकता

का भी योग होगा।

विटग्निसटीन के अनुयायियों का कहना है कि पाठक उसे किसी श्वास स्थान से पेंटिंग की तरह देखता है। स्थान बदल देने से पेंटिंग का अर्थ बदल जाएगा। एक ही पेंटिंग में कभी दशमुख दिखाई देगा तो कभी रामकृष्ण। रंगों और रेखाओं का कोई प्रामाणिक अर्थ नहीं होता। वे अमूर्त हैं। उनकी अर्थवत्ता आनुमानिक होती है। पर शब्दों का समाज प्रदत्त अर्थ होता है। कविता में कुंतक के शब्दों में वे 'बंधोव्यस्थितौ' रहते हैं।

बंध की व्यवस्था को विच्छिन्न करने पर पाठक को एक नई व्यवस्था की सर्जना करनी पड़ेगी। प्रत्येक पाठक की सर्जनात्मक व्यवस्था मूलतः एक ही होगी—एक से भिन्न दूसरी व्यवस्था से उसका सामंजस्य होगा। इस सामंजस्य को संदर्भ नियंत्रित करता है। वक्रोक्ति जीवित की प्रवध-वक्रता इससे बहुत भिन्न नहीं है। भारतीय मास अर्थगत बहुलता को खारिज कर देता है।

स्त्री-विमर्श और दलित-विमर्श के संदर्भ में भारतीय काव्यशास्त्र के आगे प्रश्न चिह्न लगाया जा रहा है। किंतु यह प्रश्न चिह्न दोनों विमर्शों की वस्तु (कांटेंट) को लेकर उठता है। पर पाठ केंद्रित आलोचना में इसके लिए कोई स्थान नहीं है। इसके आधार पर कि स्त्री का लिखा हुआ केवल स्त्री लिख सकती है किसी हद तक ठीक हो सकता है, किंतु यह दावा कि दलित साहित्य केवल दलित लिख सकता है, एकदम खोखला और राजनीतिक है। आज भी बहुत से लोग दलितों से बेहतर लिख रहे हैं। स्त्री भाषा प्राणिशास्त्रीय आधार पर पुरुष से थोड़ा भिन्न होती है, उसके अनुभव की दुनिया का आधार भी यही है। 'दिलो-दानिश' केवल स्त्री ही लिख सकती है। पर उसके विश्लेषण में पुरुष अनेक कारणों से अधिक सक्षम है। एक प्रोफेसर स्त्री-साहित्य पर शोध करने के लिए स्त्री-शोधार्थी खोजते रहते हैं। वह यह सोचते हैं कि सामान्यतः स्त्री में सर्जनात्मक क्षमता अधिक होती है तो पुरुष में विश्लेषणात्मक क्षमता।

विरचनावादियों ने एक तरह से रचना को 'लैंग्वेज गेम' मान लिया है। वे 'गेम' के नियमों की तलाश भर करते हैं। यह सही है कि रचना में ही उसके नियमों के चिह्न बिखरे पड़े हैं। इतिहास से उसका कुछ भी सरोकार नहीं है। जिस गोलार्ध में इसक़ा उत्पादन हुआ है उसकी सोच भी इसमें छिपी हुई है अतः तीसरी दुनिया के लिए यह प्रणाली संदेहास्पद हो जाती है। भारतीय काव्यशास्त्र में भी कमोबेश यह निरपेक्षता है। उसमें पुरुषार्थ चतुष्टय की बात अवश्य उठी है। किंतु इसकी कोई विश्वसनीय भौतिक व्याख्या नहीं दिखाई पड़ती, वह अध्यात्म की ओर

ठेल देता है।

इतिहास की झलक नई पढ़त में भी मिलती है। 'महाभारत' अपने समय में जैसा था, अब वैसा नहीं है। युगानुरूप उसकी पढ़त (जो भाषायी जगड्वाल नहीं है) बदल गई है। उदाहरण के लिए इरावती कर्वे का 'युगांत' और बुद्धदेव वसु के 'महाभारतेर कथा' को देखा जा सकता है। 'भारत-भारती' को एक समय उसकी भाषागत विशेषताओं सहित अत्यंत चाव से पढ़ा गया। अब तो शोधार्थियों को छोड़कर कोई पढ़ता भी नहीं। समय बदलने के साथ-साथ अधिकांश पुस्तकें बाजार से बाहर चली जाती हैं। इसीलिए न कि वे नए परिवेश के लिए व्यर्थ हैं।

अतः पढ़त-सिद्धांत में भी इतिहास अनुस्यूत हैं। अनेकार्थता की मूलभूत सोच भेदात्मक (डिफरेंस) है तो एकार्थता की सामंजस्य। इनके पीछे दो संस्कृतियाँ भी क्रियाशील हैं। इससे इतना तो स्पष्ट है कि नए परिवेश में उसकी पढ़त-प्रक्रिया में अंतर आता है। अतः आलोचना में हमें यह देखना होगा कि रचना इतिहास में कहाँ सिचुएट करती है।

हिंदी साहित्य के इतिहास का पुनर्लेखन

मैंने 'हिंदी साहित्य का दूसरा इतिहास' की भूमिका में लिखा है कि हिंदी साहित्य का दूसरा इतिहास न तो शुक्ल के इतिहास को छोड़कर लिखा जा सकता है और न उसे लेकर, ज्यादातर उसे छोड़ना जरूरी है। इसके पहले के इतिहास इतिहास बन चुके हैं। इधर के इतिहासों में चाहे वह डॉ. नगेंद्र द्वारा संपादित हो या धीरेंद्र वर्मा द्वारा अथवा विविध संपादकों द्वारा कई खंडों में संपादित नागरी प्रचारिणी सभा का तथाकथित वृहद् इतिहास हो, कोई भी ऐसा नहीं है जिसमें इतिहास-दृष्टि हो, तारतम्य हो, सामाजिक-सांस्कृतिक-आर्थिक विसंगतियों का सन्निवेश हो, लक्ष्य हो। आज के राजनीतिक परिवेश की तरह सब कुछ बिखरा-बिखरा, अनियमित और अराजक हैं वे। नए उगते हुए प्रत्ययों—जातीय साहित्य, तीसरी दुनिया, आधुनिकता-उत्तर, आधुनिकता, भूमंडलीकरण, तकनीकीकरण आदि—से उनका कोई सरोकार नहीं। काल-विभाजन तो और भी गड़बड़ है। शुक्लजी के इतिहास का परिवर्द्धित संस्करण 1940 में छपा। अतः उससे इन प्रत्ययों से उसका कोई सरोकार हो ही नहीं सकता था।

शुक्लजी के इतिहास में आलोचना के तेवर, भाषा के सूक्ष्म विवेचन की अद्भुत क्षमता है। पर उन्हें इतिहास से नहीं जोड़ा जा सका हैं। वह आज के सेक्युलर दृष्टिकोण से भी पूर्णतः स्वीकार्य नहीं है, जगह-जगह वह धर्म-सापेक्ष है। शुक्लजी का काल-विभाजन भी संतोषजनक नहीं है। यों तो काल-विभाजन अपने आप में कृत्रिम होता है। यों इस कामचलाऊ विभाजन के बिना इतिहास-लेखन का काम भी नहीं चलता। उनका काल-विभाजन ग्रियर्सन के 'माडर्न वरनाक्यूलर लिटरेचर आफ हिंदुस्तान' के काल-विभाजन पर आधारित है पर सुसंबद्ध (इंटीग्रेटेड) नहीं है। विभाजन की अनावधानता उनसे प्रत्येक कालावधि में फुटकल खाता खोलवाती है। वास्तविकता तो यह है कि एक ही कालावधि में अनेक प्रकार की साहित्यिक

प्रवृत्तियाँ होती हैं। उनमें या तो सह-अस्तित्व होता है या अंतर्विरोध।

जातीय साहित्य की नई अवधारणा ने साहित्येतिहास लेखन में एक क्रांतिकारी पहल की है। तेरहवीं-चौदहवीं शताब्दी में आधुनिक आर्य भाषाओं का उदय होता है—हिंदी, बंगला, मराठी, गुजराती, पंजाबी। इनसे विभिन्न जातियाँ बनती हैं। वे अपनी भाषा, संस्कृति, रीति-नीति, आचार-विचार के संवर्द्धन और सुरक्षा के प्रति अधिक सचेत हो उठती हैं। आधुनिक द्राविण-भाषाओं के संबंध में भी यही कहा जा सकता है।

किंतु हिंदी-भाषा की स्थिति अन्य आधुनिक आर्यभाषाओं और द्राविण भाषाओं से भिन्न है। अन्य भाषाएँ प्रादेशिक भाषाएँ हैं। उनकी पृष्ठभूमि में अन्य भाषाएँ नहीं हैं। खड़ी बोली हिंदी के उदय के पूर्व हिंदी प्रदेशों में ब्रजी और अवधी में लिखा गया प्रभूत साहित्य उपलब्ध है। वे बोलियाँ नहीं भाषाएँ थीं। यों मैथिली और राजस्थानी में भी साहित्य की कमी नहीं है। पर मूलतः बोलियों के बाहर नहीं जातीं। इनके साथ भोजपुरी, बुंदेलखंडी, छत्तीसगढ़ी, हरियाणवी आदि बोलियाँ हैं। जिनमें प्रभूत लोकसाहित्य मिलेगां किंतु उन्नीसवीं सदी के उत्तरार्द्ध में साहित्य में खड़ीबोली का प्रयोग होने लगा था जिसका आविर्भाव बारहवीं शताब्दी में हिंदी या हिंदुवी के रूप में हो चुका था। इसका व्याकरणिक ढाँचा ब्रजी-अवधी से भिन्न था जबकि आधुनिक मराठी, गुजराती में इस तरह कोई नई भाषा आविर्भूत नहीं हुई। अतः हिंदी के पठन-पाठन में जो कठिनाई पैदा होती है वह आधुनिक मराठी, बंगला साहित्य में नहीं होती। खड़ी बोली के साहित्येतिहास को पढ़ते समय ब्रजी-अवधी का साहित्य पठन-पाठन कठिन मालूम पड़ने लगता है। खतरा यह है कि कहीं कालांतर में ब्रजी-अवधी का पठन-पाठन छूट न जाए। अतः उत्तर प्रदेश का भाषावार विभाजन आत्मघाती सिद्ध होगा।

आधुनिक आर्यभाषाएँ लोक भाषाएँ हैं। आरंभ में हिंदी की जो रचनाएँ मिलती हैं वे द्विजेतर जातियाँ द्वारा लिखी गई हैं। संस्कृत के आभिजात्य से अपने को अलग कर लिया है। कबीर ने लिखा है कि 'संस्कृत भाखा कूप जल। भाखा बहता नीर।' गोस्वामी तुलसीदास का कहना है—'का भाखा का संस्कृत प्रेम चाहिए सांच।' सबसे पहले इसकी ओर ध्यान आकृष्ट करते हुए विद्यापति ने कहा था—'देखिल बयना सबजन मिट्ठा। तं तइसन जमाओ अवहट्ठा।' विद्यापति ने अवहट्ठ को 'देसिल बयना' नहीं कहा है। तइसन अर्थ है तादृश्य-उससे मिलता-जुलता। 'पदावली' देसिल बयना है।

पहले अपभंश को गुलेरी ने पुरानी हिंदी कहा था, अब कोई नहीं कहता।

विद्वानों ने हिंदी को संस्कृत, प्राकृत, अप्रभंश की निसेनी से निसृत भाषा सिद्ध करने का प्रयास किया था। किंतु इसे प्रसिद्ध वैयाकरण किशोरीदास वाजपेयी और रामविलास शर्मा ने अस्वीकृत कर दिया था। अब इस मत को मान लिया गया है कि आधुनिक आर्य भाषाएँ लोक जीवन से प्रादुर्भूत हुई हैं।

आचार्य शुक्ल ने अपने इतिहास को तीन खंडों में बाँटा है—आदिकाल, मध्यकाल और आधुनिक काल। आदिकाल के पुनः चार उपविभाजन हैं—1. सामान्य परिचय, 2. अप्रभंश काव्य, 3. देशभाषा काव्य (वीर गाथा काल) मध्यकाल के पुनः दो उप-विभाग हैं—पूर्व मध्यकाल और उत्तर मध्यकाल। पूर्व मध्यकाल में भक्तिकाव्य को रखा गया है और उत्तर मध्यकाल में रीतिकाल को। पूर्व मध्यकाल में भक्ति काव्य का विवेचन है। इसके छह उप-विभाग हैं—1. सामान्य परिचय, 2. निर्गुणधारा (ज्ञानाश्रयी शाखा) 3. निर्गुणधारा (प्रेममार्गी शाखा), 4. सगुण धारा (राम भक्ति शाखा), 5. सगुण धारा (कृष्ण भक्ति शाखा) 6. सगुण धारा भक्तिकाल की फुटकल रचनाएँ।

आदिकाल नाम बहुत भ्रामक है। पहले ही कहा जा चुका है कि अपभ्रंश हिंदी नहीं है। उसे हिंदी साहित्य के आदिकाल में कैसे रखा जा सकता है। चूँकि अपभ्रंश के रिक्थ हिंदी साहित्य के बहुत मूल्यवान हैं इसलिए उसके साहित्य के उन बिंदुओं को विश्लेषित करने की विशेषता बनी रहेगी जिनसे हिंदी साहित्य का कथ्य रूप प्रभावित है। किंतु उसे आदिकाल में नहीं रखा जाना चाहिए। जिसे शुक्ल जी देश भाषा काव्य कहते हैं उसके उन्होंने स्वयं अप्रामाणिक सिद्ध किया है। 'प्राकृत पैंगलम्' में उसके कुछ अंश मिल जाते हैं। देशभाषा काव्य मूलतः अपभ्रंश ही है। अतः उसे भी आदिकाल में नहीं रखा जा सकता।

वास्तव में हिंदी साहित्य की शुरुआत भक्तिकाल से होती है। इसे पूर्वमध्यकाल कहना भी संगत नहीं प्रतीत होता। आचार्य हजारी प्रसाद द्विवेदी 'मध्यकाल' का अर्थ जबदी हुई मनोवृत्तियों का समय कहते हैं। भक्तिकाल कां आरंभ द्विजेतर वर्ग द्वारा होता है। इन कवियों में कोई जुलाहा है, तो कोई मोची या धुनियाँ। रामविलास जी इस काल को प्रथम नवजागरण कहते हैं। यहाँ तक कि वे इसे आधुनिक काल की संज्ञा दे डालते हैं। समूचे देश में जहाँ-जहाँ यह शुरू हुआ वहाँ-वहाँ प्रायः निम्न जातियों ने पहल की। इसने एक आंदोलन का रूप धारण कर लिया। कबीर इसके अगुआ थे। उन्होंने मनुष्य की समता पर जोर देते हुए हिन्दुओं और मुसलमानों के ढकोसलापूर्ण कर्मकांडों पर तीखा प्रहार किया। इसके लिए उन्हें कीमत भी चुकानी पड़ी थी, बनारस छोड़ना पड़ा। कृष्ण भक्तिशाखा में भी जात-पाँत के लिए कोई स्थान नहीं है। सूरदास कहते हैं 'जाति-पाँति कुलकानि न मानत वेद-पुरानन साखै।'

सूर तो वेद-पुराण का साक्ष्य भी देते हैं। किंतु कबीर वेद-कुरान को सिरे से खारिज कर देते हैं। तुलसीदास मानस में कबीर आदि के जनवादी मत का विरोध करते हैं, वर्णाश्रम धर्म और ब्राह्मणवाद की प्रतिष्ठा करते हैं। किंतु बाद में ब्राह्मणवाद के शिकार स्वयं हो जाते हैं और कहते हैं—'धूत कहै, अवधूत कहै, रजपूत कहै, जुलहा कहै कोई, माँग के खैबो, मसीत को सोइबौ, लैबो को एक न दैबे को दोऊ।' भूख की पीड़ा का वर्णन भी उनमें प्रभावशाली ढंग से किया गया है। शायद अब किन्हीं अंशों में हिंदी साहित्य का सब-आलटर्न इतिहास लिखा जा सकता है।

इस काल की एक खास रूपात्मक विशेषता है—पद-बंध। दोहा और पद तो इन्हें अपभ्रंश से मिला। कवित्त-सवैया हिंदी का अपना है। पद-बंध गेय हैं। इन पदों को राग-रागिनियों में बाँधा गया है। राग-रागिनियों का निर्देश चर्यापदों में भी है, कबीर, सूर, तुलसी आदि के पदों में भी। कबीर तो जनता के बीच खंझड़ी पर इन्हें गाया करते थे। सूरदास भी गाते थे, नाचते भी रहे हों तो आश्चर्य नहीं। कबीर बाबा नागार्जुन की तरह अवश्य नाचते रहे होंगे। बारहवीं शताब्दी में जयदेव अपने गीत गोविंद को ताल लयबद्ध ढंग से गाते थे और नाचते थे। उन्होंने ध्रुपद की भी रचना की थी। राग-नृत्य से जुड़े हुए भक्तों के पद लोक-मानस का संस्कार-परिष्कार करते थे। मीराबाई तो घुँघरू बाँध कर नृत्य करती थी। तथाकथित राजस्थानी निम्नवर्ग में आज भी अत्यंत लोकप्रिय हैं। इन पदों की राग-रागिनियाँ लोकाश्रित थीं। जब उनका संबंध दरबारों से हो गया तो वे शास्त्रीय हो गईं। इतिहास-लेखन में इनका ध्यान भी देना चाहिए।

रीतिकाल का नामकरण सभी को स्वीकार्य है। यह नाम उन्हें ग्रियर्सन के 'दी माडर्न वर्नाक्यूलर लिटरेचर आफ हिंदुस्तान' से मिला। अपनी पुस्तक के सातवें अध्याय को ग्रियर्सन ने 'रीतिकाव्य' की संज्ञा दी है। 'काव्यरीति', 'रस-रीति', 'अलंकार रीति' आदि शब्दों का प्रयोग इस काल के बहुत से कवियों ने किया है। दास ने लिखा है—'काव्य की रीति सिखी सुरुबीन सों देखी सुनी बहु लोक की बातें।' केशव के बारे में शुक्लजी ने लिखा है—'काव्यरीति का सम्यक् समावेश पहले पहल आचार्य केशव ने ही किया।' यहाँ पर दास की 'काव्यरीति' वर्तमान है। किंतु समूचे काल का रीतिकाल नाम जितना संतोषजनक है उसका उपवर्गीकरण उतना ही असंतोषजनक।

विश्वनाथ प्रसाद मिश्र और डॉ. नगेंद्र के उपविभाजन संस्कृत आचार्यों के उबाऊ वर्गीकरण के सूचक हैं। शुक्लजी को रीतिकाल के उपविभाजन का संगत आधार नहीं मिला—पहला उपविभाजन है—रीति ग्रंथकार कवि और दूसरा अन्य कवि।

बिहारी को रीति ग्रंथकार कवि कहा गया है जबकि उन्होंने रीति (कोई) ग्रंथ नहीं लिखा। इसके लिए वे तर्क देते हैं कि दोहा बनाते समय उनका ध्यान लक्षण-ग्रंथों पर अवश्य था। गाहा सत्तसई, अमरूशतक और आर्यासप्तशती के बारे में भी कहा जा सकता है। पर उन्हें कोई रीतिग्रंथकार नहीं कहता। अन्य कवि हल्का शब्द है, इससे किसी प्रवृत्ति का बोध नहीं होता। घन आनंद, ठाकुर बोधा, आलम जैसे कवियों को इसी खाते में हाँक दिया गया है। यों शुक्लजी घन आनंद के बहुत बड़े प्रशंसक हैं। स्मरण रखना चाहिए कि ग्रियर्सन ने बिहारी को रीतिग्रंथकारों की श्रेणी में नहीं रखा है।

शुक्लजी ने रीतिबद्ध शब्द का प्रयोग तो किया है पर रीतियुक्त का नहीं। मिश्रबंधु विनोद में दोनों शब्दों का प्रयोग मिलता है। अब तो इतिहास की पुस्तकों और सामान्य पठन-पाठन में रीतिकाल के दो उप-विभाग—रीतिबद्ध और रीतियुक्त मान लिए गए हैं। मैंने इनमें थोड़ा सार्थक उलटफेर कर दिया है। चाहे रीतिबद्ध काव्य हो या रीतियुक्त। दोनों रीति से जुड़े हुए हैं। रीतिबद्ध को बद्धरीति और युक्तरीति युक्त को मुक्तरीति कहना अधिक तर्क-संगत है।

शुक्लजी ने ब्रजी और अवधी भाषा की शुद्धता का प्रश्न भी उठाया है। स्वाभाविक है कि अवध का साहित्यकार जब ब्रजभाषा में लिखेगा तो उसमें भोजपुरी, बुंदेलखंडी के शब्द आएँगे ही। ब्रज मंडल के साहित्य में अवधी, राजस्थानी, पंजाबी के शब्द प्रयुक्त होंगे। वर्तमान साहित्य इस तरह की शुद्धता का सवाल ही नहीं उठाता। शुक्लजी की द्विवेदीयुगीन मानसिकता ने शुद्धता का प्रश्न उठाया है।

रीतिकाल के आखिरी छोर पर उर्दू की रचनाएँ भी हो रही थीं। वे मुक्तरीति के अंतर्गत आएँगी। हिंदी साहित्य के इतिहास में उन्हें शामिल भी करना होगा।

रह गया आधुनिक काल। इसे शुक्लजी ने गद्यकाल भी कहा है। यह नामकरण न तब ठीक था और न अब। आधुनिक साहित्य का गौरव खंड छायावाद है। गद्यकाल कहने पर इसकी अवहेलना करनी है। अब तो गद्य से कम कविताएँ नहीं लिखी जा रही हैं। इसलिए अब यह नाम अप्रासंगिक हो गया है। आधुनिक काल का उत्थानमूलक वर्गीकरण न तो तर्कसंगत है और न वैज्ञानिक। तृतीय उत्थान में इतिहास नैरंतर्य नहीं रह पाता।

छायावाद को वे आयातित माल समझते हैं। इसे वे इसायत से उसी प्रकार जोड़ते हैं जैसे ग्रियर्सन भक्तिकाल को। इसे हिंदी प्रदेश में पहुँचने का रास्ता भी बतला देते हैं। यूरोप से ब्रिटेन, ब्रिटेन से बंगाल और बंगाल से हिंदी प्रदेश में। उनका कहना है कि बंगाल में इसे छायावाद कहते हैं। किंतु वास्तविकता यह है

कि बंगला में इस शब्द का नामोल्लेख तक नहीं है। छायावाद शब्द बेहद भ्रामक है। इसके आधार पर प्रसाद, निराला, पंत, महादेवी की कविताओं पर विचार किया जाता है, गद्य रचनाएँ छायावाद के अंतर्गत नहीं ली जातीं। इसके स्थान पर स्वच्छंदतावाद शब्द अधिक संगत है। स्वच्छंदतावाद शब्द का प्रयोग आचार्य शुक्ल ने श्रीधर पाठक, गोपाल शरण सिंह, रामनरेश त्रिपाठी की रचनाओं के लिए किया है। सही तो यह है कि छायावादी कविताएँ इन्हीं के विकास का अगला चरण हैं। स्वच्छंदतावाद के अंतर्गत उस काल की गद्य रचनाओं को लिया जाना चाहिए। इससे उत्थानमूलक शब्द अपने आप असंगत हो जाएगा। 1920 के बाद के साहित्य को नए सिरे से विश्लेषित करना चाहिए। इधर स्त्री-विमर्श और दलित-विमर्श का आंदोलन भी चल पड़ा है। इस दृष्टि से भी साहित्येतिहास की चेतना में बदलाव अपेक्षित है।

आचार्य शुक्ल का 'इतिहास' पढ़ते हुए

(1)

आचार्य रामचंद्र शुक्ल ने 'हिंदी साहित्य का इतिहास' लिखकर साहित्येतिहास का जो प्रासाद खड़ा किया है उसकी नींव इतनी गहरी तथा संरचना इतनी पुख्ता और मुकम्मल है कि आचार्य हजारीप्रसाद द्विवेदी को छोड़कर शेष इतिहासकार शुक्लजी की भोंड़ी नकल करते प्रतीत होते हैं। मौलिकता के नाम पर इन लोगों ने कालावधि की तिथियों में मामूली हेर-फेर किया है या कुछ नए नाम जोड़ दिए हैं या शुक्लजी का अनुसरण करते हुए राजनीतिक, धार्मिक, आर्थिक परिस्थितियों की थिगलियाँ जोड़ दी हैं। कहना न होगा कि 'न हुआ, पर न हुआ, मीर का अंदाज नसीब, 'ज़ौक' यारों ने बहुत जोर ग़ज़ल में मारा।'

साहित्य तो वही रहता है पर इतिहास बदल जाता है। अतः बदले हुए परिप्रेक्ष्य में साहित्य के इतिहास का, अन्य इतिहासों की तरह, पुनर्लेखन करना पड़ता है। शुक्लजी का इतिहास पराधीन देश में लिखा गया—उस समय लिखा गया जिस समय स्वाधीनता-आंदोलन तेज हो चला था। उस इतिहास पर स्वातन्त्र्येच्छा की गहरी छाप है। अब देश आजाद हो गया है। उसकी आर्थिक, राजनीतिक परिस्थितियों में तेजी से बदलाव आया है। ढेर-सा नया साहित्य प्रकाशित हो चुका है। पाठकों की अभिरुचियाँ बदल गई हैं। पुराने साहित्य को नई अभिरुचियों के प्रकाश में नए सिरे से पढ़ना होगा। तुलसीदास, सूरदास आज भी अच्छे लगेंगे। किंतु अच्छे लगने के कारण वे नहीं होंगे जो बीस साल पहले थे।

इसलिए नए साहित्येतिहास का लेखन जरूरी हो गया है। किंतु शुक्लजी का इतिहास एक गैरमामूली चुनौती है। इस चुनौती को स्वीकार किए बिना नया इतिहास नहीं लिखा जा सकता। इसके लिए युगानुरूप नए नक्शे बनाने होंगे, नवोपलब्ध साहित्यिक सामग्री और नवीन औजारों का विवेकपूर्ण इस्तेमाल करना होगा। पर शुक्लजी की इतिहास-दृष्टि, साहित्यिक अभिनिवेश, भाषा की समझ से बहुत कुछ

सीखना होगा। न तो शुक्लजी को पूरे तौर पर ग्रहण किया जा सकता है और न छोड़ा जा सकता है। 'संग्रह-त्याग न बिनु पहिचाने।' शुक्लजी का इतिहास-लेखन एक लंबे आत्म-संघर्ष की कहानी है। वे लगभग दो दशकों तक इतिहास लिखते रहे। उनकी विकसनशील इतिहास-दृष्टि प्रत्येक मंजिल पर इतिहास में कुछ छोड़ती और जोड़ती रही है। इस तोड़-जोड़ के अध्ययन के बिना नया इतिहास लिखा ही नहीं जा सकता। यह अध्ययन अपने आप में अत्यंत रोचक ही नहीं है बल्कि नए इतिहास-लेखन की अनेक संभावनाओं का द्वार भी उन्मुक्त करता है।

इतिहास का संशोधित और प्रवर्द्धित संस्करण जो आगे चलकर नवीन संस्करण से अभिहित किया जाएगा, उनकी इतिहास-यात्रा की चौथी मंजिल है। स्नातकोत्तर छात्रों को पढ़ाने के लिए बनाए गए उनके संक्षिप्त नोट यात्रा की पहली मंजिल हैं, 'हिंदी शब्दसागर' की भूमिका दूसरी, 'हिंदी साहित्य का इतिहास' तीसरी और इतिहास का 'नवीन' यानी 'संशोधित और प्रवर्द्धित संस्करण' चौथी मंजिल है। इस मंजिल पर पहुँचने के लिए उन्हें पता नहीं कितने टेढ़े-मेढ़े रास्तों से गुजरना पड़ा। बहुत सारे लेखों, आलोचनाओं और सैद्धान्तिक विवेचनों से उलझना पड़ा। इन छोटे-मोटे पड़ावों, मोड़ों से गुजरते, अपने आप से संघर्ष करते हुए वे इस मंजिल तक पहुँच सके थे। इसके साथ ही उनकी जीवन-लीला समाप्त हो जाती है। यह सच है कि मनुष्य पूरा नहीं मरता, अधूरा मरता है। उनका इतिहास समाप्त होकर भी असमाप्त रह गया।

सन् 1919 में वे काशी हिंदू विश्वविद्यालय में हिंदी के प्राध्यापक नियुक्त हुए। सन् '22 में हिंदी में स्नातकोत्तर कक्षाएँ खुलीं और हिंदी-भाग अस्तित्व में आया। '21-'23 में विभाग के छात्रों को पढ़ाने के लिए उन्हें इतिहास संबंधी कुछ संक्षिप्त नोट बनाने पड़े। इतिहास (प्रथम संस्करण) की भूमिका में उन्होंने लिखा है–'पाँच या छह साल हुए छात्रों के उपयोग के लिए मैंने कुछ संक्षिप्त नोट तैयार किए थे, जिनमें परिस्थिति के अनुसार शिक्षित जनसमूह की बदलती हुई प्रवृत्तियों को लक्ष्य करके हिंदी-साहित्य के काल-विभाग और रचना की भिन्न-भिन्न शाखाओं के निरूपण का एक कच्चा ढाँचा खड़ा किया गया था। 'हिंदी शब्दसागर' समाप्त हो जाने पर उसकी भूमिका के रूप में भाषा और साहित्य का विकास देना भी स्थिर किया गया, अतः एक नियत समय के भीतर यह इतिहास लिखकर पूरा करना पड़ा।'

खेद है कि संक्षिप्त नोट की पांडुलिपि उपलब्ध नहीं है। किंतु शब्दसागर की भूमिका और इतिहास के प्रथम संस्करण की भूमिका से संक्षिप्त नोट की रूपरेखा

का अनुमान लगाया जा सकता है। 'शब्दसागर' की भूमिका की शुरुआत होती है—'जबकि प्रत्येक देश का साहित्य वहाँ की जनता की चित्तवृत्तियों का स्थायी प्रतिबिंब होता है, तब, यह निश्चित है कि जनता की चित्तवृत्ति के परिवर्तन के साथ-साथ साहित्य के रूप में भी परिवर्तन होता चला जाता है।'[1] इतिहास के प्रथम संस्करण तथा नवीन संस्करण के प्रारंभ में ही 'काल विभाग' के अंतर्गत उसे ज्यों-का-त्यों रखा गया है। केवल 'स्थायी' के स्थान पर 'संचित' कर दिया गया है। प्रथम संस्करण की भूमिका में ही उन्होंने कहा है कि शिक्षित जनसमूह की बदलती हुई प्रवृत्तियों को लक्ष्य करके इतिहास का काल-विभाजन और रचना की विभिन्न प्रवृत्तियों का निरूपण किया गया है।

इन भूमिकाओं से कई सवाल उठते हैं। 'प्रतिबिंब' से उनका क्या अभिप्राय है? 'स्थायी' को बदलकर 'संचित' क्यों किया गया? वे एक ओर शिक्षित जनता की बात करते हैं तो दूसरी ओर जनता की। क्या इसमें कोई अंतर्विरोध है। प्रतिबिंब सिद्धांत, दर्पण सिद्धांत से भिन्न नहीं है। प्लेटो से लेकर 18वीं शती तक इसी सिद्धांत का बोलबाला था। 'रिफ्लेक्शन' सिद्धांत का खंडन हो चुका है। इसीलिए एब्राम्स ने अपनी पुस्तक का नाम 'मिरर एराड लैम्प' रखा है। 'स्थायी' से शाश्वतता की गंध आती है। इसलिए शुक्लजी ने इसके स्थान पर 'संचित' कर दिया।

रही बात शिक्षित और अशिक्षित जनता की। भक्तिकाल के सामान्य परिचय में वे शिक्षित-अशिक्षित जनता का प्रसंग पुनः उठाते हैं—'संस्कृत बुद्धि, संस्कृत हृदय और संस्कृत वाणी का वह विकास इस शाखा में नहीं पाया जाता जो शिक्षित समाज को अपनी ओर आकर्षित करता। पर अशिक्षित और निम्नश्रेणी की जनता पर इन संत-महात्माओं का बड़ा भारी उपकार है। उच्च विषयों का कुछ आभास देकर, आचरण की शुद्धता पर जोर देकर, आडंबरों का तिरस्कार करके, आत्म-गौरव का भाव उत्पन्न करके, उन्होंने उसे ऊपर उठाने का स्तुत्य प्रयत्न किया।'[2] इसमें संदेह नहीं कि साहित्य में जनता की चित्तवृत्तियाँ ही प्रतिफलित होती हैं। साहित्य संबंधी यह उपपत्ति नव जागरण और स्वतंत्रता आंदोलन से प्रभावित है। पर साहित्य शिक्षित जनता का ही होता है। मुक्तिबोध ने 'जनता का साहित्य किसे कहते हैं' में लिखा है—'साहित्य के अंदर सांस्कृतिक भाव होते हैं। साहित्यिक भावों को ग्रहण करने के लिए, बुलंदी, बारीकी और खूबसूरती को पहचानने के लिए उस असलियत को पाने के लिए जिसका नक्शा साहित्य में रहता है, सुनने या पढ़नेवाले की कुछ स्थिति अपेक्षित होती है। यह स्थिति है उसकी शिक्षा, उसके मन का सांस्कृतिक परिष्कार। ...किंतु यह परिष्कार साहित्य के माध्यम द्वारा तभी संभव

है जब सुनने वाले या पढ़नेवाले की अवस्था स्वयं शिक्षित हो।'[3]

'जनता' और 'शिक्षित जनता' को लेकर शुक्लजी में अंतर्विरोध खोज लिया गया है। हकीकत यह है कि जब वे 'ज़नता' का प्रयोग करते हैं तो उसमें शिक्षित और अशिक्षित दोनों प्रकार की जनता का समावेश रहता है। पर साहित्य का सरोकार शिक्षित जनता से ही होता है। संस्कृत काव्य-शास्त्र में ऐसी जनता के लिए सामाजिक, सहृदय और भावक कहा गया है। समय-समय पर शिक्षित जनता की शिक्षा तथा तज्जन्य संस्कारों में अंतर आता रहता है। एक समय की शिक्षित जनता दूसरे समय की शिक्षित जनता से भिन्न होती है। इसलिए साहित्य के संबंध में उसके दृष्टिकोण में भी परिवर्तन आ जाता है। पर वर्ग-भेद के कारण शिक्षित जनता के एक तबके की दृष्टि दूसरे तबके से भिन्न होती है। शुक्ल जी एक विशेष प्रकार की शिक्षित जनता के प्रतिनिधि थे। शुक्ल जी के समय में ही वाजपेयी जी ने संतों के संबंध में शुक्ल जी के दृष्टिकोण का विरोध किया था। आचार्य हजारी प्रसाद द्विवेदी का समय शुक्ल जी के बाद आता है। उन्होंने कबीर की मुक्त कण्ठ से प्रशंसा की है। रविबाबू भी कबीर के प्रशंसक थे। यह शिक्षित जनता का एक अन्य वर्ग था।

(2)

'शब्दसागर' की भूमिका, इतिहास के प्रथम और नवीन संस्करण के तुलनात्मक अध्ययन से उनके ऐतिहासिक विकास और पैटर्न का पता लग जाता है। यद्यपि भूमिका (हिंदी साहित्य का विकास) और इतिहास के प्रथम संस्करण की सामग्री लगभग एक है पर दोनों के पैटर्न अलग हैं। प्रथम संस्करण में सामान्य परिचय, प्रकरण और फुटकल खाते की व्यवस्था है जो भूमिका में नहीं है क्योंकि भूमिका इतिहास नहीं है। पर भूमिका की तरह प्र.सं. मे आदिकाल को ही वीरगाथा काल कहा गया है भूमिका में खुसरो और विद्यापति का उल्लेख नहीं है पर प्र.सं. के फुटकल खाते में इनका समावेश कर लिया गया है। नवीन संस्करण में आदिकाल को दो भागों में विभक्त कर दिया गया है—अपभ्रंश काव्य और देशभाषा काव्य। इसमें देशभाषा काव्य को ही वीरगाथा-काल के अन्तर्गत रखा गया है। भक्तिकाल और रीतिकाल के मूल ढाँचे में प्रायः परिवर्तन नहीं हुआ है। इतिहास में केवल पैटर्न इतिहास का है।

भूमिका में आधुनिक काल को गद्यकाल कहा गया है। गद्य को तीन उत्थानों में बाँटा गया है। नई काव्यधारा भी तीन उत्थानों में विभक्त है। पुरानी काव्यधारा किसी भी उत्थान के अंतर्गत नही है। इतिहास के प्र.सं.में भूमिका का पैटर्न बदल गया है। गद्य-खण्ड चार प्रकरणों में विभाजित है—1. गद्य का विकास, 2. गद्य-साहित्य का आविर्भाव, 3. गद्य-साहित्य का प्रसार और 4. गद्य-साहित्य की वर्तमान गति। काव्य-खण्ड के प्रथम प्रकरण में पुरानी धारा है, प्रकरण दो में नई धारा

है। उसके तीन उत्थान हैं—प्रथम, द्वितीय और तृतीय। जाहिर है कि गद्य-खण्ड और काव्य-खण्ड के पैटर्न एकरूप नहीं है। नवीन संस्करण में गद्य-खण्ड और काव्य-खण्ड को समान पैटर्न में ढाल दिया गया है। नवीन संस्करण में प्र.सं. के गद्य-खण्ड के प्रथम दो प्रकरणों को ज्यों-का-त्यों ले लिया गया है। दूसरे प्रकरण के अंतर्गत आधुनिक गद्य-परंपरा का प्रवर्तन है और वह प्रथम, द्वितीय और तृतीय उत्थान में विभक्त है। इस तरह गद्य-खण्ड को काव्य-खण्ड के मेल में ले आया गया है।

'शब्दसागर' की भूमिका छपने के अगले वर्ष (?) इतिहास का प्र.सं. (1929) छपा। समयाभाव के कारण भूमिका में मामूली परिवर्तन ही हो सका है। फिर बहत-सी बातें बढ़ाई गई हैं। उन्होंने लिखा है—'इस अलग पुस्तकाकार संस्करण में बहुत-सी बातें बढ़ायी गयी हैं—विशेषतः आदि और अंत में। आदिकाल के भीतर अपभ्रंश की रचनाएँ भी ले ली गई हैं क्योंकि वे सदा से भाषाकाव्य के अंतर्गत ही मानी जाती रही हैं।' आधुनिककाल के बारे में उनका कहना है—'आधुनिककाल के अंत में वर्तमानकाल की कुछ विशेष प्रवृत्तियों के वर्णन को थोड़ा और पल्लवित इसलिए करना पड़ा जिससे उन प्रवृत्तियों के मूल का ठीक-ठाक पता केवल हिंदी पढ़ने-वाले को भी हो जाए और वे धोखे में न रहकर स्वतंत्र विचार में स्वतंत्र हों।' सवाल होता है कि शक्लजी पाठको को किस धोखे से बचा रहे हैं? शुक्लजी के मत से यह धोखा छायावाद का है।

भूमिका में जैसा कहा जा चुका है आदिकाल ही वीरगाथा-काल है। अपभ्रंश की रचनाओं का उल्लेख इसलिए किया गया है कि हिंदी भाषा के पूर्व-रूप का परिचय प्राप्त किया जा सके। पर प्र.सं. में उन्हें एहसास हुआ कि अपभ्रंश की रचनाओं की प्रवृत्ति अनिर्दिष्ट है। वे लिखते हैं—'इस अनिर्दिष्ट लोक प्रवृत्ति के उपरांत जब से मुसलमानों की चढ़ाइयों का आरंभ होता है, तब से हम हिंदी साहित्य की प्रवृत्ति एक विशेष रूप में बँधती हुई पाते हैं।' यह नवीन संस्करण में भी है।

अपभ्रंश साहित्य में न तो कोई निर्दिष्ट लोक प्रवृत्ति है, और न वह लोकभाषा है। वह उस समय की काव्यभाषा है। अब अपभ्रंश को कोई पुरानी हिंदी नहीं कहता। पर शुक्ल-जी उसे पुरानी या प्राकृताभास हिन्दी कहते हैं। प्राकृता-भास हिंदी का अभिप्राय यह है कि उस समय की ठीक बोलचाल की भाषा नहीं है, जिस समय इसकी रचनाएँ मिलती हैं। यह उस समय के कवियों की भाषा है।' यों अपभ्रंश को प्राकृताभास हिन्दी कहना ठीक नहीं है। क्योंकि प्राकृताभास कहने पर हिन्दी प्रधान हो उठती है। जबकि स्थिति यह है प्रधानता प्राकृत की थी, आभास हिन्दी का। 'प्राकृताभास' शब्द चाहे सुप्रयुक्त न हो पर उनका अभिप्राय देशभाषा के बढ़ते हुए प्रभाव को दिखाना था।

उन्होंने 'शब्दसागर' की भूमिका यानी 'हिन्दी साहित्य का विकास' में साफ कहा है कि—'हेमचंद्र को इसलिए लिया गया कि उनके दोहों में भिन्न-भिन्न स्थानों

के प्रयोग मिलते हैं' और जैन ग्रंथकार देव सेन को इसलिए कि उनकी भाषा 'अपभ्रंश' के कठघरे से बाहर निकली हुई है और कहीं-कहीं पीछे की प्रचलित काव्यभाषा से बिलकुल मिलती-जुलती है।' यह दृष्टिकोण इतिहास के प्रथम और नवीन संस्करण में भी मौजूद है। एक ही काल में अनेक भाषाओं में लिखे जा रहे काव्यों को लक्ष्य करके उन्होंने लिखा है कि एक ही समय में शार्ङ्गधर अपभ्रंश में लिख रहे थे तो खुसरो देशभाषा में। एक ही कवि विद्यापति एक और अवहट्ट का प्रयोग कर रहे थे तो दूसरी ओर 'देसिल बयना' का। इसी समय कबीर की अटपटी बानी भी सुनाई पड़ रही थी। विद्यापति और कबीरदास लगभग समकालीन थे। प्रश्न उठता है कि तब विद्यापति को आदिकाकल और कबीर को मध्यकाल में क्यों रखा गया? इस सवाल पर आगे के इतिहासकार विचार करेंगे। यहां पर हमारी दृष्टि शुक्लजी की इतिहास केंद्रित यात्रा पर है।

इतिहास का संशोधन करते समय उनका ध्यान केवल नवोपलब्ध तथ्यों तक ही सीमित नहीं था। वे उदाहरणों और भाषा-परिष्कार के प्रति भी पूरे सतर्क थे। प्र. सं. में कबीर की अटपटी बानी का उदाहरण निम्नलिखित है—

कबीर जन्त्र न बाजई टूटि गये सब तार।
जन्त्र बिचारा क्या करै चले बजायन हार।।

नवीन संस्करण में इसके स्थान पर दूसरा दोहा रखा गया है—

अगिन जो लागी नीर में कांदों जलिया झारि।
उतर-दखिन के पण्डिता रहे बिचारि-बिचारि।।

स्पष्ट है कि प्रथम उदाहरण से कबीर की बानी का अटपटापन नहीं प्रकट होता। किंतु दूसरा उदाहरण उनके अटपटेपन का सशक्त उदाहरण है।

'शब्दसागर' की भूमिका में सिद्धों नाथों का प्रसंग नहीं है, प्र.सं. में भी नहीं है। पर नवीन संस्करण में उस समय तक नाथ-सिद्ध संबंधी उपलब्ध सामग्री का उपयोग कर लिया गया है। इसी संस्करण में 'दो बातों' के अंतर्गत उन्होंने लिखा है—'आदिकाल के भीतर वज्रयानी सिद्धों और नाथपंथी योगियों की परंपराओं का कुछ विस्तार के साथ वर्णन यह दिखाने के लिए करना पड़ा कि कबीर प्रवर्तित निर्गुण संत मत के प्रचार के लिए किस प्रकार उन्होंने पहले से रास्ता तैयार कर दिया था। दूसरा उद्देश्य यह स्पष्ट करने का भी था कि सिद्धों और योगियों की रचनाएँ 'साहित्य-कोटि' में नहीं आतीं और योगधारा काव्य सा साहित्य की कोई धारा नहीं मानी जा सकती।' शुक्ल जी साहित्य का इतिहास लिख रहे थे इसलिए उन्हें 'साहित्य और साहित्येतर' से टकराना जरूरी था। केवल समाजशास्त्र के आधार पर लिखा जाने वाला साहित्येतिहास इतिहासाभास होगा। साहित्य होने की मूलभूत कसौटी है 'सहृदयता'। वे प्रत्येक रचना और रचयिता को इसी कसौटी पर कसते हैं। पर साहित्येतर साहित्य भी साहित्य की परंपरा को प्रभावित करता है, उसके

नैरंतर्य की एक कड़ी होता है। सिद्धों-नाथों का महत्त्व इसी दृष्टि से आँका गया है।

पहले संस्करण में कबीर की पूर्ववर्ती परंपरा का उल्लेख नहीं है। नवीन संस्करण में इतिहास की धारावाहिकता का पूरा ध्यान रखा गया है। धारा तो बहती रहती है पर समय-समय पर उसमें मोड़ आते रहते हैं और धारा का रंग-ढंग बदल जाता है। साहित्य की इस धारा में भाषा, समाज, संस्कृति और अतीत की वर्तमानता सभी शामिल है। कुछ उत्साही लोगों का कहना है कि शुक्लजी ने आधार और अधिरचना का संबंध नहीं जोड़ा है। उस समय यह पद्धति प्रचलित ही नहीं थी। अब तो इस यान्त्रिकता के विरोध में अनेक स्कूल खड़े हो गए हैं। आर्थिक स्थितियों का लंबा-चौड़ा आनुमानिक ब्यौरा देना और साहित्य के साथ उसका वादरायण संबंध स्थापित करना अच्छा खासा वाग्जाल है। अधिरचनाओं के द्वन्दात्मक संबंधों की परख इतिहास को अधिक प्रामाणिक बनाएगी। शुक्लजी ने अधिरचनाओं को द्वन्द्वात्मक रिश्तों में नहीं देखा है। पर अधिरचनाओं के संदर्भ में कारणता को बराबर ध्यान में रखा है।

काव्य में आध्यात्मिकता के वे कितने विरोधी थे, इसे सभी जानते हैं। उस समय शृंगारिक रचनाओं का आध्यात्मिक अर्थ करने वालों का एक दल विद्यमान था। जब कभी मौका मिला है, शुक्ल जी इस प्रवृत्ति पर प्रहार करने से नहीं चूके। नवीन संस्करण में विद्यापति पर एक टिप्पणी जड़ दी गई है। 'आध्यात्मिक रंग के चश्मे आजकल बहुत सस्ते हो गए हैं। उन्हें चढ़ाकर जैसे कुछ लोगों ने 'गीतगोविन्द' के पदों को आध्यात्मिक संकेत बताया है जैसे ही विद्यापति के इन पदों को भी। सूर आदि कृष्णभक्तों के शृंगारी पदों की भी ऐसे लोग शृंगारी व्याख्या चाहते हैं। पता नहीं बाललीला के पदों का वे क्या करेंगे।

प्र.सं. में वे विद्यापति को शृंगारी कवि कह चुके थे। फिर भी लोग विद्यापति को भक्त कवि सिद्ध करने पर तुले हुए थे। उनके सहयोगी आचार्य केशवप्रसाद मिश्र संस्कृत-हिन्दी के प्रकाण्ड पण्डित थे। वे विद्यापति को भक्त कवि मानते थे। उन्होंने अपने मत के पुष्ट्यर्थ एक लेख भी लिखा था। कबीर की रचनाओं के अर्थ के संबंध में भी शुक्लजी से मिश्र जी का मतभेद रहता था। केशवजी शुक्लजी के मध्यकालीन भक्त कवियों के विवेचन से भी संतुष्ट नहीं थे क्योंकि उनकी व्याख्या शुक्लजी ने एक बुद्धिवादी की तरह की है। एक ही विभाग के दो सहयोगियों और मित्रों का मत-वैभिन्न्य देखने लायक है—एक पारलौकिक दूसरा इहलौकिक। वे एक इहलौकिक इतिहासकार की तरह मध्यकालीन अभिरुचियों को बदलने की कोशिश कर रहे थे। आध्यात्मिक अर्थ की खिलाफत वे अन्य स्थानों पर भी करते हैं—'अभी थोड़े दिन हुए हमारे एक मित्र ने सारी बिहारी सतसई का शांतपरक अर्थ करने की धमकी दी थी।'[5]

जहाँ तक अपभ्रंश काव्य का संबंध है कहना न होगा कि शुक्लजी ने उसके रूप की चर्चा नहीं की है। इधर साहित्येतिहासकारों का मानना है कि साहित्य का

इतिहास उनके रूपों के परिवर्तन का इतिहास है। साहित्य-रूपों की एक परंपरा चलती है। ऐतिहासिक माँग के फलस्वरूप उनमें परिवर्तन आता है। वस्तु की प्रामाणिकता रूप में अध्ययन पर निर्भर करती है और रूप की प्रामाणिकता इतिहास के अध्ययन पर। इन तीनों के द्वन्द्वात्मक संबंधों का विवेचन इतिहास और आलोचना दोनों के लिए समान रूप से जरूरी है। आचार्य हजारीप्रसाद द्विवेदी ने अपभ्रंश के काव्यरूप तथा हिंदी में प्रलित उनकी परंपरा का विशद विवेचन किया है। किंतु आवश्यकता है कि हिंदी परंपरा और अपभ्रंश काव्य-रूप-परंपरा के अलगाव का भी विश्लेषण किया जाए जिससे परिवर्तन के मूल में अनुस्यूत ऐतिहासिकता भी स्पष्ट होती चले।

देशभाषा काव्य को शुक्लजी ने वीरगाथाकाल क्यों कहा? इस संबंध में काफी कुछ लिखा गया है। उनको खुद मालूम था कि सारी वीरगाथाएँ न वीरगाथाएँ सिद्ध हो पाती हैं और न प्रामाणिक। यह प्रश्न भी अविचारित रह गया है कि इसी काल में देशभाषा का उदय क्यों हुआ? इसी समय अपभ्रंश काव्य परंपरा का समापन और देश्य भाषा-साहित्य का प्रादुर्भाव क्यों होता है?

दूसरा सवाल यह है कि इसी समय देश्य भाषा काव्य का उदय क्यों हुआ? मुसलमानों के आक्रमण के समय केंद्रीय शासन छिन्न-भिन्न हो चुका था। देश छोटे-छोटे राज्यों में विभक्त था। इनका पारस्परिक संबंध युद्धों तक सीमित था। ऐसी अराजक स्थिति में व्यापार का सीमाबद्ध हो जाना अस्वाभाविक नहीं था। सहसा स्थानीय समस्याएँ महत्त्वपूर्ण हो उठीं। इन समस्याओं में स्थानीय बेस के कारण स्थानीय बोलियों का भी महत्त्व बढ़ा और हिन्दी जाति का उदय हुआ। ब्रजी, अवधी, बुन्देलखण्डी, राजस्थानी ने इस जाति को अस्मिता प्रदान की।

यह कहा जा चुका है कि शुक्लजी के इतिहास-लेखन के पीछे हिंदी नवजागरण और स्वतंत्रता-आंदोलन की प्रेरणा थी। यदि उस समय के इतिहासकारों की कृतियों पर विचार किया जाए तो उपर्युक्त तथ्य पुष्ट हो जाता है। सर्वप्रथम भारतवर्ष का इतिहास विदेशियों ने लिखा। सन् 1817 में जेम्स मिल का 'ब्रिटिश भारत का इतिहास' प्रकाशित हुआ। इस इतिहास में भारतीय सभ्यता और संस्कृति की कटु आलोचना की गई है। इसे गत्यात्मक बनाने के लिए ब्रिटिश विधान कारगर हथियार सिद्ध होंगे। कुछ लोगों ने हीगेल के इतिहास-दर्शन को आँख मूँदकर भारतीय समाज पर प्रक्षेपित किया है। हीगेल भारतीय समाज को स्थिर और अगत्यात्मक कहता है। फ्रांसीसी इतिहासवेत्ता मान्टेस्क के मतानुसार अंग्रेजों के भारत आगमन पूर्व यहाँ पर व्यक्ति भू-सम्पत्ति का स्वामी नहीं हो सकता था। हीगेल का आधार ग्रहण कर मार्क्स ने 'उत्पादन की एशियाई पद्धति' लिखा जो अब पूर्णतः खण्डित हो चुका है। जाहिर है कि इस आधार पर लिखा गया लैसग का इतिहास क्या होगा? वह भी प्रकारांतर से मिल का समर्थन करता है। दूसरा महत्त्वपूर्ण इतिहास-लेखक विसेण्ट स्मिथ है। वह

प्रशासक इतिहासकार है। उसके मतानुसार भारतीय सभ्यता और संस्कृति यूनान की ऋणी है।

भारतीय इतिहासकारों में भण्डारकर पहले व्यक्ति हैं जो अपने दृष्टिकोण में राष्ट्रीयता से प्रभावित हैं। सन् '20 से '25 तक राय चौधरी जायसवाल, मजूमदार आदि ने स्पष्टतः राष्ट्रीय दृष्टिकोण से इतिहास लिखा। इनके इतिहासों में ब्रिटिश इतिहासकारों का खण्डन करते हुए भारतीय अस्मिता को पहचाना गया है। हिन्दी साहित्य के देशभाषा काव्य को वीरगाथा कहने के मूल में इन इतिहासकारों का प्रभाव नकारा नहीं जा सकता। यों तो शुक्लजी का समूचा इतिहास ही इससे प्रभावित है।

शुक्लजी के जन्म के चार साल बाद ग्रियर्सन का 'दी माडर्न वर्नाक्यूलर लिटरेचर ऑफ हिन्दुस्तान' रायल एशियाटिक सोसायटी ऑफ बंगाल के जर्नल में सन् 1888 में छप चुका था। सन् '89 में यह पुस्तकाकार प्रकाशित हुआ। अब इसका हिन्दी अनुवाद 'हिन्दी साहित्य का प्रथम इतिहास' (अनु. डॉ. किशोरीलाल गुप्त) उपलब्ध है। शुक्लजी के पहले मिश्रबंधु विनोद का भी प्रकाशन हो चुका था। शुक्लजी ने इनसे सहायता अवश्य ली पर उनकी इतिहास-दृष्टि कवि-वृत्त-संग्रह से भिन्न और स्वदेशी थी।

ग्रियर्सन की इतिहास दृष्टि जेम्स मिल और स्मिथ से भिन्न नहीं थी। स्मिथ की तरह वह भी प्रशासक इतिहासकार था। इसलिए ब्रिटिश शासन की पक्षधरता उसके लिए स्वाभाविक थी। उसकी पुस्तक के दो अध्याय—कंपनी के शासन में हिंदुस्तान और महारानी विक्टोरिया के शासन में हिंदुस्तान—उपर्युक्त तथ्य को प्रमाणित करते हैं। 'कंपनी के साथ हिन्दुस्तान' अध्याय में लिखा गया है कि 'साथ ही, योरोपीय लोगों को हिन्दी नाम से ज्ञात और उन्हीं द्वारा आविष्कृत, अद्‌भुत संकीर्ण भाषा के प्रार्दुभाव का युग था।' (हि.सा.प्र.इ. पृ. 229) उर्दू के संबंध में वह कहता है कि 'अकबर के खेमे के लोगों और बाजार के लोगों के मेल-जोल से बनी थी।' (वही) ग्रियर्सन जैसे भाषाविद् का हिन्दी-उर्दू को कृत्रिम और अलग-अलग भाषाएँ मानना भेदभाव की अंग्रेजी नीति के अनुरूप था। साम्राज्य विरोधी बंगला पत्रों को वे कटुभाषी और राजद्रोही कहते थे। भक्ति आंदोलन को ईसाइयत की देन मानते थे। रामचरित मानस की प्रशंसा का आधार यह था कि वह ईसाई धर्म के निकट था। मिश्र-बन्धुओं ने हिन्दी-साहित्य के मध्यकाल को हिन्दुओं-मुसलमानों के संघर्ष के रूप में प्रस्तुत किया, सूफियों को प्रेमपूर्ण रीति से इस्लाम का प्रचारक बतलाया। आगे चलकर शुक्लजी के प्रिय शिष्य चन्द्रबली पाण्डेय के तसव्वुफ में भी इसी मत का प्रतिपादन किया गया। शुक्लजी का दृष्टिकोण इनसे कितना भिन्न था!

सच तो यह है कि जनता की चित्तवृत्तियों के बदलाव के साथ-साथ साहित्य के परिवर्तन को देखना साहित्येतिहास के क्षेत्र में एक छलाँग है। भक्ति-आंदोलन को न तो चमत्कार माना है और न ईसाइयत की देन। वह इसी देश की मिट्टी और

खाद-पानी में जन्मा और विकसित हुआ। इसे सिद्ध करने के लिए उन्होंने उसकी सुदीर्घ परंपरा का उद्घाटन भी किया। रीतिकाल के वर्ग-चरित्र का पर्दाफाश करने का कार्य भी उन्होंने ही सम्पन्न किया। पूववर्ती इतिहासकारों की हिंदुओं-मुसलमानों के बीच खाई खोदने की नीति के विरुद्ध उन्होंने उसे पाटा, मनुष्यता के सामान्य रूप की प्रतिष्ठा के लिए सूफियों की प्रशंसा की और साम्राज्यवादी-सामंतवादी शोषण का मुखर विरोध किया। कहना न होगा कि राय चौधरी, जायसवाल आदि से उनकी इतिहास-दृष्टि अधिक विकसित और प्रगतिशील थी।

(3)

नवीन संस्करण के भक्तिकाल में बहुत कुछ नया जोड़ा गया है। पर उनकी अपनी मूल उपपत्ति अपरिवर्तित है। कुछ बातें भूमिका, प्र.सं. और नवीन संस्करण में दुहराई गई हैं। यदि उन्हें एकत्र कर दिया जाए तो भक्तों के संबंध में उनके दृष्टिकोण का पता लग जाए। भक्तिकाल के संबंध में विचार करते हुए उन्होंने जो संत-विरोधी रुख अपनाया है वह औचित्यपूर्ण नहीं है। 'तुलसीदास' पर भी पुनर्विचार की आवश्यकता है क्योंकि उनमें ऐसे अंशों की कमी नहीं है जो अप्रासंगिक हो गए हैं। शिवदानसिंह चौहान और रांगेय राघव द्वारा उठाई गई आपत्तियाँ अविचारणीय नहीं हैं। अतः इस काल के पुनर्लेखन की जरूरत है। इस काल का पुनर्लेखन नए इतिहास की मुख्य कसौटी होगा।

संत विरोध उनका स्थायी भाव है और तुलसीदास का प्रसंग संचारी का काम करता है। 'शब्दसागर' की भूमिका में वे लिख चुके थे—'संस्कृत बुद्धि, संस्कृत हृदय और संस्कृत वाणी का वह विकास इस शाखा में नहीं पाया जाता जो शिक्षित समाज को अपनी ओर आकर्षित करता।' इस अंश को कहीं भी नहीं बदला गया है। तुलसी के संदर्भ में कहा गया है—'सगुण धारा के भारतीय पद्धति के भक्तों में कबीर, दादू आदि के लोकधर्म-विरोधी स्वरूप को यदि किसी ने पहचाना तो गोस्वामी तुलसीदास ने।' यह अंश भी भूमिका, प्र.सं. और नवीन संस्करण में मौजूद है।

इस विचार की नींव 'गोस्वामी तुलसीदास'[6] में ही पड़ गई थी। उन्होंने लिखा है—'भक्तों के दो वर्ग थे। एक तो भक्ति के प्राचीन स्वरूप को लेकर चला था अर्थात् प्राचीन भागवत संप्रदाय नवीन विकास का ही अनुयायी था और दूसरा विदेशी परंपरा का अनुयायी, लोकधर्म से उदासीन तथा समाज-व्यवस्था और ज्ञान-विज्ञान का विरोधी।' आश्चर्य है कि शुक्लजी निर्गुण भक्तिधारा को विदेशी मानते हैं। भारतीय

दर्शन और धर्म के इतिहास में ईश्वर के निर्गुण स्वरूप की चर्चा पहले आती है। अवतारवाद की कल्पना बाद में की गई। वास्तविकता तो यह है कि उनका लोकधर्म वर्णाश्रम धर्म का पर्याय है। पाखंड विरोधी संतों को पाखंड तथा सब कुछ छोड़कर भगवान की शरण में जाने वाले भक्तों को आत्म-कल्याण और लोक-कल्याण विधायक कहना एक विचित्र विडंबना है। इससे शुक्लजी के अपने वर्ग-चरित्र पर भी प्रकाश पड़ता है और इतना स्पष्ट है कि इसे झुठलाया नहीं जा सकता। डॉ. रामविलास शर्मा को 'आत्मगौरव' वाला अंश दिखाई पड़ जाता है पर जहाँ संतों को लोक-विरोधी कहा गया है वह अंश आँखों से ओझल हो जाता है। यह भी कम आश्चर्य की बात नहीं है। निम्नवर्ग में आत्मगौरव का भाव जगाने वाले संत लोक-विरोधी कैसे हो गए? उलटकर कहा जा सकता है कि गोस्वामीजी 'यथास्थिति' बनाए रखने के पक्ष में थे। उनमें प्रतिक्रियावादी तत्त्वों की कमी नहीं है। पर वे बड़े कवि हैं। यों मानस पढ़ने वालों की संख्या उतनी नहीं है जितनी बीजक पढ़ने वालों की। मुक्तिबोध ने डंके की चोट कहा है कि मध्यकालीन कवियों में कबीर सबसे अधिक आधुनिक हैं।

नवीन संस्करण में सिद्धों-नाथों और निर्गुण संतों के 'गुह्य', 'रहस्य', 'सिद्धि' आदि का बार-बार विरोध किया गया है और अंतर्जगत के विरुद्ध बहिर्जगत की वकालत की गई है। वास्तविकता यह है कि तंत्रवाद, सिद्धों-नाथों तथा संत कवियों को वस्तुनिष्ठ नजरिए से न देखकर व्यवस्थावादी दृष्टिकोण से देखा गया है। इसमें न तो अतीत की वर्तमानता पर विचार हुआ है और न खुद उसकी अतीतता के गत्यात्मक पहलू पर।

आचार्य हजारीप्रसाद द्विवेदी ने उनकी भूमिका का उल्लेख करते हुए ठीक ही लिखा है—'इस प्रकार जिन दिनों बौद्धधर्म उत्तरोत्तर लोकधर्म में घुलमिल रहा था उन्हीं दिनों ब्राह्मणधर्म अलग होता जा रहा था।'[7] ध्यान रखना चाहिए कि द्विवेदीजी का लोकधर्म शुक्लजी का लोकधर्म नहीं था। उनका लोकधर्म उस व्यापक जनसमूह की जाग्रत चेतना है जो संकीर्ण ब्राह्मणधर्म के विरुद्ध जाती है।

तंत्रवाद वैदिक धर्म से भी पुराना है। यह आदिम कृषि और उर्वरता से जुड़ा हुआ है। इसमें जनजातियों के विश्वास तथा प्रथाएँ फूलती-फलती रही हैं। यह न बौद्धधर्म से उत्पन्न हुआ है और न हिंदू धर्म से। भारतीय धर्म-दर्शन के इतिहास में तत्त्व मीमांसीय चिंतन से मुक्त यह निरंतर प्रवहमान रहा है। बौद्ध चिंता इस ओर झुककर वज्रयान-सहजयान में परिणत हुई, शैवमत में भी इसका प्रवेश हुआ, वैष्णव सहजिया आंदोलन भी इससे आक्रांत हो उठा।

सिद्धों-नाथों में जनजातियों का प्राधान्य था। वे कबीलाई अनुष्ठानों के साथ ब्राह्मणवाद के विरोध में डटकर खड़े थे। इन लोगों ने वर्णाश्रम व्यवस्था का अत्यंत उग्र विरोध किया। सिद्धों-नाथों से प्रेरणा लेकर निर्गुण मार्गी संतों ने वर्णाश्रम को इस सीमा तक हिला दिया कि तुलसीदास को निगमागम का साक्ष्य लेकर वर्णाश्रम-व्यवस्था का समर्थन करना पड़ा।

सिद्धों-नाथों ने अपने अनुष्ठानों और चमत्कारों से सिद्ध करने का प्रयास किया कि वे द्विजातियों से किसी प्रकार कम नहीं हैं। वर्णहीनता की क्षतिपूर्ति का भी यह एक साधन था। घट के भीतर ब्रह्म के साक्षात्कार के मूल में यह तथ्य निहित था कि हर व्यक्ति समान रूप से सामर्थ्यवान है। तथाकथित आध्यात्मिकता के स्थान पर इसमें देहतत्त्व प्रधान है। देवीप्रसाद चट्टोपाध्याय ने तंत्रवाद को भौतिकवाद के निकट माना है। ब्राह्मणवाद के विरोध में ही सामंतवाद और पुरोहितवाद का विरोध निहित था। इस दृष्टि से विचार करने पर मध्यकाल के दो विरोधी मतों या परंपराओं—वर्णाश्रमी और वर्णाश्रम-विरोधी—के द्वंद्वात्मक संबंधों पर पुनर्विचार की जरूरत है। इस अंतर्विरोध का जिक्र करते हुए आचार्य हजारीप्रसाद द्विवेदी ने लिखा है—'तुलसीदास के युग में हिंदुओं के समाज का फौलादी ढाँचा जहाँ एक तरफ अतिरिक्त सावधानी के कारण कसा जा रहा था, वहाँ उसी कसाव के परिणामस्वरूप धार्मिक और साहित्यिक क्षेत्र में यथा-स्थित मर्यादा पर कसकर चोटें की जा रही थीं।'[8] ध्यातव्य यह है कि सगुण मार्गी शास्त्रीय मिथकों को जीवित कर रहे थे तो निर्गुण मार्गी बैठी-ठाली साधुता, रूढ़िग्रस्त काव्य परंपरा, व्यवस्थावादी भाषा पर चोटें कर रहे थे।

इतिहास के प्र. सं. में रैदास का उल्लेख नहीं है। नवीन संस्करण में है। निर्गुण भक्तों में रैदास अत्यधिक निरीह, सरल और विनम्र थे। पर उनके मन में भी ब्राह्मणधर्म के प्रति गहरा क्षोभ था जो निम्नलिखित रूप में अभिव्यक्त हुआ है—

जाके कुटुंब सब ढोर ढोवत
फिरहिं अजहुँ वानारसी आसपासा।
आचार सहित विप्र करहिं दंडउति
तिन तजै रविदास दासानुदासा॥

इस पर इतिहास में कोई टिप्पणी नहीं है और पंजाब संस्करण में इसे हटा दिया गया है।

रामानुज की अपेक्षा रामानंद उदार थे। इसका उल्लेख उन्होंने 'शब्दसागर' की भूमिका में ही कर दिया है—'रामानुज संप्रदाय की दीक्षा केवल द्विजातियों को ही दी जाती थी, पर स्वामी रामानंद ने रामभक्ति का द्वार सब जातियों के लिए खोल दिया।'[9] यह इतिहास के दोनों संस्करणों में मौजूद है। वे भूमिका में ही आगे लिखते हैं—'भक्ति मार्ग में इनकी उदारता का अभिप्राय यह कदापि नहीं है—जैसा कि कुछ लोग समझा और कहा करते हैं कि रामानंद वर्णाश्रमधर्म के विरोधी थे।'[10] वे अपनी बात को जोरदार ढंग से आगे बढ़ाते हुए लिखते हैं—'यदि वे वर्णाश्रम धर्म के विरोधी होते तो अपने वेदांतसूत्र के भाष्य में 'शूद्राधिकरण' के अंतर्गत शूद्रों को वेदाधिकार का निषेध न करते।'[11] इतिहास के प्रथम संस्करण में यह ज्यों-का-त्यों मौजूद है। किंतु नवीन संस्करण में इसे हटा दिया गया है। इसके स्थान पर लिखा गया है कि 'समाज के लिए वर्ण और आश्रम की व्यवस्था मानते हुए वे भिन्न-भिन्न कर्त्तव्यों की योजना स्वीकार करते थे। केवल उपासना के क्षेत्र में उन्होंने सबका समान अधिकार स्वीकार किया।[12] दोनों उद्धरणों में अर्थ-भेद नहीं है। फर्क यह है कि प्र.सं. में जोश अधिक है। नवीन संस्करण में संयम।

सूफियों के संबंध में भूमिका में जो कुछ लिखा गया है उसमें आगे के संस्करणों में बहुत कम हेरफेर हुआ है। कुछ नए नाम जोड़े गए हैं कुछ नए निष्कर्ष निकाले गए हैं और कहानियों के मूल स्रोतों को ढूँढ़कर उनकी भारतीयता सिद्ध की गई है। उन्होंने लिखा है—'हमारा अनुमान है कि सूफी कवियों ने जो कहानियाँ ली हैं वे सब हिंदुओं के घर में बहुत दिनों से चली आती कहानियाँ हैं जिनमें आवश्यकतानुसार उन्होंने हेरफेर किया है। कहानियों का मार्मिक आधार हिंदू है। मनुष्य के साथ पेड़-पौधों को भी सहानुभूति सूत्र से बद्ध दिखाकर एक अखंड ज्ञान समष्टि का आभास देना हिंदू प्रेम कहानियों की विशेषता है। मनुष्य के घोर दुख पर वन के वृक्ष भी रोते हैं, पक्षी भी संदेश पहुँचाते हैं। यह बात इन कहानियों में भी मिलती है।'[13]

नवीन संस्करण में एक ओर सूफी कवियों के हिंदू-आधार को खोजकर यह सिद्ध करने का प्रयास किया गया है कि वे लोक संस्कृति में घुलमिल रहे थे। पर इसी संस्करण में नूर मुहम्मद का भी विस्तृत वर्णन है जो सूफी काव्य-परंपरा के अंतिम कवि हैं। नूर मुहम्मद फारसी के पंडित थे, फिर भी उन्होंने हिंदी भाषा में ही कविताएँ लिखीं। इसके लिए उन्हें उलाहना भी सुनना पड़ा कि मुसलमान होकर भी तुम हिंदी में क्यों लिखते हो। इसकी सफाई देते हुए उन्हें कहना पड़ा है—'हिन्दू मग पर पाँव न राखेऊँ। का जौ बहुतै हिंदी भाखेऊँ।' इस पर टिप्पणी

करते हुए शुक्लजी ने लिखा है—इसका तात्पर्य यह है कि संवत् 1800 तक आते-आते मुसलमान हिंदी से किनारा खींचने लगे थे।' भाषा में रामचरित लिखने के कारण गोस्वामी तुलसीदास को काफी सताया गया था। इसके लिए उन्हें भी सफाई देनी पड़ी थी।

भाषा और भाव को लेकर उस समय दो प्रकार के मत चल रहे थे, एक को क्रांतिकारी या परिवर्तनवादी और दूसरे को पुनरुत्थानवादी कह सकते हैं। यह स्थिति हिंदू कवियों में भी देखी जा सकती है और मुसलमान कवियों में भी। आश्चर्य नहीं है ठेठ लोकभाषा में रचना करने वाले कवि क्रांतिकारी ही नहीं थे बल्कि हिंदुओं-मुसलमानों के बीच सामान्य मनुष्यता की प्रतिष्ठा भी कर रहे थे।

सूफियों का रहस्यवाद भावात्मक होते हुए एक क्रांतिकारी भूमिका भी निभा रहा था। उसमें स्रष्टा और सृष्टि में, मनुष्य-मनुष्य में वैसे ही अभेद माना गया है जैसा संतों की रचनाओं में दिखाई देता है। इसके माध्यम से सूफी इस्लाम का नहीं उसकी कट्टरता और रूढ़िवादिता का विरोध कर रहे थे। योरप में रहस्यवाद एक समय क्रांतिकारी भी हो उठा था। एंगेल्स ने 'जर्मनी में किसान युद्ध' में लिखा है कि वहाँ पर रहस्यवाद सशस्त्र विद्रोह में परिवर्तित हो गया था। सूफियों का रहस्यवाद मुल्लावाद का विरोध कर रहा था। सूफियों ने हर प्राणी में खुदा को पाया जो एकेश्वरवाद के खिलाफ मानवतावादी स्वर था। वास्तविकता तो यह है कि संत, सूफी और वैष्णवभक्त एक-दूसरे से टकराते, घुलते-मिलते अभूतपूर्व मानवतावाद की सृष्टि कर रहे थे।

शुक्लजी का आलोचक, इतिहासकार की अपेक्षा अधिक सजग और सतर्क था। इतिहास के संशोधित संस्करण में वे यथास्थान भाषा का परिष्कार करते गए हैं। यह परिष्कार व्याकरणिक ही नहीं अर्थवैज्ञानिक भी है। एक उदाहरण देखिए, भूमिका और प्र.सं. में उन्होंने लिखा है—'पर इन प्रेम प्रबंधकारों ने जिस रहस्यवाद का आभास बीच-बीच में दिया है उसके संकेत अत्यंत सुंदर और मर्मस्पर्शी हैं।'[14] नवीन संस्करण में 'अत्यंत सुंदर' के स्थान पर 'स्वाभाविक' कर दिया गया है। 'अत्यंत सुंदर' जैसे गोल और भाववादी शब्द की अपेक्षा 'स्वाभाविक' कहीं अधिक अर्थगर्भित और ठोस है।

नवीन संस्करण में वे गोस्वामी जी के रामराज्य की यूटोपिया भी शामिल कर लेते हैं। प्रथम संस्करण में यह अनुपस्थित है। पर 'गोस्वामी तुलसीदास' में इसे स्थान मिला है। तत्कालीन स्वतंत्रता आंदोलन की प्रेरणा से ही इसे नवीन संस्करण में सम्मिलित करना पड़ा। गोस्वामीजी के जमाने में स्वदेशी राम राज्य की कल्पना

का राजनीतिक महत्त्व था। शुक्लजी भी विदेशी साम्राज्यवाद के विरोध में स्वदेशी रामराज्य की प्रतिष्ठा का समर्थन कर रहे थे।

किंतु 'गोस्वामी तुलसीदास' और इतिहास के नवीन संस्करण की प्रस्तुतियों में अंतर है। 'गोस्वामी तुलसीदास' में गोस्वामीजी रामराज्य की स्थापना के लिए प्रार्थना करते हैं। प्रार्थना सुन ली जाती है। उनका हृदय आनंद से परिपूर्ण हो जाता है। पर इतिहास में वे इसे दूसरे ढंग से प्रस्तुत करते हैं—'अतः वे यह भावना करके पुलकित हो जाते हैं कि सत्स्वरूप का लोकव्यक्त प्रकाश हो गया, रामराज्य प्रतिष्ठित हो गया और चारों ओर मंगल छा गया।'[15]

यहाँ 'भावना' पर विचार कर लेना चाहिए। 'भावना' स्थान पर 'कल्पना' का प्रयोग भी किया जा सकता था। 'रस-मीमांसा' में 'भावना' की व्याख्या करते हुए उन्होंने खुद लिखा है—'पुराने धार्मिक लोग 'उपासना' का अर्थ 'ध्यान' से ही लिया करते थे। जो वस्तु हमने अलग है, हमसे दूर प्रतीत होती है, उसकी मूर्ति मन में लाकर उसके सामीप्य का अनुभव करना ही 'उपासना' है। साहित्य वाले उसी को 'भावना' कहते हैं और आजकल के लोग 'कल्पना'।' कहा गया है—'यागेन स्वर्गं भावयेत्।' यहाँ भावना से मतलब उत्पन्न करना है। गोस्वामीजी अनुभूति के स्तर पर रामराज्य की 'भावना' करते हैं और आनंदित नहीं पुलकित हो उठते हैं। 'पुलकित' शब्द शुक्लजी ने गोस्वामीजी से ही ग्रहण किया है—

सुनि सीतापति सील सुभाउ।
मोद न मन, तन पुलक,
नैनजल सोनर खेहर खाउ॥

नवीन संस्करण में केशव पर जमकर लिखा गया है। यों भूमिका, प्र. सं. और नवीन संस्करण की मूल स्थापनाओं में कोई फर्क नहीं है। शुक्लजी ने देखा कि उतना सब कुछ लिखने पर भी केशव की धाक कम नहीं हुई। उन्हीं के हिंदी-विभाग में केशव को लेकर लोग रोब गालिब कर रहे थे। इस तरह हिंदी आलोचना, पठन-पाठन और इतिहास गलत दिशा में भटक सकते थे। उन्होंने नवीन संस्करण में इस खतरे को जड़ से उखाड़कर मठा डाल दिया। केशव पर लिखे गए कोड़ियों शोध-प्रबंध एक तरफ और शुक्लजी के दो-चार पृष्ठ दूसरी तरफ।

शुक्लजी के पहले केशव की गणना श्रेष्ठ कवियों में की जाती थी। तुलसी, सूर के बाद उन्हीं का स्थान था। उन्हें 'अरथ गंभीर' की प्रसिद्धि प्राप्त थी। मिश्र बंधुओं की दृष्टि में केशव हिंदी के मिल्टन थे। प्रवर्द्धित संस्करण इस मान्यता पर

पानी फेर देता है। केशव को उनकी औकात में लाकर रख दिया गया और कोरी चामत्कारिक काव्य-परंपरा पर कसकर प्रहार किया गया।

भूमिका और प्र.सं. में शुक्लजी ने केशव के प्रबंध निर्वाह और अलंकार वैचित्र्य तक ही अपने को सीमित रखा है। पर नवीन संस्करण में जीवन के परिप्रेक्ष्य में भी उन्हें देखा गया है—'यह समझ रखना चाहिए कि केशव केवल उक्ति वैचित्र्य और शब्द क्रीड़ा के प्रेमी थे। जीवन के नाना गंभीर और मार्मिक पक्षों पर उनकी दृष्टि नहीं थी।'[16]

नवीन संस्करण में ही रामचंद्रिका के प्रबंध-निर्वाह के संबंध में वे कहते हैं—'उनकी रामचंद्रिका अलग-थलग लिखे हुए वर्णनों का संग्रह-सी जान पड़ती है।' प्रबंध निर्वाह में वे क्लासिकल ढंग का पूर्वापर संबंध देखना चाहते हैं। इस रूढ़िबद्ध धारणा को जब 'कामायनी' में भी देखना चाहते हैं तो उनकी अपनी सीमा भी स्पष्ट हो जाती है। इसी संस्करण में भाषा की स्थानगत विशेषता (लोकल कलरिंग) की ओर भी उनकी दृष्टि गई है। वे पहले व्यक्ति हैं जिन्होंने पहले-पहल इस विशेषता की ओर ध्यान आकृष्ट किया है। स्थानों का वर्णन करते समय केशव ने उनकी परिवेशगत विशेषताओं का कुछ भी ख्याल नहीं किया है। संभवतः इसी कारण उनकी दृष्टि स्थानगत विशेषताओं पर गई। यह भी संभव है कि छायावादी कविताओं ने उन्हें इस दिशा में अग्रसर किया हो।

केशव की भाषा के बारे में वे लिखते हैं—'पदों और वाक्यों की न्यूनता, अशक्त फालतू शब्दों के प्रयोग और संबंध के अभाव आदि के कारण भाषा भी अप्रांजल और गड्डमड्ड हो गई है।' कविता में भी वाक्य-विन्यास का उतना ही महत्त्व है जितना गद्य में। तुलसीदास के सधे हुए वाक्यों की उन्होंने प्रशंसा की है। पर खेद है कि छायावादी काव्य के वाक्यों पर वे विचार नहीं कर सके हैं। उपर्युक्त उद्धरण में अशक्त और फालतू की अर्थवत्ताएँ भिन्न-भिन्न हैं। शब्दों के 'संबंध' में उसके 'परमुटेशन-कम्बिनेशन' का अंतर्भाव है। शुक्लजी ने आलोचकों और रचनाकारों को सावधान करते हुए लिखा है—'आजकल भाषागत जटिलता को भावनाओं की जटिलता कहकर असलियत को छिपाने की प्रथा चल पड़ी है।' कहना न होगा कि छायावादोत्तर काल में प्रयोगवादी कवियों ने इस प्रथा का अच्छा-खासा पालन किया है।

जगह-जगह छोटे-छोटे परिवर्तन भाषागत मितकथन, सार्थकता और पारदर्शिता के प्रमाण बन गए हैं। भूमिका और प्र. सं. में 'कविप्रिया' और 'रसिकप्रिया' के बारे में वे लिखते हैं—'इन ग्रंथों की रचना बहुत प्रौढ़ है। उदाहरणों में बड़ी सुंदर कल्पना से काम लिया गया है और पदविन्यास बहुत ही अच्छे हैं।'[17] नवीन संस्करण

में इस संदर्भ में 'कविप्रिया' हटा दिया गया है। पर 'रसिकप्रिया' के संबंध में उन्होंने उपर्युक्त वाक्यों में किंचित् हेरफेर कर दिया है—'रसिकप्रिया की रचना प्रौढ़ है। उदाहरणों में चतुराई और कल्पना से काम लिया गया है। और पदविन्यास भी अच्छे हैं।'[18] इन वाक्यों में 'बहुत', 'बड़ी' आदि अतिशयोक्तिमूलक फालतू शब्दों को काटकर जो कुछ परिवर्तन किया गया है, उससे वाक्य का गठन ही बेहतर नहीं हुआ है बल्कि सही-संयमित अर्थवत्ता पारदर्शी शीशे की तरह स्वच्छ हो गई है। इसे कहते हैं भाषा के प्रति सतर्कता।

(4)

रीतिकाल शुक्लजी के इतिहास का सबसे मुकम्मल अध्याय है। उनके अन्य काल-खंडों के संबंध में लोगों का मतभेद है—गहरा मतभेद है। पर रीतिकाल के नामकरण, वस्तु-रूप-विवेचन, कवियों की दरबारी दृष्टि आदि का विश्लेषण इतना संपूर्ण है कि थोड़े-बहुत परिवर्तन के साथ इसे ज्यों-का-त्यों रखना होगा। शुक्लजी ने इसमें संशोधन-परिवर्तन कम ही किया है। बिहारी के संबंध में कुछ कम जोड़ा गया और घनानंद के संबंध में कुछ अधिक।

प्रवर्द्धित संस्करण में 'बिहारी' के संबंध में अंतिम दो अनुच्छेद नए हैं—

1. 'बिहारी की कृति का मूल्य जो बहुत आँका गया है उसे अधिकतर रचना की बारीकी या काव्यांगों के सूक्ष्म विन्यास की निपुणता की ओर ही मुख्यतः दृष्टि रखने वाले पारखियों के पक्ष से समझना चाहिए, उनके पक्ष से समझना चाहिए जो किसी हाथी-दाँत के टुकड़े पर महीन बेलबूटे देख घंटों वाह-वाह किया करते हैं। पर जो हृदय-स्थल पर मार्मिक प्रभाव चाहते हैं उनका संतोष बिहारी से नहीं हो सकता।'[19]

2. 'दूसरी बात यह है कि भावों का बहुत उत्कृष्ट और उदात्त स्वरूप बिहारी में नहीं मिलता। कविता उनकी श्रृंगारी है पर प्रेम की उच्च भूमि पर नहीं पहुँचती, नीचे ही रह जाती है।'[20]

पहला उद्धरण बहुतों को कंठस्थ है। कविता की तरह समीक्षा में भी कभी-कभी 'रेस्टारिकल' भाषा का प्रयोग जरूरी होता है। बिहारी का काव्य मर्म जितनी गहराई और समग्रता में उपर्युक्त उद्धरण में उद्घाटित हो सका है विश्लेषणात्मक भाषा में संभव नहीं था। शुक्लजी के पदबंधों पर गौर कीजिए। उनसे वाक्यों का 'सिग्नीफिकेशन' ही नहीं प्रकट होता बल्कि अवधारणा, अभ्युद्देश्य तथा ऐतिहासिक जागरूकता का भी पता चलता है।

'रचना की बारीकी', 'काव्यांगों के सूक्ष्म विन्यास', 'हाथी-दाँत के टुकड़े पर महीन बेलबूटे' आदि पदबंध एक ओर बिहारी की मार्मिक संरचना का उद्घाटन करते हैं तो दूसरी ओर तत्कालीन समाज की दरबारी संस्कृति की संरचना का। रोलाँ बार्थ और उसके चेले अर्थ-निरपेक्ष भाषिक संरचना तक ही अपने को सीमित रखकर करिश्मा खड़ा करते हैं। शुक्लजी भाषाई संरचना को इतिहास की गत्यात्मक प्रक्रिया से जोड़ते चलते हैं। कलात्मक विन्यास में निहित ऐतिहासिक शक्तिमत्ता का अविवेचित रह जाना न इतिहास बनता है न आलोचना। दूसरा अनुच्छेद उनके मूल्यबोध तथा दरबारी प्रेम के प्रति उनके दृष्टिकोण का इजहार करता है।

नवीन संस्करण में घनानंद की जीवनी और काव्य का सामान्य परिचय प्रथम संस्करण से ज्यों-का-त्यों ले लिया गया है। पर उनके भाषा-कौशल और काव्य-सौंदर्य का सूक्ष्म और प्रामाणिक विवेचन नवीन संस्करण में ही मिलता है। इतिहास का प्रथम संस्करण जिस समय छपा उस समय तक छायावाद अपना एक दशक भी पूरा नहीं कर सका था। छायावाद से उनका संबंध प्रेम और घृणा का था। उस समय तक उसकी श्रेष्ठतम कृतियाँ भी प्रकाश में नहीं आई थीं। नवीन संस्करण छपने तक छायावाद अपने चरमोत्कर्ष पर पहुँच चुका था। शुक्लजी पर उसके जादू का प्रभाव पड़ा—मुख्यतः लाक्षणिक वक्रता का। घनानंद में उन्हें 'रोमैंटिसिज्म' का पूर्वाभास मिला। घनानंद की काव्यभाषा की विवेचना में प्रायः वे ही मुद्दे उठाए गए हैं जो छायावादी काव्यभाषा में दिखाई पड़े थे।

उन्होंने लिखा है—'लक्षणा का विस्तृत मैदान खुला रहने पर भी हिंदी कवियों ने उसके भीतर बहुत ही कम पैर बढ़ाया। एक घनानंद ही ऐसे कवि हुए हैं, जिन्होंने इस क्षेत्र में अच्छी दौड़ लगाई। लाक्षणिक मूर्त्तिमत्ता और प्रयोग वैचित्र्य की जो छटा इसमें दिखाई पड़ी, खेद है कि वह फिर पौने दो सौ वर्ष पीछे जाकर आधुनिक काल के उत्तरार्द्ध, अर्थात् वर्तमान-काल की नूतन काव्यधारा में ही 'अभिव्यंजनावाद' के प्रभाव से कुछ विदेशी रंग लिए प्रकट हुई।'[21]

'आधुनिककाल' (पृ. 4, काव्यखंड, नई धारा, तृतीय उत्थान) में वे लिखते हैं—'साम्य को लेकर अनेक प्रकार की अलंकृत रचनाएँ बहुत पहले से होती थीं तथा रीतिकाल और उसके पीछे भी होती रहीं। अतः छायावाद के भीतर उस साम्य प्रणाली का निरूपण आवश्यक है।'[22] आगे चलकर वे पुनः कहते हैं—'ब्रजभाषा कवियों में लाक्षणिक साहस किसी ने दिखाया तो घनानंद ने। इस तृतीय उत्थान में सबसे अधिक लाक्षणिक साहस पंत ने 'पल्लव' में दिखाया।'[23]

(5)

आधुनिक काल के पैटर्न का उल्लेख हो चुका है। गद्य-खंड और काव्य-खंड के बाह्य ढाँचे में जितना रूप-साम्य है उतना ही आंतरिकता में रूप-वैभिन्न्य। 'छायावादी' काव्य को केंद्र में रखकर इसकी पहचान की जा सकती है। काव्य-खंड के द्वितीय प्रकरण के तृतीय उत्थान के अंतर्गत छायावादकाल आता है। गद्य-खंड के द्वितीय प्रकरण के तृतीय उत्थान की कालावधि भी वही है जो काव्य-खंड के द्वितीय प्रकरण के तृतीय उत्थान की। किंतु दोनों की प्रवृत्तियों में कोई ताल-मेल नहीं है। प्रवृत्ति की दृष्टि से विचार करने पर लगता है, मानों दोनों खंडों के तृतीय उत्थान अलग-अलग काल-खंडों में लिखे गए हैं। यदि शुक्लजी इसे ऐतिहासिक परिप्रेक्ष्य में रखते तो दोनों खंडों में अलगाव न आता और न इतिहासदृष्टि खंडित होती। स्वच्छंदतावादी दृष्टिकोण के तहत दोनों उत्थानों को रखा जा सकता है।

पर आधुनिककाल की अपनी एक विशेषता की ओर लोगों का ध्यान नहीं गया है। उपन्यास-कहानियों की कमजोर विवेचना के आधार पर लोग इस निष्कर्ष पर पहुँच जाते हैं कि शुक्लजी काव्य के आलोचक थे। यह निष्कर्ष कितना अविचारित और तर्कहीन है, इसे ।सद्ध करने के लिए निबंधकारों और आलोचना के प्रकरण पर्याप्त हैं। भारतेंदु से लेकर द्विवेदीयुगीन निबंधकारों पर शुक्लजी से बेहतर किसी ने भी नहीं लिखा है। गद्य की शैलीगत विशेषताओं तथा एक निबंधकार के दूसरे निबंधकार से भाषा-शैली-गत पार्थक्य को जितनी अभिनिवेश-पूर्ण दृष्टि से शुक्लजी ने विवेचित किया है, वह अब भी अद्वितीय है।

गद्य का विकास दिखाने के लिए बहुत-सी नवोपलब्ध सामग्री का उपयोग नवीन संस्करण में किया गया है। भारतेंदु ने साहित्य को जीवन से जोड़ा और उसमें देशप्रेम का नया स्वर फूँका। इसकी चर्चा भूमिका और इतिहास के प्र. सं. में हो चुकी थी। इसके पहले सन् 1910 में प्रकाशित उनके लेख 'भारतेंदु हरिश्चंद्र और हिंदी' में ही उसकी प्रतिध्वनि सुनाई पड़ती है।

नवीन संस्करण में विषय-वस्तु के विस्तार के साथ-साथ लेखकों की शैलीगत व्यक्तिगत विशेषताओं और विभिन्नताओं की ओर भी उनका ध्यान गया। वैयक्तिकता के प्रादुर्भाव के सामाजिक-आर्थिक कारणों के झंझट में वे नहीं फँसे। उस समय सोच-विचार की यह पद्धति भी विकसित नहीं थी। किंतु छायावादी कवियों की विवेचना करते समय मुकुटधर पांडेय, नंददुलारे वाजपेयी आदि ने छायावाद के इस तत्त्व की ओर लोगों का ध्यान खींचा था। छायावादी वैयक्तिकता ने इन लेखकों

की वैयक्तिकता के उद्घाटन की प्रेरणा दी।

भारतेंदु मंडल की शैलीगत विशेषताओं को उन्होंने दो सार्थक शब्दों में व्यक्त किया है—सजीवता और जिंदादिली। जीवन के साथ उनके हार्दिक लगाव का उल्लेख करते हुए वे लिखते हैं—'सबसे बड़ी बात स्मरण करने की यह है कि उन पुराने लेखकों के हृदय का मार्मिक संबंध भारतीय जीवन के विविध रूपों के साथ पूरा-पूरा बना था। भिन्न-भिन्न ऋतुओं में पड़ने वाले त्योहार उनके मन में उमंग उठाते थे, परंपरा से चले आते हुए आमोद-प्रमोद के मेले उन में कुतूहल जगाते और प्रफुल्लता लाते थे। विदेशी अंधड़ों ने उनकी आँखों में इतनी धूल नहीं झोंकी थी कि अपने देश का रूप-रंग उन्हें सुझाई न पड़ता।'[24] इस तलाश के पीछे शुक्लजी का अपना व्यक्तित्व भी था जिसमें त्योहार और देशभक्ति उमंग उठाते थे।

वैयक्तिकता को स्पष्ट करने के लिए लेखकों की संक्षिप्त जीवनियाँ भी जोड़ दी गई हैं जिनसे उनकी प्रकृति और भाषा-शैली में सामंजस्य स्थापित किया जा सके। दो उदाहरण देखिए :

'पं. प्रतानारायण मिश्र की प्रकृति विनोदशील थी अतः उनकी भाषा बहुत स्वच्छंद गति से बोलचाल की चपलता और भावभंगी लिए चलती है। हास्य-विनोद की उमंग में वह कभी-कभी मर्यादा का अतिक्रमण करती पूरबी कहावतों की बौछार भी छोड़ती चलती है।'[25] इस कथन को उनकी जीवनी के मेल में रखा जा सकता है जिसे नवीन संस्करण में जोड़ा गया है—'ये इतने मनमौजी थे कि आधुनिक सभ्यता और शिष्टता की कम परवाह करते थे। कभी लावनीबाजों में जाकर शामिल हो जाते थे, कभी मेलों और तमाशों में बंद इक्के पर बैठे जाते दिखाई देते थे।'[26]

सामान्य परिचय (आधुनिककाल, प्र. सं. गद्य का प्रवर्तनः सामान्य परिचय) के अंतर्गत ही वे प्रतापनारायण मिश्र की चर्चा करने के ठीक बाद प्रेमघन की भाषाशैली का उल्लेख करते हैं जो मिश्रजी से भिन्न और पुरानापन लिए हुए है—'उपाध्याय बदरी नारायण चौधरी प्रेमघन के लेखों से गद्य-काव्य के पुराने ढंग की झलक, रंगीन इबारत की चमक-दमक बहुत कुछ मिलती है। बहुत से वाक्य-खंडों की लड़ियों से गुँथे हुए उनके वाक्य अत्यंत लंबे होते थे, इतने लंबे कि उनका अन्वय कठिन होता था। पदविन्यास में कहीं-कहीं वाक्यों के बीच विरामस्थलों पर भी, अनुप्रास देख इंशा और लल्लूलाल का स्मरण होता है। इस दृष्टि से देखें तो 'प्रेमघन' में पुरानी परंपरा का निर्वाह अधिक दिखाई पड़ता है।'[27]

बालकृष्ण भट्ट की प्रकृति और भाषा-शैली का सामंजस्य प्रस्तुत करते हुए वे लिखते हैं—'पं. बालकृष्ण भट्ट की भाषा अधिकतर वैसी होती थी जैसी खरी-खरी

सुनाने के काम में लाई जाती है। जिन लेखों में उनकी चिड़चिड़ाहट झलकती है वे विशेष मनोरंजक हैं।'[28]

शैलीगत विशेषताओं की पहचान तथा उनके लिए विभेदमूलक पदबंधों की तलाश काफी कठिन कर्म है। जिस समय शुक्लजी इतिहास लिख रहे थे उस समय तो यह और कठिन था। इस कठिनाई की चर्चा 'हिंदी गद्यशैली का विकास' (डॉ. जगन्नाथ शर्मा) की भूमिका में सन् 1930 में वे लिखते हैं—'इस पुस्तक में लेखक ने बहुत कुछ मार्मिक दृष्टि से काम लिया है। और लेखकों की बहुत-सी विशेषताओं का अच्छा उद्घाटन किया है। यद्यपि बहुत-से लेखकों के संबंध में एक ही ढंग की प्रचलित और रूढ़ पदावली कहीं-कहीं स्वच्छंद समीक्षण का मार्ग छेंकती-सी जान पड़ती है। इसका कारण, मेरे देखने में, सूक्ष्म विभेदों की व्यंजना के लिए अपेक्षित शब्द-सामग्री की कमी है। आशा है सूक्ष्म दृष्टि संपन्न लेखकों के सतत व्यवहार से मँजकर हमारी भाषा वह कमी शीघ्र पूरा कर लेगी।' यह संशोधित भूमिका है। मूल भूमिका का जो अंश संशोधित किया गया है वह इस तरह है—'इस पुस्तक में कोई खास कसौटी काम में नहीं लाई गई है। लेखकों की अनुरंजनकारिणी विशेषताओं के निरूपण का ही मुग्ध-दृष्टि से प्रयत्न किया गया है। अतः इसमें कही हुई बातों को किसी अधिकारी के निर्णय के रूप में ग्रहण करने की अपेक्षा एक तत्पर हृदय पर पड़े हुए संस्कार या प्रभाव के रूप में ग्रहण करना समीचीन होगा।' इसमें मुग्ध दृष्टि के खंडन के साथ-साथ एक कसौटी और आधिकारिक निर्णय के स्वरूप की तलाश है। फिर भी इसमें अमूर्तन का प्राधान्य है। संशोधित अंश में लेखक ने एक ठोस कसौटी खोज ली है। वह कसौटी है—'सूक्ष्म विभेदों की व्यंजना के लिए अपेक्षित शब्द सामग्री।'

शैलीगत विभेद के लिए कोई 'रेडीमेड' शब्द-सामग्री नहीं मिलती और न शैली-शास्त्र दूर तक सहायता करता है। शब्द-सामग्री पहले से ही मौजूद रहती है, पर किसी शैली के संदर्भ में कौन शब्द मौजूं होगा यह आलोचक-इतिहासकार के अपने मनोवैज्ञानिक शब्द-विवेक और मूल्य-दृष्टि पर निर्भर करेगा। सजीवता, जिंदादिली, बोलचाल की चपलता, रंगीन इबारत की तलाश शास्त्रीय दृष्टि द्वारा संभव नहीं है। इन्हें खोजने के लिए लोकोन्मुखी विवेक की जरूरत होती है जो शुक्लजी में पर्याप्त मात्रा में था।

वे एक ओर वैयक्तिकता की खोज करते हैं तो दूसरी ओर उसके खतरों से आगाह करते हैं। निबंध पर लिखते समय यह बात नवीन संस्करण में उठी है—'व्यक्तिगत विशेषता का यह मतलब नहीं कि उसके प्रदर्शन के लिए विचारों की शृंखला रखी ही न जाए या जानबूझकर जगह-जगह तोड़ दी जाए, भावों की

विचित्रता दिखाने के लिए ऐसी अर्थ-योजना की जाए जो उनकी अनुभूति के प्रकृत या लोक सामान्य स्वरूप से कोई संबंध ही न रखे अथवा भाषा से सरकस या हठयोगियों के से आसन कराए जाएँ जिनका लक्ष्य तमाशा दिखाने के सिवा और कुछ न हो।'[29]

जाहिर है कि वे व्यक्तिवैचित्र्यवाद का विरोध कर रहे हैं। यदि व्यक्तिगत विशेषता का संबंध अनुभूति के लोक सामान्य स्वरूप से नहीं होगा तो सरकसी भाषा प्रधान हो उठेगी। व्यक्ति शून्य में नहीं रहता। समाज और व्यक्ति अंतःक्रियात्मक संबंधों में बँधे रहते हैं। इसलिए वैयक्तिक विशेषताओं के साथ अनुभूति के लोक सामान्य स्वरूप का रिश्ता बना रहता है। शुक्लजी इस रिश्ते पर जोर देते हैं। इसके अभाव में भाषा-शैली तमाशा खड़ा करने लगेगी।

अर्थ वह केंद्रवर्ती बिंदु है जिसके चतुर्दिक भाषा, शैली का निर्माण करती है। साहित्य में कथन की भंगिमा का महत्त्व स्वयं कथन से कम नहीं है क्योंकि भंगिमा के अतिरिक्त कथन कुछ नहीं है। जो भंगिमा है वही कथन है। पर भंगिमा अपनी अंतिम परिणति में एक तर्कसंगत वक्तव्य भी है। व्यंजना के प्रसंग में शुक्लजी ने इसे बार-बार उठाया है। वे कहते हैं—'इस अर्थगत विशेषता के आधार पर ही भाषा और अभिव्यंजना प्रणाली की विशेषता खड़ी हो सकती है जहाँ नाना अर्थ-संबंधों का वैचित्र्य नहीं, गतिशील अर्थ की परंपरा नहीं' वहाँ एक ही स्थान पर खड़ी तरह-तरह की मुद्रा और उछल-कूद दिखाती हुई भाषा केवल तमाशा करती हुई जान पड़ेगी।'[30]

व्यक्तिगत विशेषता क्या होती है? इसे शुक्लजी ने संक्षेप में किंतु काफी साफ-सुथरे ढंग से प्रस्तुत किया है। अर्थ संबंध सूत्रों की टेढ़ी-मेढ़ी रेखा से ही गिरकर लेखकों का दृष्टिपथ निर्दिष्ट करती है।........

यदि शुक्लजी जीवित होते तो देखते कि प्रयोगवादियों में से कुछ लोगों ने भाषा से हठयोगियों के कितने आसन कराए हैं, वैयक्तिकता के नाम पर आलोचकों ने कितने मनोवैज्ञानिक सिद्धांत लेखकों पर चस्पाँ किए हैं, अर्थ-निरपेक्ष संज्ञा-सर्वनामों द्वारा उन्होंने भाषा से कितनी कसरतें कराई हैं! आज तो सस्यूर, बार्थ आदि के सहारे इन कसरतों और तमाशों का बाजार और भी गर्म हो चुका है। अतः शुक्लजी और अधिक प्रासंगिक हो गए हैं।...

शैली चाहे गद्य की हो चाहे पद्य की, उसके सूक्ष्म विभेदों की जितनी गहरी पहचान शुक्लजी को है उतनी किसी अन्य को नहीं है। यह उनकी दृष्टि-संपन्नता का सूचक है। हिंदी गद्य-शैली के विकास पर दर्जनों पुस्तकें निकल चुकी हैं। पर शुक्लजी की विभेदमूलक शब्द-संपदा किसी के पास भी नहीं है। नवीन संस्करण

के आधुनिककाल का गद्य-भाग इस दृष्टि से पुनः-पुनः पठनीय है। शैली के विवेचन में वे भाषा की भंगिमा के साथ वस्तु पक्ष का पूरा ध्यान रखते हुए संस्कृताभ्यासियों पर भी कड़ी नजर रखते हैं। इसके साथ ही हिंदी की प्रकृति को देखते हुए उसकी अपनी शैली के निर्माण पर भी बल देते हैं।

प्रकरण-3 में उपन्यासों पर जो कुछ लिखा गया है वह पुराना है। प्रथम संस्करण में छोटी कहानियों पर सिर्फ दो-तीन वाक्यों में ही चलता कर दिया गया है। पर नवीन संस्करण में इस पर कुछ विस्तार से विचार हुआ है लेकिन वह भी इतिवृत्तात्मक है। 'उसने कहा था' को यथार्थवादी कहना कहानी पर उनकी ढीली पकड़ का सूचक है। इससे यह भी स्पष्ट है कि यथार्थवाद के प्रति उनकी कोई अवधारणा नहीं बन पाई थी।

प्रकरण-4 में उपन्यासों-कहानियों पर थोड़े विस्तार से विचार किया गया है, लेकिन वह असंतोषजनक है। लगता है कथा-साहित्य में उनका मन उतना नहीं रम सका था। 'शब्दसागर' की भूमिका और इतिहास के प्र.सं. में वे लिख चुके थे—'उपन्यास के क्षेत्र में प्रेमचंद के उतरते ही उसमें एक समुन्नत युग का आभास मिला था।' यहीं पर सेवासदन, रंगभूमि और प्रेमाश्रम का भी उल्लेख है। नवीन संस्करण में कर्मभूमि और गोदान जोड़ दिए गए हैं। किंतु उन पर कोई टिप्पणी नहीं की गई है। सारा विवरण न इतिहास बन पाता है और न आलोचना। पर उपन्यासों के संबंध में जो सामान्य बातें बताई गई हैं उनसे उनकी किसानी दृष्टि का पता लगता है।

उपन्यासों के संबंध में उनका एक लेख 1910 ई. में प्रकाशित हो चुका था। इसका उल्लेख किया जा चुका है। लेख का समापन करते हुए उन्होंने लिखा है—'बादशाहों तथा वैभवशाली पुरुषों के जो चरित्र लिए जाते हैं वे तो और भी कृत्रिम होते हैं। किसी महाजन ने अपनी गाड़ी से उतर अस्पताल में जा किसी रोगी से दो बातें पूछ लीं तो उनकी दया और करुणा का कहीं ठिकाना नहीं। क्या इन बातों से मानव अंतःकरण की परख हो सकती है। वड्र्सवर्थ, थैकरे, डिकेन्स, जार्ज इलियट आदि बड़े-बड़े अंग्रेजी कवि, उपन्यास लेखक तथा लेखिकाओं ने दीन-से-दीन और तुच्छ-से-तुच्छ झोंपड़ियों में ऊँचे-से-ऊँचे आदर्श दिखाए हैं।'[31] शुक्लजी ने यहाँ किसी भी संघर्ष की बात नहीं उठाई है। पर इतना जरूर है कि वे जीवन के उच्च आदर्श झोंपड़ियों में देखते हैं, महलों में नहीं। जिस यथार्थवाद की चर्चा 'उसने कहा था' के संदर्भ में की गई है वह भी आदर्शवाद ही है। पर उन्होंने बाद में महाजनों का वर्ग चरित्र स्पष्ट कर दिया है।

राजनीति और साहित्य की इधर काफी चर्चा होती रही है और हो रही है। उनको राजनीति से नफरत नहीं थी। वे चाहते थे कि साहित्यकार वस्तुस्थिति को व्यापक दृष्टि से देखें। वे लिखते हैं—'हमारे निपुण उपन्यासकारों को केवल राजनीतिक दलों द्वारा प्रचारित बातें ही लेकर न चलना चाहिए, वस्तुस्थिति पर अपनी व्यापक दृष्टि डालनी चाहिए।'[32]

राजनीतिक नुस्खों, विधियों और सिद्धांतों को लेकर एक खास तरह की यांत्रिकता के तहत लिखे जाने वाले उपन्यासों में जययात्रा का जो डिंडिमघोष सुनाई पड़ता है वह जीवन की ऊष्मा, वैविध्य और कला-संकेतों से विरहित होता है। हिंदी में इस प्रकार के जयवादी उपन्यासों की कमी नहीं है। शुक्लजी ऐसे साहित्याभासों से बचे रहने की सलाह देते हैं। वस्तुस्थिति इससे भिन्न होती है। 'कहने का तात्पर्य यह है कि हमारे उपन्यासकारों को देश के वर्तमान जीवन के भीतर अपनी दृष्टि गड़ाकर आप देखना चाहिए। साहित्य को राजनीति के ऊपर रहना चाहिए, सदा उसके इशारों पर ही न चलना चाहिए।'[33]

गाँव की ठेठ जिंदगी के भीतर घुसने पर जीवन के अनेक अछूते आयाम दिखाई पड़ते हैं। ताल्लुकेदारों के अत्याचार और किसानों की दुर्दशा का चित्रण आम बात हो गई थी। इससे आगे बढ़कर वे छोटे-छोटे जमींदारों और किसानों की उस जिंदगी के चित्र खींचने के पक्षधर थे जो नगर के महाजनों और अंग्रेजों की साम्राज्यवादी नीति के शिकार थे। शुक्लजी सामान्य जीवन के जटिल आर्थिक संबंधों के बीच घुसकर देश के वास्तविक जीवन के संवेदनात्मक साक्षात्कार के हिमायती थे।

वे लिखते हैं—'अंग्रेजी राज्य जमने पर भूमि की आमदनी पर जीवन-निर्वाह करने वाले (किसान और जमींदार दोनों) की नगर के रोजगारियों और महाजनों की परस्पर क्या स्थिति हुई। उन्हें यह भी देखना चाहिए कि कर्मचारियों का इतना बड़ा चक्र ग्रामवासियों के सिर पर ही चला करता है, व्यापारियों का वर्ग प्रायः उससे बचा रहता है। भूमि ही यहाँ सरकारी आय का प्रधान उद्गम बना दी गई है। व्यापार श्रेणियों को यह सुभीता विदेशी व्यापार को फूलता-फलता रखने के लिए दिया गया था, जिससे उसकी दशा उन्नत होती गई और भूमि से संबंध रखने वाले सब वर्गों की—क्या जमींदार, क्या किसान, क्या मजदूर—गिरती गई।'[34]

अवध में जिस तरह के बड़े-बड़े जमींदार और ताल्लुकेदार थे उस श्रेणी के जमींदार-ताल्लुकेदार पूर्वी उत्तर प्रदेश में नहीं थे। इस अंचल के जमींदर सामान्य तबके के लोग थे। किसानों-जमींदारों के बीच उतना आर्थिक फासला नहीं था जितना

अवध, बलिया और बिहार में था। आज भी उन अंचलों में वर्गभेद की खाई अपेक्षाकृत अधिक चौड़ी और गहरी है। इसलिए किसान-आंदोलन उधर ही उगे और पनपे। शुक्लजी पहले व्यक्ति हैं जिन्होंने पूर्वी उत्तर प्रदेश के किसानों, मजदूरों और छोटे जमींदारों की गिरी हुई आर्थिक दशा की ओर हमारा ध्यान आकृष्ट किया। प्रेमचंद के उपन्यासों में भी बड़े-बड़े ताल्लकुदारों के ही अत्याचारों का वर्णन किया गया है। प्रेमचंद के प्रेमाश्रम (1922) के प्रकाशन के पूर्व ही इस विषय को लेकर शुक्लजी का एक लेख 'नान कोआपरेशन एण्ड नान मर्केन्टाइल क्लासेज' अंग्रेजी 'एक्सप्रेस' में सन् '21 में प्रकाशित हो चुका था।

उक्त लेख में गाँधी जी के असहयोग आंदोलन का विरोध जिन मुद्दों पर किया गया है वे तर्कसंगत नहीं हैं। पर व्यापारिक तथा अव्यापारिक श्रेणियों के पारस्परिक आर्थिक और मानवीय संबंधों को अच्छी तरह उजागर किया गया है। व्यापारिक श्रेणियाँ समय-समय पर किसानों की जमीन ही नहीं खरीदती थीं बल्कि उनके उत्पादन की बिक्री और भावों पर भी अपना नियंत्रण रखती थीं। इस प्रकार की श्रेणियाँ पहले भी थीं। लेकिन उनकी दिलचस्पी जमीन खरीदने में नहीं थी। व्यापारिक श्रेणियों के लोग व्यापारी होने के साथ-साथ सामंत भी बनते जा रहे थे। इस श्रेणी पर सरकारी शोषण का दबाव प्रायः नहीं था क्योंकि वे अंग्रेजी साम्राज्यवाद के एजेण्ट थे। शुक्लजी चाहते थे कि इन जटिल आर्थिक संबंधों को लेकर भी उपन्यास लिखे जाएँ। मध्यकालीन साहित्य के विश्लेषण में उनकी विश्वदृष्टि निस्संदेह वर्गवादी है। लेकिन आधुनिककाल में वे वर्गमुक्ति की दिशा में प्रयाण करते तथा शोषितवर्ग के पक्षधर होते-से दिखाई देते हैं। कोई इसे उनके इतिहास-लेखन का अंतर्विरोध कह सकता है तो कोई इतिहास-बोध का विकास।

भगवतीचरण वर्मा का उपन्यास 'चित्रलेखा' सन् '36 में प्रकाशित हुआ। शुक्लजी का ध्यान इधर गया। इसकी प्रशंसा करते हुए उन्होंने लिखा है–'जीवन में कुछ बातों का जो मूल्य चिरकाल से निर्धारित चला आ रहा था–जैसे पाप और पुण्य का–उनकी मीमांसा में उपन्यास प्रवृत्त हुआ।...बड़े हर्ष की बात है कि हमारे हिंदी साहित्य में भी बाबू भगवतीचरण वर्मा ने चित्रलेखा नाम का इस ढंग का सुंदर उपन्यास प्रस्तुत किया।'[35]

इस पर शुक्लजी ने कोई टिप्पणी नहीं की है। लेकिन चिरकाल से निर्धारित पाप-पुण्य की कोटियों पर पुनर्विचार से वे सहमत हैं। शुक्लजी ने स्वयं प्रवृत्ति-निवृत्ति, राम-रावणत्व आदि की कोटियाँ बना रखी थीं। लगता है नई परिस्थितियों में पूर्व निर्धारित स्थूल कोटियों या श्रेणियों पर उनका विश्वास नहीं रह गया था। अन्यथा

वे चित्रलेखा की प्रशंसा न करते।

नवीन संस्करण में समालोचना के संबंध में उन्होंने बहुत कुछ नया लिखा है। पर इसे उनकी लंबी विचार परंपरा और आलोचनात्मक निबंधों से काटकर अलग से नहीं पढ़ना चाहिए। इस अंश में उन निबंधों का सारतत्व भी मिलेगा और शब्दावली भी। वे साहित्य में स्वदेशी रूप-विधान और समीक्षा-पद्धति का नया निर्माण कर रहे थे। नवजागरण की जिस मंजिल पर शुक्लजी विराजमान थे वह पश्चिम से निरंतर प्रभावित होती जा रही थी। ऐसी स्थिति में भारतीय साहित्य के रूप-विधान और समीक्षा-प्रणाली की रक्षा की सख्त जरूरत थी। किंतु वे ऐसे भारतीयतावादी नहीं थे कि पश्चिमी प्रभावों को अछूत मानकर किनारे रख देते। उनसे अपेक्षित सामग्री ग्रहण करना उन्हें अस्वीकार्य नहीं था।

वे पाश्चात्य विचारधारा और साहित्यिक मान्यताओं से कम प्रभावित नहीं थे। शेली, कीट्स, वड्र्सवर्थ, कालरिज, बायरन, कमिंग्ज, ब्लेक, इलियट, रिचर्ड्स, क्रोचे, ब्रैडले, ग्रे, ह्विटमैन आदि का उन्होंने यथास्थान भरपूर उपयोग किया है—पूरे खंडन-मंडन के साथ। लगता है पाश्चात्य आचार्यों की कोटि का कोई भारतीय आचार्य उनसे शास्त्रार्थ करने निकल पड़ा है। यह नए युग का आचार्य है। युग की जरूरतों और भारतीय संदर्भों के अनुरूप उन्हें कुछ दे भी रहा है, उनसे कुछ ले भी रहा है। अपने जमाने के संस्कृताभ्यासियों से उसकी कोटि भिन्न है।

वे लिखते हैं—'यदि हमें वर्तमान जगत के बीच में अपना रास्ता निकालना है तो यहाँ अनेक 'वादों' और प्रवृत्तियों तथा उन्हें उत्पन्न करने वाली परिस्थितियों का पूरा परिचय हमें होना चाहिए। उन 'वादों' की चर्चा अच्छी तरह हो, उन पर पूरा विचार हो और उनके भीतर जो थोड़ा-बहुत सत्य छिपा हो उसका ध्यान अपने साहित्य के विकास में रखा जाए। पर उनमें से कभी इसको, कभी उसको, यह कहते हुए सामने रखना कि वर्तमान विश्व साहित्य का रूप यही है जिससे हिंदी-साहित्य अभी बहुत दूर है, अनाड़ीपन ही नहीं जंगलीपन भी है।' (पृ. 491)

पश्चिमी 'वादों' के भीतर छिपे सत्य को ग्रहण करने में अनौचित्य नहीं है पर हर पश्चिमी सिद्धांत को अविचारित ढंग से ले उड़नेवालों को वे आड़े हाथों लेते हुए कहते हैं—'वैसे ही किसी पाश्चात्य साहित्य के किसी कोने में आँख खोलने वाले और योरप की हर एक नई-पुरानी बात को आधुनिकता कहकर चिल्लानेवाले लोगों के द्वारा बहुत कुछ अनधिकार-चेष्टा—बहुत-सी अनाड़ीपन की बातें भी फैल चलीं।'[36]

इस अनाड़ीपन के फलस्वरूप कुछ ऐसे लोग जो अंग्रेजी नहीं जानते थे आलोचना

में 'क्लासिकल और रोमेंटिक' शब्दों का प्रयोग करने लगे। कुछ लोग तालस्ताय के 'पापी के प्रति घृणा नहीं दया का सिद्धांत' ले दौड़े। कुछ दूसरे लोगों के बारे में वे लिखते हैं—'एक दूसरा आता है जो दयावाले सिद्धांत के विरुद्ध योरप का साम्यवादी सिद्धांत ला भिड़ाता है और कहता है कि गरीबों का रक्त चूसकर उन्हें अपराधी बनाना और फिर बड़ा बनाकर दया दिखाना तो उच्चवर्ग की मनोवृत्ति है। वह बड़ी जोश के साथ सूचित करता है कि इस मनोवृत्ति का समर्थन करने वाला साहित्य हमें नहीं चाहिए हमें तो ऐसा साहित्य चाहिए जो पददलित अकिंचनों में रोष, विद्रोह और आत्मगौरव का संचार करे और उच्चवर्ग के लोगों में नैराश्य, लज्जा और ग्लानि का।'[37]

जैसा पहले कहीं कहा जा चुका है कि उस समय अंग्रेजी सभ्यता, संस्कृति और विचारधारा हमारे ऊपर हावी थी। हमारी अस्मिता गुम होती जा रही थी। तत्कालीन विचारकों, इतिहासकारों और साहित्यकारों की मूल चिंता अपनी अस्मिता की रक्षा करने तथा उसे देशी ढंग से विकसित करने की थी। इसलिए वे बार-बार इस पर जोर देते हैं कि हमें अपने रूप का विधान स्वयं करना चाहिए। पश्चिम द्वारा दिए हुए रूपविधान को स्वीकार करने पर हम हम नहीं रहेंगे। इसी संदर्भ में 'आधुनिकता' शब्द का प्रयोग भी शुक्लजी ने किया है। इसे देखकर कुछ लोग बड़े जोश के साथ शुक्लजी को आज के अर्थ में 'आधुनिकता' का प्रथम प्रयोक्ता कह शुक्लजी के ही शब्दों में अपने अनाड़ीपन का ही नहीं जंगलीपन का भी परिचय देते हैं। उस समय 'आधुनिकता' का अर्थ था पश्चिमीकरण। वे इसी का विरोध कर रहे थे। वे पापी के प्रति दया के नहीं दंड-सिद्धांत के समर्थक थे। यद्यपि वे 'पापी' की कहीं व्याख्या नहीं करते। साम्यवादी सिद्धांत कभी भी उन्हें रास नहीं आया। यह दूसरी बात है कि इधर-उधर से कुछ उद्धरणों को बटोरकर कुछ उत्साही लोग उन्हें भौतिकवादी सिद्ध कर दें। साम्यवादी सिद्धांतों के विरुद्ध होने के उनके अनेक कारण थे। उनमें से एक यह भी था कि वे नहीं चाहते थे कि उन सिद्धांतों को ज्यों-का-त्यों यहाँ चस्पाँ किया जाए। वे नहीं चाहते थे कि हमारे रूप का विधान योरप करे और हम हाथ पर हाथ रखकर बैठे रहें। जो लोग 'आर्थोडाक्स' मार्क्सवादी सिद्धांतों को साहित्य पर लागू करने का संघबद्ध प्रयास कर रहे हैं उन्हें शुक्लजी से सबक लेना चाहिए।

'प्रकरण-4, गद्य की वर्तमान गति—समालोचना' में समसामयिक आलोचना के उस वाग्विलास का उल्लेख करते हैं जिसका आतंक आज भी कम नहीं हुआ है। वे कहते हैं—'कहीं-कहीं तो किसी अंग्रेजी कवि के संबंध में की हुई समीक्षा

का कोई खंड ज्यों-का-त्यों उठा कर किसी हिंदी कवि पर भिड़ा दिया जाता है। ऊपरी रंग-ढंग से तो ऐसा जान पड़ेगा कि कवि के हृदय के भीतर सेंध लगाकर घुसे हैं और बड़े-बड़े गूढ़ कोने झाँक रहे हैं, पर कवि के उद्धृत पद्यों से मिलान कीजिए तो पता चलेगा कि कवि के विवक्षित भावों से उसके वाग्विलास का कोई लगाव नहीं है। अब सुनने में आ रहा है कि इस ढंग के ऊँचे हौसलेवाले सूर और तुलसी के चारों ओर चमचमाता वाग्जाल बिछाने वाले हैं।'[38]

शुक्लजी अपने समय की गतिविधि के प्रति पूर्णतः जागरूक थे। उस समय अंग्रेजी के जानकार आलोचक विदेशी कवियों की विशेषताओं को हिंदी कवियों पर लागू कर रहे थे। किंतु परवर्ती काल में ऐसे आलोचकों की संख्या में वृद्धि हुई है। कुछ लोगों ने तो अंग्रेजी लेखों का हिंदी अनुवाद अपने नाम से छपाने में किसी तरह की लज्जा का अनुभव नहीं किया है। इधर रचनात्मक समीक्षा के नाम पर जो कूड़ा इकट्ठा किया जा रहा है, वाग्जाल का उससे बेहतर नमूना शायद ही कहीं मिले। रचना-प्रक्रिया का भी उल्लेख शुक्लजी ने किया है। पर इसके नाम पर पेचीले मजमून बाँधनेवालों का अच्छा-खासा दल निकल आएगा इसकी उम्मीद शुक्लजी को नहीं थी। आलोचना में प्रयुक्त होने वाले उन बँधे हुए शब्दों के भी वे खिलाफ थे जो विचारों का मार्ग अवरुद्ध करते हैं।

अभिव्यंजनावाद, रूपवाद आदि ऐसे ही शब्द थे जो स्वच्छंद विचार का मार्ग अवरुद्ध कर रहे थे। क्रोचे इनका दादा-गुरु था। उसका आतंक पश्चिम पर छाया हुआ था। अपने देश में भी ऐसे लोगों की कमी न उस समय थी और न अब है जो क्रोचे से प्रमाण-पत्र लेकर अपने को पंडित प्रमाणित करते चलते हैं। यों क्रोचे का खंडन तो वे पहले संस्करण में कर चुके थे। पर '35 में इसी विषय पर उनका एक लंबा लेख भी निकला जो 'चिंतामणि' भाग-2 में संगृहीत है। अतः स्वाभाविक था कि इतिहास के नवीन संस्करण में वे इस विषय को नए ढंग से रखते।

क्रोचे और शुक्लजी की मान्यताओं में बुनियादी अंतर था। क्रोचे का मानना था कि काव्य में जो कुछ है वह अभिव्यंजना है। शुक्लजी का कहना था कि हर अवस्था में किसी-न-किसी बात का होना जरूरी था। क्रोचे का विरोध ग्राम्शी कर रहा था जो क्रोचे का समकालीन था। ग्राम्शी और शुक्लजी भी समकालीन थे। क्रोचे के विरोध में ग्राम्शी कहता है—'क्या सौंदर्य-विज्ञान कला सिद्धांत सौंदर्य और अभिव्यंजना के अतिरिक्त कुछ और भी है? किन्हीं और चीजों से भी उसका सरोकार

है? ये सब समानाधिकरण भाववादी हैं। इनसे कलात्मक विकृतियाँ पैदा होती हैं और कलात्मकता तथा ऐतिहासिकता में संवाद की गुंजाइश नहीं रह जाती। अंततः हम इतिहास-विरोधी सौंदर्यशास्त्र की ओर अग्रसर होते हैं।'[39]

जिसे ग्राम्शी कला की विकृतियाँ कहता है उसी को शुक्लजी कलावाद या बेलबूटे की नक्काशी कहते हैं। आवृत्तियों की दृष्टि से विचार करने पर देखा जा सकता है कि 'बेलबूटे की नक्काशी' को बार-बार दुहराया गया है। इससे स्पष्ट है कि वे कलावाद से किस सीमा तक घृणा करते थे। कलावाद के खंडन में प्र. सं. की बहुत-सी बातें ले ली गई हैं। किंतु नवीन संस्करण में कुंडल का एक उदाहरण डाल देने से संपूर्ण अर्थवत्ता में एक चमक आ गई है और रूपवाद के प्रति शुक्लजी का रुख स्फटिक की तरह स्पष्ट हो उठा है—'जैसे कुंडल की सुंदरता की चर्चा उसके रूप या आकार को लेकर होती है, सोने को लेकर नहीं, वैसे काव्य के संबंध में समझना चाहिए। तात्पर्य यह कि अभिव्यंजना के ढंग का अनूठापन ही सबकुछ है, जिस वस्तु या भाव की व्यंजना की जाती है, वह क्या है, कैसा है, यह सब काव्य के क्षेत्र के बाहर की बात है।'[40]

इससे यह न समझना चाहिए कि शुक्लजी रूप की अपेक्षा वस्तु को बहुत अधिक महत्त्व देते हैं, अधिक महत्त्व देते हुए अवश्य प्रतीत होते हैं। यद्यपि इसका उल्लेख वे अभिव्यंजनावाद के संदर्भ में कर रहे हैं फिर भी वे दोनों को—वस्तु और रूप को एक नहीं मानते। इसका प्रमाण भावपक्ष और कलापक्ष में बँटी उनकी आलोचनाएँ स्वयं हैं।

नवीन संस्करण में वे स्वप्न, मद और मादकता की बात भी उठाते हैं। इन शब्दों की ओर उनका ध्यान क्या छायावादी कविता के कारण उत्पन्न हुआ या खय्याम के प्रभाव में रची और सुनाई जाने वाली कविताओं के कारण, इसे ठीक से कहा नहीं जा सकता। पर उन्होंने इन शब्दों को मुख्यतः प्रसाद में देखा। उनका कहना है कि स्वप्न और मद प्राचीन धर्म संप्रदायों से ग्रहण किए गए। सिद्धों और संतों को बहुत-सा आभास स्वप्न में मिला करता था या तन्मयीभूत अवस्था में—'कवियों को अपने भावों में मग्न देख लोग उन्हें भी इस प्रत्यक्ष जगत से अलग कल्पना करके स्वप्नलोक में विचरनेवाले जीव, प्यार और श्रद्धा से कहने लगे। यह बात बराबर कवियों की प्रशंसा में अर्थवाद के रूप में चलने लगी।'

इनका मूल स्रोत वे फारस की सूफी शायरी में देखते हैं। सूफी कवियों में मतवालापन और फक्कड़पन था। फक्कड़पन का उनका मतलब वह नहीं था जो आचार्य हजारीप्रसाद द्विवेदी का था। द्विवेदीजी की दृष्टि में फक्कड़ वह था जो

समाज की चिंता न करते हुए उसकी असंगतियों पर बेलौस चोटें करता था। फक्कड़पन से उनका अभिप्राय लोकव्यवहार से अलग रिंद था। उनका कहना है कि अंग्रेजी के कवि शैली और बाइरन में एक खास ढंग का फक्कड़पन माना जाने लगा था। अंग्रेजी का साहित्य भारत पहुँचा नहीं कि उसके साथ लगा फक्कड़पन भी आ धमका। इस तरह उन शब्दों, भावनाओं और विचारधाराओं को, जो उनको पसंद नहीं थे, आयातित मान लेना समस्या को सरलीकृत कर देना है। छायावाद के संबंध में भी सरलीकरण की यही पद्धति अपनाई गई है।

सूफी तो बहुत पहले भारत आ चुके थे। पर उनकी मादकता का प्रभाव संतों पर नहीं पड़ा तो छायावादियों पर कैसे पड़ता? प्रसाद अंग्रेजी के रोमेंटिक कवियों से बहुत कम प्रभावित थे। संभव है प्रसाद पर यह प्रभाव उर्दू शायरी से पड़ा हो। शुक्लजी ने प्रसाद पर लिखते हुए 'मादकता से आए वे संज्ञा से चले गए' के प्रसंग में अकबर का एक कथन फुटनोट के रूप में उद्धृत किया है—'मैं मरीजे होश था, मस्ती ने अच्छा कर दिया।' फक्कड़पन को वे व्यवहार-कुशलता के खिलाफ मानते हैं। उन्होंने 'गेटे' का उदाहरण के रूप में उल्लेख किया है। लेकिन आधुनिक काल का सर्वश्रेष्ठ कवि निराला स्वयं में इस उक्ति का खंडन है।

'छायावाद' के संबंध में उनके अस्वस्थ दृष्टिकोण का पता इतिहास के प्रथम संस्करण से लग जाता है। वे छायावाद को विविध वादों की अनुकृति मानते हैं—'आजकल हिंदी की जो कविता छायावाद के नाम से पुकारी जाती है वह बहुत कुछ इसी अनुकृति-परंपरा के अंतर्गत है।' नवीन संस्करण में इसे परिवर्तित कर दिया गया है—'आजकल जो हिंदी कविता छायावाद नाम से पुकारी जाती है उसमें इन सब वादों का मिला-जुला आभास पाया जाता है।'[41] इसके बाद वे फिर लिखते हैं—'इसका तात्पर्य यह नहीं कि इन सब हिंदी-कवियों ने उनके सिद्धांत सामने रखकर रचना की है। उनके आदर्शों के अनुरूप कुछ कविताएँ योरप में हुईं, जिनकी देखा-देखी बंगला में होने लगीं।'[42] सुसंगत इतिहास-दृष्टि के अभाव में जगह-जगह इस तरह की अनुमानाश्रित बातें भी शुक्लजी ने कीं। बंगाल का चाहे जितना असर छायावादियों पर रहा हो, शुक्लजी पर कुछ अधिक ही मालूम पड़ता है। विदेशीवाद से प्रसूत कोई भी साहित्य धारा बहुत जल्दी सूख जाएगी।

अनुकृतिमूलक आधुनिकतावादी धारा का हिंदी में यही हश्र हुआ।

'आधुनिककाल : प्रकरण-4 काव्यखंड, तृतीय उत्थान' लगभग नया लिखा हुआ है। इस समय स्वतंत्रता आंदोलन में और तेजी आ गई थी। किसान-मजदूर

तथा अन्य लोग साम्राज्यवाद और सीमित अर्थ में सामंतवाद का विरोध कर रहे थे। शुक्लजी ने इस आंदोलन को विश्व आंदोलन की एक शाखा के रूप में देखा और घोर आर्थिक वैषम्य की फलश्रुतियों को रेखांकित किया—'सबसे बड़ी बात यह हुई कि ये आंदोलन संसार के और भागों में चलने वाले आंदोलनों के मेल में लाए गए जिससे ये क्षोभ की सार्वभौम धारा की शाखाओं से प्रतीत हुए। वर्तमान सभ्यता और लोक की घोर आर्थिक विषमता से जो असंतोष का ऊँचा स्वर पश्चिम में उठा उसकी गूँज यहाँ भी पहुँची। दूसरे देशों का धन खींचने के लिए योरप में महायंत्र प्रवर्तन का जो क्रम चला उससे पूँजी लगाने वाले थोड़े से लोगों के पास अपार धनराशि इकट्ठा होने लगी पर अधिकांश श्रमजीवी जनता के लिए भोजन-वस्त्र मिलना भी कठिन हो गया।'[43]

कदाचित् पहली बार शुक्लजी ने पूँजीवादियों और श्रमजीवियों के आर्थिक वैषम्य तथा तज्जन्य असंतोष को देखा। इस असंतोष से ही 'क्षोभ की सार्वभौम धारा' प्रवाहित हुई। फलतः एक ओर तालस्ताय ने धर्म बुद्धि का आह्वान किया तो दूसरी ओर रूस में अक्तूबर क्रांति हुई। वे लिखते हैं—'अतः एक ओर तो योरप में मशीन-सभ्यता के विरुद्ध तालस्ताय की धर्मबुद्धि जगाने वाली वाणी सुनाई पड़ी जिसका भारतीय अनुवाद गांधीजी ने किया; दूसरी ओर इस घोर आर्थिक विषमता की घोर प्रतिक्रिया के रूप में साम्यवाद और समाजवाद नामक सिद्धांत चले जिन्होंने रूस में अत्यंत उग्र रूप धारण करके भारी उलट-फेर कर दिया।'[44]

शुक्लजी तालस्ताय की धर्मबुद्धि का विरोध कर चुके थे। रूसी अक्तूबर क्रांति की खिलाफत भी उन्होंने एक से अधिक बार की है। किंतु इस उद्धरण से प्रतीत होता है कि उन्हें आर्थिक वैषम्यजन्य क्रांतियों से सहानुभूति हो चली थी।

(6)

नवीन संस्करण में छायावाद पर विस्तार से विचार किया गया है। 'शब्दसागर' की भूमिका और इतिहास के प्रथम संस्करण में छायावाद के संबंध में लगभग एक ही सामग्री है। इस संस्करण में छायावाद की जिन मूलभूत विशेषताओं का उल्लेख किया गया है नवीन संस्करण में उन्हीं का विस्तार मिलेगा। हाँ, इसमें प्रसाद और पंत पर विस्तार से और निराला और महादेवी पर संक्षेप में विचार किया गया है। नवीन संस्करण के प्रथम संस्करण (सं. 1997) में निराला और महादेवी पर विचार नहीं हुआ है। बाद के संस्करणों में उनके संबंध में जो कुछ पंजाब संस्करण में छपा

था, उसे जोड़ दिया गया।

जो लोग पंजाब संस्करण की कहानी नहीं जानते वे शुक्लजी पर आरोप लगाते हैं कि उन्होंने छायावादकाल के सर्वश्रेष्ठ कवि निराला की उपेक्षा की है। वे कहते हैं कि वे प्रसाद और पंत की तरह निराला पर भी विस्तार से लिख सकते थे। लेकिन उस समय तक जीवित रहते तब न! निराला और महादेवी का संक्षिप्त विश्लेषण भी संयोग से ही लिखा जा सका।

लाहौर में इंद्रचंद्र नारंग की हिंदी-पुस्तकों की एक दूकान थी। इतिहास का नवीन संस्करण महँगा था। लेकिन लाहौर में इतिहास की माँग थी। नारंगजी ने सभा को सुझाव दिया कि वह इतिहास का एक संक्षिप्त संस्करण निकाले। इसे मुकम्मल करने के लिए निराला और महादेवी के संबंध में शुक्लजी आलोचनात्मक टिप्पणियाँ जोड़ दें। शुक्लजी ने किसी तरह यह सुझाव मान लिया और अपनी देखरेख में उसके संक्षिप्तीकरण की व्यवस्था की। इस संस्करण में जीवनियाँ हटा दी गई हैं और उदाहरण कम कर दिए गए हैं। नारंगजी की माँग के फलस्वरूप निराला और महादेवी पर आलोचनात्मक टिप्पणियाँ भी शामिल कर ली गई हैं।

नवीन संस्करण के अगले संस्करण में वे निराला और महादेवी पर विस्तार से लिखने का संकल्प कर चुके थे। पर सहसा वे दिवंगत हो गए। ऐसी स्थिति में नए संस्करण को पूर्णता प्रदान करने के लिए पंजाब संस्करण में प्रकाशित निराला और महादेवी से संबद्ध सामग्री उसमें सम्मिलित कर ली गई। लोगों का अनुमान है कि निराला पर लिखने के बाद छायावाद के संबंध में उनके दृष्टिकोण में फर्क आता। किंतु छायावाद को लेकर वे जो अवधारणाएँ बना चुके थे वे न बदलतीं, ऐसा शुक्लजी के निकटवर्ती लोगों का कहना है। यदि पंजाब संस्करण की पांडुलिपि उपलब्ध हो जाए तो इस धारणाा की लिखित पुष्टि भी संभव है।

जैसा कहा जा चुका है, छायावाद संबंधी मुख्य सूत्र प्रथम संस्करण में ही मिल जाएँगे। पर इस संस्करण और नवीन संस्करण के तेवर में अंतर है। प्र.सं. में उन्होंने लिखा है—'कुछ लोग खड़ी बोली की कविता में कोमल पदविन्यास तथा कुछ अनूठी लाक्षणिकता और मूर्तिमत्ता के लिए आकुल होने लगे।... कल्पना की ऊँची उड़ान, भावों की वेगवती अनर्गल व्यंजना और वेदना के विकृत स्वरूप की आकांक्षा भी बढ़ने लगी।' यही नहीं रवींद्रनाथ के रहस्यवाद, दृष्टांत के स्थान पर अन्योक्ति पद्धति की समीचीनता, अंग्रेजी कविता की लाक्षणिक पदावलियों का ज्यों-का-त्यों अनुवाद आदि का उल्लेख भी इसी संस्करण में है। उन्होंने यह भी कहा है कि छायावादी कविता को साधारणतः लोग रहस्यवाद के अंतर्गत समझा

करते हैं—'पर असल में अधिकतर का प्रकृत रहस्यवाद से कोई संबंध नहीं है। रहस्यवाद की वास्तविक कविता का हिंदी जगत में अवश्य स्वागत होना चाहिए। जैसे कविता के और कई विभाग है वैसे ही एक रहस्यवाद का होना भी परम आवश्यक है। पर यह कहना कि रहस्यवाद की कविता वर्तमान युग की एकमात्र कविता है लोगों को भ्रम में डालना है।' इन्हीं सूत्रों का पल्लवन नवीन संस्करण में हुआ है।

नवीन संस्करण में वे छायावाद और ईसाई 'फैंटसमाटा' का बादरायण संबंध जोड़ लेते हैं। रहस्यवाद के कीटाणु इसी 'फैंटसमाटा' में निहित थे। वहाँ से चलकर वे रविबाबू की कविताओं में आ गए। बंगाल से उत्तर प्रदेश बहुत दूर नहीं है। बंगला के 'वाइरस इन्फेक्शन' से हिंदी का प्रभावित होना स्वाभाविक था। छायावाद स्वयं हो या मद, मादकता या फक्कड़पन हो वह पहले अंग्रेजी-कवियों में दिखाई पड़ता है। वहाँ से बंगाल आता है और बंगाल से उत्तर प्रदेश। यह शुक्लजी का सुपरिचित मार्ग है।

छायावाद का विवादग्रस्त मुद्दा है 'रहस्यवाद'। वे इसे दो अर्थों में प्रयुक्त करते हैं—रहस्यवाद के अर्थ में और चित्र-भाषावाद के अर्थ में। रहस्यवाद छायावाद की काव्यवस्तु है और चित्रभाषावाद काव्यशैली। वे काव्यवस्तु को हेठी देते हैं और चित्रभाषावाद या लाक्षणिक मूर्तिमत्ता की सामान्यतः प्रशंसा करते हैं। यहाँ पर भी उनका द्वैत उनके साथ लगा हुआ है। काव्यवस्तु प्रशंसनीय और काव्यशैली प्रशंसनीय, इसे असंगति के अतिरिक्त और क्या कहा जा सकता है?

पं. नंददुलारे वाजपेयी ने 'रहस्यवाद' को आध्यात्मिकता कहा है—'मानव अथवा प्रकृति के सूक्ष्म किंतु व्यक्त सौंदर्य में आध्यात्मिक छाया का भान मेरे विचार से छायावाद की एक सर्वमान्य व्याख्या हो सकती है।' 'रहस्यवाद' की गुह्य धार्मिकता से आध्यात्मिकता मुक्त है। पर छायावाद में अनिवार्यतः आध्यात्मिकता हो ही, जरूरी नहीं है।

इसके संबंध में डॉ. रामविलास शर्मा ने 'आचार्य रामचंद्र शुक्ल और हिंदी आलोचना' तथा डॉ. नामवरसिंह ने 'छायावाद' में विचार किया है। दोनों पुस्तकें एक ही वर्ष (1955) में छपीं। रामविलासजी ने इस पर वर्गवादी दृष्टि से विचार किया है। वे लिखते हैं—'शुक्लजी के सामने रहस्यवाद का वर्ग-आधार स्पष्ट न था, इसलिए उसका विरोध करने के लिए उन्हें अभारतीयता के कमजोर तर्क का सहारा लेना पड़ा। उनके सामने मध्यकालीन कवियों, आधुनिक पश्चिमी कवियों और भारत के रोमेंटिक कवियों के रहस्यवाद का अंतर भी स्पष्ट न था। इसलिए

सब पर उन्होंने एक साथ ही हल्ला बोल दिया।... आधुनिक भारत में एक ओर रहस्यवाद का संबंध दुखवाद, निराशावाद, व्यक्तिवाद आदि से रहा है। जिसके फलस्वरूप वह साहित्य की यथार्थवादी धारा को कमजोर करता रहा है। इन सब विशेषताओं को भारतीय कहकर यहाँ के पूँजीवाद ने रहस्यवाद को खूब उछाला।' ...रामविलासजी ने सब मिलाकर शुक्लजी के रहस्यवाद-विरोध का समर्थन किया है। लेकिन एक ओर रहस्यवाद का संबंध वे पूँजीवाद से जोड़ते हैं और दूसरी ओर मध्यकालीन रहस्यवाद के प्रगतिशील तत्त्वों से तो उनके कथन में असंगति दिखाई पड़ने लगती है। रहस्यवाद का समर्थन प्रसाद, निराला, महादेवी वर्मा ने किया है। उनके समर्थन को पूँजीवाद का समर्थन माना जाए क्या?

डॉ. नामवरसिंह ने अपने को रहस्यवाद के झंझट से मुक्त कर लिया है। सच तो यह है रहस्यवाद के चक्रव्यूह में फँसकर कोई निकल नहीं सकता है। नामवर सिंह जी ने छायावाद को रोमेंटिसिज्म के पर्याय के रूप में स्वीकार करके एक सही दिशा की ओर इंगित किया है। लेकिन उनका यह कहना कि—'अनेक प्रवृत्तियों के पुंज छायावादी काव्य को भी एक ही नाम देना चाहिए। कहना न होगा कि यह नाम छायावाद ही हो सकता है' इतिहास-लेखन में बाधा उपस्थित करेगा। छायावाद एक विशेष प्रकार के काव्य के लिए रूढ़ हो गया है। इस शब्द के तहत उस कालावधि के लिखे गए गद्य-साहित्य को नहीं रखा जा सकता। अतः इतिहास में इस काल को स्वच्छंदतावादी काल (रोमैंटिक एज) कहना समीचीन और तर्कसंगत है। सन् में '20 से '31 तक के गद्य-पद्य को स्वच्छंदतावाद के अंतर्गत विवेचित करना ही इतिहास-सम्मत है।

शुक्लजी छायावादी रहस्यवाद को तांत्रिकों, योगियों और कबीर के रहस्यवाद से जोड़ते हुए लिखते हैं—'उसी भावात्मक रहस्य परंपरा का यह नूतन भावभंगी और लाक्षणिकता के साथ आविर्भाव है।'[45] इससे छायावाद के प्रति उनका पूर्वग्रह स्पष्ट हो जाता है। कहाँ तांत्रिकों-योगियों का रहस्यवाद और कहाँ छायावादियों का रहस्यवाद। यों तो तांत्रिकों और योगियों का रहस्यवाद साधनात्मक था और कबीर का ज्ञानात्मक। लेकिन तांत्रिक, योगी और कबीर सभी अपने रहस्यवाद से जात-पाँत का विरोध और मुल्लावाद तथा पुरोहितवाद का प्रतिकार कर रहे थे। यदि छायावादी रहस्यवाद को रहस्यवाद कहना ही हो तो वह धर्म के क्षेत्र से निकलकर दर्शन के क्षेत्र में दाखिल हो चुका था। तांत्रिकों-योगियों में वह शरीर-साधना तक ही सीमित था और संतों में ईश्वर और धर्म तक। छायावादियों ने उसे इस सीमित दायरे से निकालकर युगानुरूप बृहत्तर मानवीय जीवन की जटिलताओं से संबद्ध किया। सही अर्थों में

प्रसाद और निराला का झुकाव इधर था। पहले ने शैवागम को अपनाया दूसरे ने अद्वैत वेदांत को। स्मरण रखना चाहिए कि प्रसाद का शैवागम वही नहीं है जो अभिनव गुप्त का था और न निराला का वेदांत शंकर का वेदांत था। तांत्रिकों, योगियों, संतों और सूफियों का रहस्यवाद निर्वैयक्तिक था किंतु छायावादियों के रहस्य दर्शन में वैयक्तिकता का समावेश हो चुका था। अतः उनके दर्शन सामान्यतः रूढ़ि-निरपेक्ष और काव्यात्मक हो जाते हैं।

रहस्य के चक्कर में फँसकर शुक्लजी को छायावाद में सीमित अर्थ-भूमियाँ ही दिखाई पड़ीं। वे कहते हैं–'असीम और अज्ञात प्रियतम के प्रति अत्यंत चित्रमयी भाषा में अनेक प्रकार के प्रेमोद्गार तक ही काव्य की गतिविधि प्रायः बँध गई। हृतंत्री की झंकार, नीरव संदेश, अभिसार, अनंत प्रतीक्षा, प्रियतम का दबे पाँव आना, आँखमिचौली, मद में झूमना, विभोर होना इत्यादि के साथ शराब, प्याला, साकी आदि सूफी कवियों के पुराने सामान भी इकट्ठे किए गए।'[46]

उपर्युक्त सामग्री मुख्यतः प्रसाद के आँसू से चुनी गई है जो छायावाद की महत्त्वपूर्ण रचना नहीं है। सिर्फ एक पुस्तक के आधार पर काव्य-वस्तु की सीमा निर्धारित नहीं की जा सकती। आश्चर्य है कि शुक्लजी की दृष्टि से स्वातंत्र्य चेतना, मुक्ति-आकांक्षा, नारी स्वातंत्र्य, मुक्त प्रेम, कृषकों-मजदूरों की वर्ग-चेतना, परिवर्तन की पुकार, जाति-वर्ण-भेद का विरोध, आर्थिक वैषम्य आदि बोझल क्यों हो गए?

छायावाद की काव्यभाषा लाक्षणिक वैचित्र्य, मूर्तिमत्ता या चित्रभाषावाद की शब्दावली में आंशिक रूप से ही विवेचित हो पाती है। घनानंद का लाक्षणिक वैचित्र्य छायावाद के लाक्षणिक वैचित्र्य से भिन्न है। घनानन्द का वैचित्र्य एकतान है तो छायावादी कवियों का वैचित्र्य अनेक प्रकार के तनावों से वक्राकार और खंडित। यही आगे चलकर प्रयोगवादी कवियों में खंडित व्यक्तित्व के रूप में उभरा। विचार और अनुभूति के तनाव का प्रस्थान-बिंदु छायावाद ही है। भाषा पर भी इसका प्रभाव पड़ा है।

छायावाद के पहले काव्य में जिस भाषा का प्रयोग हुआ वह रेखीय भाषा थी क्योंकि उसमें एक तर्कसंगत परिणति और व्याकरणिक बद्धता मिलती है। छायावादी काव्यभाषा में अनुभूत्यात्मक क्रमिकता छिन्न-भिन्न हो उठती है। इसके पहले कविता में इतनी अतार्किकता (इरैशनलिटी) कभी नहीं आई थी। इसके साथ ही यह भी विचारणीय है कि छायावादी काव्य का वाक्य विन्यास समूची हिंदी-कविता के वाक्य-विन्यास से भिन्न और एक अधूरापन लिए हुए है। क्यों? क्या इस भाषा

को कोई दूसरा नाम अवकाशधर्मी या 'स्पैशियल' भाषा—दिया जा सकता है? अनेक दृष्टियों से छायावाद को नया ऐतिहासिक संदर्भ देने की आवश्यकता है।

शुक्लजी के संशोधित संस्करण के प्रकाशन के बाद लगभग आधी शताब्दी बीत चुकी है। जिस राष्ट्रीय दृष्टिकोण से शुक्लजी का इतिहास लिखा गया था वह पूरा हो चुका है। नए लोकतंत्र की नई चुनौतियाँ हैं। हम पूँजीवादी विकास की एक विशिष्ट मंजिल पर पहुँच चुके हैं। स्वस्थ विकास का रास्ता अवरुद्ध है, मूल्यों की गिरावट अपनी सीमा पार कर चुकी है। आंतरिक संकट सुरसा की तरह मुँह बाए खड़ा है। ऐसी स्थिति में साहित्येतिहास दृष्टि में परिवर्तन अपेक्षित है। ऐसा इतिहास इतिहास बदलने की प्रक्रिया में अपनी भूमिका, चाहे वह कितनी भी सीमित क्यों न हो, निभा सकता है।

शुक्लजी का इतिहास एक मूल्यवान विरासत है तो एक बड़ी चुनौती भी है। वे पहले व्यक्ति हैं जिन्होंने इतिहास की एक दृष्टि दी है, साहित्येतिहास लेखन का एक मजबूत ढाँचा दिया है, साहित्य को वर्तमानता से संबद्ध किया है, इतिहास में कारणता की तलाश की है, उसे इहलौकिक स्तर पर खड़ा किया है, शिक्षित वर्ग के बौद्धिक क्रिया-कलापों से जोड़ा है।

शुक्लजी के ढाँचे को ज्यों-का-त्यों स्वीकार करने का प्रश्न ही नहीं है, उसे परिवर्तित किए बगैर नया इतिहास नहीं लिखा जा सकता। पर नया ढाँचा बनाना मुश्किल काम है। कोई बना-बनाया ढाँचा आरोपित करना इतिहास के साथ न्याय नहीं होगा। उसे मुख्यतः साहित्य के भीतर खोजना होगा पर शुक्लजी से मूलतः यह सीखना होगा कि साहित्य का इतिहास साहित्य का इतिहास होगा, आनुमानिक आर्थिक आँकड़ों का नहीं।

साहित्य को साहित्य बनाने का दायित्व उसके सौंदर्य पक्ष को है यानी उसकी विशिष्ट रूप-रचना को जिसमें शब्दों का चारुताधर्मी विन्यास, प्रतीक, बिंब, मिथ, कथानक आदि का सन्निवेश होता है। किंतु इनका गहरा संबंध उस ऐतिहासिक प्रक्रिया से है जिसमें वे निर्मित होते हैं और जिसमें वे पढ़े जाते हैं। इतिहास निरंतर वर्तमान का होता है किंतु अतीत की अतीतता को छोड़कर नहीं। अतीत और वर्तमान के द्वंद्वात्मक संबंधों को उनके व्यापक संदर्भों में देखना ही इतिहास है।

नए हिंदी साहित्य के इतिहास के एकदेशी परिप्रेक्ष्य को अंतर्देशी परिप्रेक्ष्य में देखना होगा। अन्य भाषाओं के साहित्य के लिए यह अनिवार्य नहीं है किंतु हृदय देश के साहित्य को अन्य भाषा के साहित्यों की गतिविधियों को आंशिक

रूप से ही सही समेटते चलना होगा। आदिकाल के साहित्य की जो कुछ सामग्री सीमांतों के आस-पास मिली है उसका उपयोग कर लिया गया है। संभवतः गुजरात की पूरी सामग्री अभी भी इतिहास में पूरी तरह से अंतर्भुक्त नहीं हो पाई। भक्तिकाल का देश-विस्तार शुक्लजी के इतिहास में भी है। पर असम, बंगाल, पंजाब, हिमाचल प्रदेश आदि से प्राप्त सामग्री अछूती पड़ी है। आचार्य हजारीप्रसाद द्विवेदी ने इसे और भी विस्तार दिया है। किंतु अभी भी प्रभूत उपलब्ध भक्ति-साहित्य का उपयोग नहीं हो पाया है।

पहले भी कहा जा चुका है कि रीतिकाल के सार तत्त्व को नहीं छूना होगा। शुक्लजी के इतिहास का यह अत्यंत सुचिंतित और प्रौढ़ अंश है। पर इससे मिलता-जुलता साहित्य मराठी में मिलता है। कुछ के मतानुसार गुरुमुखी लिपि में लिखा हुआ रीतिबद्ध साहित्य कम नहीं है। गुजराती, बंगाली, उड़िया आदि में भी हो सकता है। दक्षिणी साहित्य का आलोड़न भी व्यर्थ नहीं होगा। यह जरूरी नहीं है कि हर भाषा के साहित्य के रीतिकाल की कालावधि वही हो जो हिंदी-रीतिकाल की है। इस विशाल देश में ऋतुओं का आना-जाना भी एक समय नहीं होता है। अतः समान ढंग की कविताएँ विभिन्न कालों में लिखी गई हों तो आश्चर्य नहीं। इससे अनेकता में एकता तथा ऐतिहासिक प्रक्रिया की समग्रता का आभास मिलेगा।

आधुनिककाल में गद्य की रचनाएँ होने लगी हैं। अतः काल-विभाजन और नामकरण में सावधानी बरतनी होगी जिससे एक नामकरण की प्रवृत्तियाँ समान रूप से गद्य और पद्य में खोज ली जा सकें। उदाहरणार्थ भारतेंदुयुगीन साहित्य को पुनर्जागरण काल और छायावादी साहित्य को स्वच्छंदतावाद काल कहना होगा। इधर कविता, कहानी, उपन्यास, नाटक आदि प्रभूत मात्रा में लिखे गए हैं। उनके हिसाब से भी इस काल का पुनरीक्षण करना पड़ेगा।

आज की इतिहास-दृष्टि इहलौकिक, लोकतांत्रिक और धर्मनिरपेक्ष ऐक्यपरक होगी। समूचे हिंदी साहित्य की मुख्यधारा यही है। अतः इतिहास-लेखन कालक्रमिक भी होगा और एक-कालिक भी।

पर शुक्लजी के इतिहास-लेखन की मूल उपपत्ति लगभग वही रहेगी—'जबकि प्रत्येक देश का साहित्य जनता की चित्तवृत्ति का संचित प्रतिबिंब होता है तब यह निश्चित है कि जनता की चित्तवृत्ति के परिवर्तन के साथ-साथ साहित्य के स्वरूप में भी परिवर्तन होता चला जाता है।' इस संदर्भ में मेरा प्रस्ताव है कि संचित के स्थान पर रचनात्मक रख दिया जाए।

संदर्भ

1. आचार्य शुक्ल : शब्दसागर—भूमिका, पृ. 8
2. आ. शुक्ल : हिंदी साहित्य का इतिहास (नवीन संस्करण) पृ. 66
3. ग. मा. मुक्तिबोध : नये साहित्य का सौंदर्यशास्त्र (1971), पृ. 78
4. आचार्य शुक्ल : हिंदी साहित्य का इतिहास (नवीन संस्करण), पृ. 55
5. वही, पृ. 57
6. आ. शुक्ल : गोस्वामी तुलसीदास, पृ. 22
7. आचार्य हजारीप्रसाद द्विवेदी : हिंदी साहित्य की भूमिका, पृ. 11
8. वही, पृ. 224
9. आचार्य शुक्ल : शब्दसागर—भूमिका, पृ. 91
10. वही, पृ. 92
11. वही
12. आचार्य शुक्ल : हिंदी साहित्य का इतिहास (नवीन संस्करण), पृ. 109
13. वही, पृ. 66
14. आचार्य शुक्ल : शब्दसागर—भूमिका, पृ. 74
15. आचार्य शुक्ल : हिंदी साहित्य का इतिहास (नवीन संस्करण) पृ. 140
16. वही, पृ. 194
17. आचार्य शुक्ल : शब्दसागर—भूमिका, पृ. 122
18. आ. शुक्ल : हिंदी साहित्य का इतिहास (नवीन संस्करण), पृ. 196
19. वही, पृ. 232
20. वही।
21. वही, पृ. 313
22. वही, पृ. 616
23. वही, पृ. 618
24. वही, पृ. 415
25. वही, पृ. 414
26. वही, पृ. 426
27. वही, पृ. 410
28. वही, पृ. 414
29. वही, पृ. 469
30. वही, पृ. 465
31. आ. शुक्ल : चिंतामणि भाग-3
32. आ. शुक्ल : हिंदी साहित्य का इतिहास (नवीन संस्करण), पृ. 492
33. वही।
34. आ. शुक्ल : हिंदी साहित्य का इतिहास (नवीन संस्करण), पृ. 492
35. वही, पृ. 493
36. वही, पृ. 489
37. वही, पृ. 490
38. वही, पृ. 518

39. ग्राम्शी : साहित्य का समाजशास्त्र और रूपवाद, पृ. 22
40. आचार्य शुक्ल : हिंदी साहित्य का इतिहास (नवीन संस्करण), पृ. 525
41. वही, पृ. 529
42. वही।
43. वही, पृ. 594
44. वही।
45. वही, पृ. 600
46. वही, पृ. 599

कविता और नई कविता

कविता कविता है और नई कविता भी कविता है। ज्यामिति की शब्दावली में 'कविता' शब्द उभयनिष्ठ है। अर्थ यह कि काव्य तत्त्व के अभाव में न कविता कविता है और न नई कविता कविता है। किंतु 'नई' विशेषण उसे कुछ ऐसा वैशिष्ट्य प्रदान करता है कि 'नई कविता' का व्यक्तित्व कविता सामान्य के व्यक्तित्व से बहुत कुछ अलग हो जाता है। पर इस विशेषण के प्रयुक्त होने पर भी वह कविता है। इसलिए 'नई कविता' में भी कविता सामान्य के उपादान होने चाहिए। जो इसे अस्वीकार करते हैं उन्हें इसके नामकरण के संबंध में पुनर्विचार करना होगा।

अब इस संदर्भ में कई प्रश्न प्रस्तुत होते हैं। कविता क्या है? उसके मूलभूत तत्त्व क्या हैं? नई कविता के 'नई' विशेषण का क्या अभिप्राय है? कविता के साथ जुड़ कर यह ऐसा क्या कर देता है कि कविता के स्वरूप में भिन्नता आ जाती है? कविता और नई कविता की भेदक रेखा क्या है? इत्यादि।

इन प्रश्नों पर विचार करने के पूर्व एक और शंका राह छेंक लेती है। क्या कविता पुरानी भी होती है? वाल्मीकि, कालिदास, सूरदास की कविताएँ पुरानी हो गई हैं? कविताओं का सच्चा आलोचक तो काल है। वे तो चिर-नवीन हैं। उनकी नवता आज भी ज्यों की त्यों है—जैसे ताजमहल की, मोनालीसा की। पर आज भी काव्य लिखे जा रहे हैं, स्मृतिगृहों का निर्माण हो रहा है, चित्रों की सर्जना हो रही है। पूर्ववर्ती काव्यकला चाहे कितनी भी उदात्त क्यों न हो, युगीन सौंदर्य चेतना को समग्रतः संतुष्ट नहीं कर पाती। इसलिए नवीन बोध के साथ-साथ नवीन सर्जना की आवश्यकता बनी रहेगी।

पर 'कविता क्या है?'—बहुत ही गैरमामूली सवाल है। इस समस्या का विश्लेषण—हल नहीं—दो तरीकों से संभव है : एक तो आचार्यों की मान्यताओं के

आधार पर जो शताब्दियों के मंथन के उपरांत उपलब्ध हुई हैं, दूसरे स्वयं कविता के आधार पर। किंतु प्राचीन आचार्यों में भी गहरा मतभेद है। यदि यहाँ पर कोई कविता उद्धृत कर के उसके तत्त्वों की छानबीन को जाए तो आशंका है कि उसी को ले कर हो-हल्ला मच जाए। कुछ बंधु उसे अकविता सिद्ध करने की पूरी शक्ति रखते हैं। उसके लिए दुर्लभ श्रोतृ-मंडली कहाँ!

पूछा जा सकता है कि आचार्यों की मान्यताएँ क्यों भिन्न हैं? भिन्न ही नहीं, वे अनेक स्थलों पर परस्पर विरोधी भी हैं। किंतु इन भिन्नताओं में भी मूलभूत एकता है। यदि इस एकता को सामने रखा जाए तो हम समस्या के हल के पास पहुँच सकते हैं। साहित्य या काव्य की व्याख्या भामह ने **'शब्दार्थौ सहितौ काव्यम्'** कह कर की है। आज के संदर्भ में यह सर्वाधिक संगत प्रतीत होती है। इसमें अनेक संशोधन-परिवर्धन हुए पर उनमें मूलभूत अंतर नहीं आया। पर शब्द और अर्थ के सहभाव से काव्य-अकाव्य का भेद स्पष्ट नहीं होता। अतः कुछ आचार्यों ने उस परिभाषा में 'विशिष्ट' शब्द को जोड़ा और विशिष्ट का अर्थ किया चारुत्व। भामह का भी कहना है : **'वक्राभिधेय शब्दोक्तिरिष्टा वाचामलंकृतिः'**–वक्र शब्द और अर्थ का प्रयोग वाणी का अलंकार है। यह वक्रता ही काव्य का व्याकरण है। इस वक्रता को गंभीर अर्थ से भी पुष्ट होना चाहिए, ऐसा उसका कहना है। आचार्य शुक्ल ने हृदय की मुक्तावस्था अथवा रसदशा के शब्द-विधान को कविता कहा है। डॉ. नगेंद्र रमणीय अनुभूति, उक्ति-वैचित्र्य और छंद-वर्ण-लय-संगीत के संमाजत रूप को कविता कहते हैं। शुक्ल जी के विस्तृत निबंध की कुछ ऐसी सीमाएँ हैं जो आज तक की कविता को समेट लेने में असमर्थ हैं। चमत्कार का प्रयोग शुक्ल जी ने संकीर्ण अर्थ में किया है। उसे अनुप्रास, यमक, परिसंख्या, असंगति आदि अलंकारों के गले मढ़ दिया है। इसका यह शब्दार्थ लेने में वे स्वयं परवर्ती आचार्यों से प्रभावित ज्ञात होते हैं। आश्चर्य की बात है कि शुक्ल जी जैसा आचार्य पद्माकर के इस कथन में : **'नैन नचाय कह्यो मुसकाय लला फिर आइयो खेलन होरी'**–वक्रता नहीं देखते। डॉ. नगेंद्र की परिभाषा भी आज की कविता के लिए छोटी पड़ जाती है। 'रमणीय' बहुत कुछ गोल शब्द है। छंद की अनिवार्यता खंडित हो चुकी है। वक्रोक्ति के आतिशय्य-दोष से भामह परिचित था। इसलिए उसने तज्जन्य अनेक दोषों से कवियों को सावधान किया है। मेरा ख्याल है कि भामह की परिभाषा व्यापक और लचीली है और आज के संदर्भ में सर्वाधिक ग्राह्य भी। हाँ, यदि किसी को भामह के नाम से चिढ़ हो, परंपरा के नाम पर उबकाई आती हो, तो वह अनगढ़ शब्दावली में नई परिभाषा गढ़ कर आद्याचार्य होने का शौक पूरा कर सकता है।

भामह ने जिस अर्थ गांभीर्य का उल्लेख किया है, वह शब्दार्थ ही है। यदि वाल्मीकि, कालिदास जैसे कवियों को लिया जाए तो उनको महान बनाने का श्रेय अर्थ-गांभीर्य को ही है। इस अर्थगांभीर्य का चारुत्व से संपृक्त होना आवश्यक है। अर्थ की गंभीरता मूल्यों की गंभीरता ही है। वाल्मीकि ने जीवन को इतने व्यापक और गहन संदर्भों में देखा है कि उनमें स्वयमेव अनेक अर्थवती छवियाँ उकेरित हो उठती हैं। जीवन का इतना सुंदर और पूर्ण चित्र कदाचित् ही कहीं मिले। वाल्मीकि में जहाँ कहीं व्यापक जीवन-मूल्य नहीं आ पाए हैं, जहाँ वे अपने समाज की रूढ़ियों से बद्ध हो गए हैं, वहाँ काव्य-सौंदर्य भी निष्प्रभ हो गया है। उदाहरणार्थ, बालि-वध के औचित्य का राम द्वारा प्रतिपादन, अग्नि-परीक्षा के पूर्व राम द्वारा रूढ़ियों का समर्थन। वह महाकवि जितना लोक-संवादी उस समय रहा होगा, आज उससे कहीं अधिक ही है। इसी का दूसरा नाम तो साधारणीकरण है। वाल्मीकि-कालिदास में अतिप्राकृत तत्त्व भी कम नहीं हैं। वे काव्य के उत्कर्ष में बहुत योग भी नहीं दे पाते। सूरदास के संबंध में सवाल किया जा सकता है कि उनके काव्य में कौन से उच्चतर मूल्य हैं? प्रश्न उतना जटिल नहीं है जितना समझा जाता है। वे सहज जीवन और उसके निर्मल प्रवाह के कवि हैं और इस प्रकार के स्वच्छंद जीवन का एक बड़ा मूल्य है। छायावादी काव्य जितना यथार्थ से संबद्ध है वह अधिक मूल्यवान है और जितना वायवी आदर्श से संबद्ध है वह उतना ही कम मूल्यवान है। पर मूल्य कविता नहीं है, कविता चारुत्व में है।

नई कविता का परिवेश पहले से एकदम भिन्न हो गया है। सारे पुरातन मूल्य या तो टूट गए हैं या विघटित हो गए हैं। अब इसे स्वीकार करने में कोई विवाद नहीं रह गया है। पाश्चात्य परिवेश से भिन्न होने पर भी अपने देश के मूल्यों का विघटन कम चिंत्य नहीं है। नया कवि अपनी कविता को पुरातन अर्थ में व्यापक जीवन-संदर्भों में नहीं रख सकता। वह विगत मूल्यों के लिए अफसोस भी नहीं करता है, क्योंकि वह रोमेंटिक नहीं है, यथार्थवादी है। वह आदर्शवादी नहीं है, रोमेंटिक नहीं है, मात्र यथार्थवादी है। विज्ञान के नए अविष्कारों ने उसे संशयशील तथा मशीनी सभ्यता ने जीवन को यंत्रगतिक बना दिया है। समाज से कट कर वह अकेला है, क्योंकि यहीं पर वह जी सकता है। इसलिए उसका स्वर लोक-संवादी कैसे हो सकता है, साधारणीकरण का सिद्धांत उस पर कैसे लागू हो सकता है?

अब वह अपनी कविता में व्यापक और गहन जीवन-संदर्भों को नहीं लेता बल्कि अनेक परस्पर विरोधी, जटिल तथा उलझे हुए जीवन-संदर्भों को ग्रहण करता

है। वह उन अतिप्राकृत तत्त्वों को, जिनसे छायावादी कवियों का भी पिंड नहीं छूटा है, दूर से ही नमस्कार करता है। जाहिर है कि नई कविता का कथ्य पूर्ववर्ती कविता से भिन्न हो गया है। वस्तु की भिन्नता रूप की भिन्नता की माँग करती है क्योंकि जो वस्तु है वही रूप है।

इसी सिलसिले में दो सवाल और उठते हैं। यदि वह पूर्ववर्ती काव्य से एकदम भिन्न है तो क्या उससे कुछ लेना व्यर्थ है? नए कवि इसी बुनियाद पर अक्सर परंपरा के विरुद्ध जेहाद का नारा लगाते हुए सुनाई पड़ते हैं। यदि यह नारा कोरी बकवास है तो परंपरा से क्या गृहीत हो सकता है, यह विचारणीय प्रश्न है। दूसरा प्रश्न यह है कि : नई कविता कविता से भिन्न है तो इसके मूल्यांकन के लिए क्या भिन्न मान स्थिर किए जा सकते है? पहले पहले ही प्रश्न को लें दूसरे प्रश्न को कविता के भीतर से ही खोजना अधिक संगत होगा।

नए कवियों ने 'शब्द दो' काफी दुहराया है। लेकिन अपेक्षित शब्द को पाने के लिए क्लासिकल कवियों के पास ही जाना पड़ेगा। इसे माँगने से काम नहीं चलेगा बल्कि उसे श्रमपूर्वक अर्जित करना पड़ेगा। काव्यका व्याकरण (ग्रामर ऑफ़ पोयट्री) उनसे सीख कर ही पुराने शब्दों को नया संदर्भ दिया जा सकता है। हवा में मुक्का मारना बेमाने है। विघटित मूल्यों के इस युग में नए मूल्य कहाँ मिलेंगे? नए कवियों का दावा है कि वे इन्हें अन्वेषित कर रहे हैं। यह 'अन्वेषण' वायवी और अयथार्थ है। कोई पूछता है कि जनाब आपके हाथ क्या लगा : शंख, घोंघा अथवा सीप?—तो उत्तर होगा : बस हम तो खोज रहे हैं, हम खोजी हैं। यह अन्वेषण एक 'ऐब्स्ट्रैक्शन' है, एक रोमेंटिक प्रवृत्ति है। इसके लिए नए कवियों को अपनी परंपरा से गहरा संपर्क स्थापित करना होगा। उनके पास उच्चतर मूल्यों की कमी नहीं है। नए कवि की प्रतिभा इसी में है कि वे उन्हें नए संदर्भों में जाँचें-परखें। तारीफ तो यह है कि 'बीटनीक्स' तक तो आप दौड़ सकते हैं लेकिन अपनी इतनी समृद्ध परंपरा को अछूत करार देते हैं।

संतोष की बात यह है कि प्रबुद्ध कवियों ने परंपरा से बहुत कुछ सीखा है और आधुनिकता की चेतना से उसे संबद्ध किया है। साफ है कि ऐसे लोगों की कृतियाँ ही अर्थवती और प्रौढ़ दिखती हैं। आलोचना के नए मान स्थिर करने के लिए हमें उन्हें ही आधार मानना होगा। 'पोएटास्टर' या 'शारलैटन' की कृतियाँ मान का आधार नहीं बन सकतीं। ऐसे ही कवियों को भामह ने 'अन्यसारस्वत' कहा है : **"अन्यसारस्वता नाम सन्त्यन्योक्तानुवादिनः"**। प्रत्येक युग में 'अन्यसारस्वत' की संख्या अधिक होती है। अन्यसारस्वत फैशनपरस्त होता है, अन्य के माध्यम

को अपना माध्यम मान लेता है। शेर की खाल औढ़ कर कब तक जिया जा सकता है? जिसके पास कोई जीवन-दर्शन नहीं है, धुरी नहीं है, उसके पास माध्यम के रूप में शेर की खाल है। उसके माध्यम की रामनामी खींचते हुए भामह तीन उपमाओं में उसका पर्दाफाश कर देता है : **''उसका शास्त्र-ज्ञान निर्धन के दान, नपुंसक के अस्त्र-कौशल और अज्ञ की प्रगल्भता के समान है।''** जाहिर है, ऐसे अ-कवियों पर हमें विचार नहीं करना है।

लेकिन मान संबंधी कठिनाई तब और बढ़ जाती है जब हम देखते हैं कि कवि और आलोचक के बीच गहरी खाई है। छायावादी युग में भी यह थी पर वह इतनी गहरी, इतनी चौड़ी नहीं थी। इस पर नए सेतु की आवश्यकता है, किंतु उसका निर्माण नल-नील के उपकरणों से नहीं हो सकता। नल-नील के साहस, उत्साह, लगन की आज भी उतनी ही आवश्यकता है पर उनकी इंजीनियरिंग से हमें छुट्टी पानी है। सच है कि पुराने मान नई कविता पर यथावत लागू नहीं हो सकते। आज के कवि का स्वर लोक-संवादी नहीं है। काव्य के प्रयोजन को हम रसानुभूति नहीं कह सकते, लेकिन अनुभूति को नकारा भी नहीं जा सकता। साधारणीकरण का रूप बदल गया है। आज पहले की तरह सामान्य प्रतीतियाँ नहीं हैं जिनमें सभी लोग साझी हो सकें। विभक्त प्रतीतियों के जमाने में प्रेषणीयता का कार्य काफी कठिन हो गया है, साधारणीकरण की समस्या जटिल हो गई है।

सामान्यतः प्राचीन मूल्यों के आधार पर निर्मित मान विघटित मूल्यों में निर्मित काव्य पर लागू नहीं हो सकता। आलोचक को प्राचीन मूल्यों का नए संदर्भों में पुनः परीक्षण करना होगा आलोचक को किन्हीं अंशों में कवि होना होगा। यों तो वह–सहृदय मात्र–कवि का समान-धर्मा कहा गया है। पर किन्हीं अंशों में कवि होने का अर्थ है कि वह कल्पना के आधार पर काव्य-प्रक्रिया को समझ सके। काव्य-प्रक्रिया को समझना आवश्यक है क्योंकि कवि भी किन्हीं अंशों में आलोचक हो गया है।

जहाँ तक रस-सिद्धांत का संबंध है, यदि धृष्टता क्षमा हो तो कहा जा सकता है कि वह कभी भी समीक्षा का पूर्ण उपादान नहीं हो सकता। शुक्ल जी को रसवादी आलोचक कहा जाता है। मैं आपसे पूछूँगा कि क्या यह ठीक है? शुक्ल जी की महत्ता रस की नई व्याख्या पर निर्भर है और यह व्याख्या युगीन चेतना के संदर्भों में ही संभव हो सकी। संस्कृत के आचार्यों ने मूल्यों को रस में अंतर्भुक्त मान लिया था। लेकिन वह ऐसा अंतर्भुक्त हुआ कि लगभग लापता हो गया। शुक्ल जी ने

मूल्यों को उभारा और रस को उचित गौरव दिया। इस मूल्यानुचिंतन में ही कवि की आलोचक दृष्टि और भाव-बोध दोनों उजागर हो जाते हैं। अनेक प्रकार के जटिल मूल्यों की निष्पत्ति रसानुभूति के रूप में ही होगी, अन्यथा वह काव्य नहीं होगा। नई कविता की रसानुभूति भिन्न कोटि की होगी। भिन्न रसानुभूति का मतलब रस के दर्जों से नहीं है, उसकी आस्वाद्यता से है। एक ही स्वर अनेक 'शेड्स' में आस्वाद्य तो है ही।

नई कविता के संदर्भ में ही इसे देखा जाए तो अधिक अच्छा हो। कविता है :

पहले सागर आँक :
विस्तीर्ण, प्रगाढ़ नीला,
ऊपर हलचल से भरा,
पवन के थपेड़ों से आहत,
शत-शत तरंगों से उद्वेलित,
फेनोर्मियों से टूटा हुआ, किंतु प्रत्येक टूटने में
अपार शोभा लिये हुए,
चंचल, उत्सृष्ट,
–जैसे जीवन।
हाँ, पहले सागर आँक :
नीचे अबाध, अथाह
असंख्य दबावों, तनावों, खींचों और मरोड़ों को
अपनी द्रव एकरूपता में समेटे हुए,
असंख्य गतियों और प्रवाहों को
अपने अखंड स्थैर्य में समाहित किये हुए,
स्वायत्त,
अंचल
–जैसे जीवन–
सागर आँक कर फिर आँक एक उछली हुई मछली :
ऊपर अधर में
जहाँ ऊपर भी अगाध नीलिमा है,
तंरगोर्मियाँ हैं, हलचल और टूटन है,
द्रव है, दबाव है,

और उसे घेरे हुए वह अविकल सूक्ष्मता है
जिसमें सब आंदोलन स्थिर और समाहित होते हैं
ऊपर अधर में
हवा का एक बुलबुला भर पीने को
उछली हुई मछली
जिसकी मरोड़ी हुई देह वल्ली में
उसकी जिजीविषा की उत्कट आतुरता मुखर है।

मैं मान लेता हूँ कि यह कविता मेरी ही तरह आपको अच्छी लगती है। पर यह संभव नहीं है। अधिक सही है कि मुझे भी अच्छी लगती है और आपको भी। यदि यह प्रीतिकर है तो, हमें यह निश्चय ही छूती है। लेकिन इसके छूने में और **'बड़े-बड़े नैनन में आँसू भरि-भरि ढरि, गोरो-गोरो मुख आज ओरो सो बिलानो जात'** के छूने में अंतर है। इस अंतर को स्पष्ट करने का काम आलोचक का है। इसका संबंध दो भिन्न युग की काव्य-चेतनाओं, अभिरुचियों ओर संस्कारों से है। जिसको आधुनिकता का बोध नहीं है, उसे यह कविता नहीं छू सकेगी। मजेदार बात तो यह है कि मेरे एक मित्र को, जो कवि-आलोचक दोनों हैं, इस कविता में छायावादी अर्थ-गंध मिलती है। उन्हीं के शब्दों में पंक्ति 11, 16-17 और 24-5 के शब्द और वाक्य विश्व-ब्रह्म यानी विश्व में निहित विश्वोत्तीर्ण ब्रह्म की ओर संकत करते हैं। अन्य कोई अर्थ हो ही नहीं सकता। मित्रवर का दावा है कि वे नई कविता भी लिखते हैं और बढ़िया आलोचना भी। बेचारे ब्रह्म को कवि-आलोचक मित्र का घेरा कितना अखरा होगा। असल बात है कि यह उनकी अपनी साहित्यिक चेतना और युगीन बोध है जो इस कविता में निहित प्रतीत होता है। कस्तूरीमृग को वस्तुनिष्ठ होने की कोई जरूरत भी तो नहीं है। कहने का तात्पर्य यह कि नई कविता का मूल्यांकन आधुनिक जीवन-बोध पर निर्भर है। 'जिजीविषा' इसका नया अन्वेषित मूल्य नहीं है, पर इसे जो संदर्भ दिया गया है वह नया है—आधुनिक जीवन-बोध को अपने में समेटे हुए। इस मूल्य का विवेचन अलग से नहीं बल्कि पूरे टेक्स्चर के भीतर से करना होगा। कुछ टुकड़ों को नोच लेने पर छायावादी ही नहीं अन्य अनर्थार्थ भी हो सकते हैं। प्रस्तुत कविता में आधुनिक जीवन को उसकी समग्रता में आकलित किया गया है। सागर जीवन का प्रतीक है। जीवन सागर की तरह विस्तृत, रहस्यमय, अज्ञेय और हलचलों से भरा है। यह उसका बाह्य रूप है। वह अपने भीतर के द्रव में, उसकी स्थिरता और ठहराव में

असंख्य दबावों, मरोड़ों को डुबो कर उन्हें एकरूप बनाए हुए है—यह उसका अंतस है। उसका बाहर-भीतर दो नहीं है। वे एक ही सिक्के के दो पहलू हैं। 'मछली' 'मैं हूँ' के बोध का सशक्त प्रतीक है। प्राणाकाश को क्षण भर पी लेने में उसकी जिजीविषा है—यह जिजीविषा अथवा 'मैं हूँ' के बोध का दूसरा नाम है। पर इसमें नवीन काव्य की रूढ़ियों के भी प्रचुर संकेत हैं जिससे इसकी ताजगी में कमी आ जाती है। इस संदर्भ में यह भी विवेच्य होगा। किंतु वह एक अलग निबंध का विषय है।

नई कविता में पुरानी काव्य-रूढ़ियाँ भी मिलेंगी, पर युगीन संदर्भ से संपृक्त होने के कारण वे नई हो कर रूढ़िमुक्त हो गई हैं। विप्रलब्धा का एक उदाहरण देखिए—

मेरा यह जिस्म—
टूटे खँडहरों के उजाड़ अंतःपुर में
छूटा हुआ साबित मणिजटित दर्पण-सा—
आधी रात दंशभरा बाहुहीन
प्यासा सर्पीला कसाव एक
जिसे जकड़ लेता है
अपनी गुँजलक में :
अब सिर्फ मैं हूँ, यह तन है, और याद है
खाली दर्पण में धुँधला-सा एक प्रतिबिंब
मुड़-मुड़ लहराता हुआ
निज को दोहराता हुआ।

(—कनुप्रिया)

रीतिकालीन विप्रलब्धा को छान डालिए। **'पगन में छाले परे नाँधिवे का नाले परे' तऊ लाल, लाले परे रावरे दरस के'** कहने वाली नायिका की सपाट मनोदशा से इसकी जटिल मनःस्थिति सर्वांशतः भिन्न है। इसलिए इसका संपूर्ण संघटन बदलता हुआ है। नए प्रतीकों, बिंबों और उपयुक्त शब्दावली के अभाव में इस मानसिक अवसाद के अनेकशः शेड्स की निर्मिति संभव नहीं थी। परंपरा से कट कर लिखी गई कविता की संपृक्तता सर्वथा संदिग्ध है। परंपरा को नया संदर्भ देना उसे जीवंत बनाना है। मणिजटित दर्पण अभी साबित है। यह वही है, पर उसका परिवेश बदल

गया है। परिवेश का बदलना मूल्य का बदलना है। स्मृति-दशा का जो रूप अंतिम दो पंक्तियों में व्यक्त हुआ है वह मध्यकालीन स्मृतिदशा से कितना भिन्न है!

नई कविता एक अर्थ में पुरानी कविता से और भी भिन्न है। अपने युग के प्रति नया कवि जितना सचेत है उतना पुराने जमाने का कवि कभी नहीं रहा। इसका मुख्य कारण यह है कि लोक में धर्म के प्रति एक-सा मान्य विश्वास था। और उस धरातल से कुछ कहने पर लोगों को कथ्य का बोध सहज ही हो जाता था। पर आज के संशयशील कवि की दृष्टि ही कुछ और है :

पूर्व से हवा का एक तेज झोंका।
सहमा हुआ आसपास चौंका।
हवा घर से हो कर कुछ इस तरह निकली
गोया कि पूरे मकान ने एक गहरी साँस ली।

× × ×

बेतहाशा चारों ओर
पानी गिरने का शोर।
एकाएक मुझे कुछ ऐसा एहसास हुआ
जैसे किसी ने आहिस्ता से साँकल को छुआ।

× × ×

एक अज्ञात भय कहता रहा कि दरवाजा न खोलूँ
इसी में खैरियत है कि चुप पड़ा रहूँ—न बोलूँ।

× × ×

मैं दम साधे पड़ रहा
आगंतुक पानी में खड़ा रहा।

× × ×

सारी परिस्थितियों की एक भोर भी सूरत थी—
शायद उस आदमी को मदद की जरूरत थी।

(—परिवेश : हम-तुम)

पूरी कविता को उद्धृत किए बगैर उसके साथ न्याय नहीं हो सका है। फिर भी जो अंश सामने है उसके आधार पर कहा जा सकता है कि यह बुनियादी तौर पर आधुनिक जीवन-बोध को संवेद्य स्तर पर उद्घाटित करती है। आधुनिक वातावरण—संशयग्रस्त बोझिल वातावरण को कुछ प्रतीकों द्वारा निर्मित किया गया

है। इस चट्टानी दबाव को हम महसूस कर रहे हैं। लेकिन इसका एक दूसरा पहलू भी है। यद्यपि प्रकाश्य रूप से यह पहलू नकारात्मक है फिर भी अभी आदमी को उस पक्ष का एहसास है और यह कम महत्त्व का नहीं है। इस परिवेश में हम-तुम की स्थिति का यह चित्र आधुनिक जीवन-बोध और मूल्य का ही अंकन करता हुआ संवेदनशील पाठकों के घाव पर उँगली रख देता है। यही इसका कवित्व है।

इन दोनों कविताओं में आधुनिक जीवन-बोध को दो अलग-अलग ढंगों से चित्रित किया गया है। संभवतः जहाँ तक इनका संबंध है, कवि और पाठक के बीच 'प्रेषणीयता' दुर्बोध प्रश्न बन कर नहीं खड़ी होती। किंतु पहली कविता के संबंध में ऐसा नहीं कहा जा सकता। उसमें आज की जटिलताओं के सूक्ष्मतर किंतु व्यापक बौद्धिक तंतुओं को पकड़ने की कोशिश की गई है। इसलिए प्रेषण और ग्रहण के बीच अनिश्चयात्मकता की स्थिति बनी हुई है। दूसरी कविता में एक ही मनःस्थिति के सघन-मधु-कटु आयामों को चित्रित किया गया है। फिर भी यह प्रबुद्ध पाठक की अपेक्षा रखती है। तीसरी कविता युग के प्रति एक संवेद्य मन-स्थिति है।

अब स्थिति यह है कि नई कविता के बोध, स्वायत्तीकरण और प्रेषण का प्रश्न बहुत जटिल नहीं रह गया है। यदि कवि और कवि से अधिक आलोचक स्वयं समस्याएँ खड़ी कर के उनके समाधान के लिए न दौड़ें तो नई कविता के मूल्यांकन का प्रश्न बहुत पेचीदा नहीं प्रतीत होता। फिर भी पुरानी कविता से भिन्न होने के कारण इसके मानों का प्रश्न वही नहीं हो सकता और न ऐसा भी क्या हो सकता है जो पुराने से एकदम अलग और अचीन्हा हो।

तुलसी के आदर्श और मोहभंग की स्थितियाँ

तुलसी हिंदी के सर्वश्रेष्ठ भक्त-कवि के रूप में स्वीकृत हो चुके हैं। उन पर अधिकाधिक शोध-ग्रंथ लिखे जा चुके हैं और लिखे जा रहे हैं। यह भी सच है कि उत्तर भारत की जनता पर जिस एक ग्रंथ का सबसे अधिक प्रभाव रहा है, वह रामचरित मानस है। किंतु यह भी गलत नहीं है कि ज्यों-ज्यों शिक्षा का प्रसार होता जा रहा है त्यों-त्यों मानस के पठन-पाठन में कमी होती जा रही है। इसका मुख्य दायित्व हिंदी के अध्यापकों पर है। ज्ञान-भक्ति, जीव-ब्रह्म, सगुण-निर्गुण, प्रपत्ति आदि के संबंध में प्रश्न पूछ-पूछकर विद्यार्थियों को कुंद जहन बनाया जा रहा हैं। क्या भक्ति-ज्ञान आदि की प्रासंगिकता समाप्त नहीं हो चुकी है? क्या धर्म (पारंपरिक अर्थ में) की धुरी टूटी नहीं है? क्या धर्म का केंद्र हमें पकड़ पाने में असमर्थ नहीं हो गया है? उस टूटे केंद्र का अकादमीय विश्लेषण आज के आदमी के साथ कहीं जुड़ नहीं पाता। तुलसी के जीव-ब्रह्म, प्रपत्ति आदि के संबंध में दिए गए अलंकृत प्रवचन तब और झूठे और अर्थहीन मालूम पड़ने लगते हैं, जब हम देखते हैं कि उनकी परवर्ती रचनाएँ उन्हीं की पूर्ववर्ती मान्यताओं के विरोध में खड़ी हैं।

ग्वेटे का एक उपन्यास है—'दी सरोज आफ यंग वेर्दर'। वेर्दर इसका मुख्य पात्र है। उपन्यास के पूर्वार्द्ध में वह जिन आदर्शवादी मान्यताओं को गढ़ता है, उत्तरार्द्ध में उन्हीं को ढहाता भी है। गोस्वामी जी के ऊपर उपन्यास लिखने वाला कोई व्यक्ति 'दी सारोज आफ ओल्ड तुलसीदास' शीर्षक से अच्छा-खासा उपन्यास लिख सकता है। तुलसी की जीवन-यात्रा को स्पष्ट रूप से दो भागों में विभक्त किया जा सकता है। रामचरितमानस तक पूर्वार्द्ध में और उसके बाद विनय, कवितावली, बाहुक आदि को उत्तरार्द्ध में यों तो 'मानस' में ही अंतर्विरोधों की नींव पड़ जाती है। वे जिस मर्यादित वर्णाश्रमधर्मी समाज की स्थापना करते हैं वह उनके अपने समाज में नहीं

मिलता। उत्तरकांड में जिस कलिकाल का वर्णन किया गया है वह उनका अपना समाज है, किन्हीं अंशों में हमारा समाज भी। अपने सारे समन्वयों के बावजूद वे इन शक्तिशाली विरुद्धों में सामंजस्य नहीं बैठा सके। कल्पना और वास्तविकता की टकराहट में वास्तविकता विजयी हुई।

मध्यकालीन भक्त कवियों में समाज और संस्कृति के इतने विविध आयामों को किसी अन्य व्यक्ति ने नहीं ग्रहण किया। वे सर्वाधिक सामाजिक थे। यही कारण है कि वे सबसे अधिक अलगाव (एलिनिएशन) के शिकार हुए। जो सामाजिक होता है, वही एलिनिएटेड भी होता है। कहा जा सकता है कि यह शब्द इस युग में प्रयुक्त किया जाने लगा है। अतः इसे गोस्वामी जी पर चस्पाँ नहीं करना चाहिए। पर अलगाव या एलिनिएशन एक भाव है जो विशिष्ट परिस्थिति में उत्पन्न होता है। पश्चिम के दार्शनिकों, मनोविश्लेषकों ने इस शब्द का प्रयोग मनोवैज्ञानिक सामाजिक व्यतिक्रम (डिसार्डर) के अर्थ में किया है। इसके अंतर्गत आत्मक्षरण, उदासीनता, अजनबियत, अर्थहीनता, मूल्यवान आस्थाओं की क्षति आदि की गणना की जाती है।

मानस में तुलसी का चेतन मानस अभिव्यक्त हुआ है। वह तत्कालीन हिंदू समाज का आदर्श 'नार्म' है। राम उस 'नार्म' के वाहक हैं, वे मर्यादा पुरुषोत्तम हैं। वे भगवान हैं, हिंदू समाज के मूलाधार वर्णाश्रम धर्म के पोषक हैं। मानस में वर्णाश्रम धर्म की ढीली नींव को पुख्ता करने का प्रयास किया गया है। इसके लिए गोस्वामी जी अलग से कुछ नहीं कहते। इसमें जो कुछ कहा गया है वह 'नाना पुराण निगमागमसम्मत' है।

जब वे अलग से कहने लगते हैं तो उनके आदर्श टूटने लगते हैं, वे 'एलिनिएटेड' अनुभव करते हैं। उनकी रचनाओं का समग्र आकलन उनके व्यक्तित्व के अंतर्विरोधों को उजागर करता है। पेश्काल के शब्दों में मनुष्य अपना विरोधी खुद होता है। यह विरोध वहाँ से शुरू होता है जहाँ से मनुष्य 'प्रामाणिक' होने लगता है। 'प्रामाणिकता' के पीछे आत्मानुभव होता है। कहना न होगा कि मानस में ऐसी बात नहीं है। वह एक साक्ष्य ग्रंथ है। उसका संबंध अंतःसाक्ष्य से न होकर वहिःसाक्ष्य से है। इसीलिए अंतःसाक्ष्य के आधार पर गोस्वामी जी की जीवनी के लिए मानस बहुत काम का नहीं ठहरता। यह उनके आत्मानुभव का ग्रंथ न होकर विश्वास और आस्था का ग्रंथ है। पर अपनी आस्था के प्रति वे पूरे ईमानदार हैं। इसे कुछ और समझने की आवश्यकता है।

एक ओर जब मैं गोस्वामी जी को मानस के प्रति ईमानदार या 'सिनसियर'

कहता हूँ और दूसरी ओर उसकी प्रामाणिकता को अविश्वसनीय मानता हूँ तो आप को शंका हो सकती है कि यह वक्तव्य तो स्वयं अंतर्विरोधपूर्ण है। धार्मिक या सामाजिक नियमों के प्रति प्रतिबद्ध होना ईमानदार होना है। किंतु अपनी अनुभूतियों के प्रति जो प्रतिबद्धता होगी वह प्रमाणिक होगी, क्योंकि यहाँ व्यक्ति के अपने निजी मानस और सार्वजनिक मानस में द्वंद्वात्मक संबंध निःशेष हो जाता है। लेकिन धार्मिक परंपराओं को तो मानकर ही चलना पड़ता है। इसलिए कहा गया कि भगवद् अनुग्रह के बिना भक्ति मिल ही नहीं सकती। गोस्वामी जी कोरे भक्त नहीं थे, बल्कि वे वर्णाश्रमधर्मी व्यवस्था को पुनः स्थापित करना चाहते थे। इस तरह उनके साथ धार्मिक-सामाजिक स्थितियाँ भी लगी हुई थीं। किंतु वर्णाश्रमधर्मी व्यवस्था और भक्ति दोनों ही के प्रति उनकी आस्था में दरारें पड़ जाती हैं। वे अपनी परिस्थिति में खुलकर उनका विरोध नहीं कर सकते थे। पर मोह भंग होने के साथ ही वे प्रच्छन्न रूप से स्वयं अपना विरोध करने लगते हैं। दूसरे शब्दों में कहा जा सकता है कि 'मानस' में गोस्वामी जी 'परसोना' रहते हैं किंतु विनय, कवितावली और हनुमान-बाहुक में वे व्यक्ति (पर्सन) हो जाते हैं।

पहले मैं वर्णाश्रमधर्मी व्यवस्था का ही प्रसंग लेना चाहूँगा। अयोध्याकांड में वशिष्ठ और केवट का मिलन देखिएः—

'प्रेम पुलकि केवट कहि नामू। कीन्ह दूर ते दंड प्रनामू॥
रामसखा रिषि बरबस भेंटा। जनु महि लुटत सनेह समेटा॥
रघुपति भगति सुमंगल मूला। नभ सराहि सुर बरसहिं फूला॥
येहि सम नीच निपट कोउ नाही। बड़ वशिष्ठ सम को जग माहीं॥'
'जेहि लखि लखन उँ ते अधिक, मिले मुदित मुनिराउ।
सो सीतापति भजन को, प्रगट प्रताप प्रभाउ॥'

वशिष्ठ-केवट मिलन के बाद भी वर्णाश्रम धर्म पर आँच नहीं आती। वशिष्ठ केवट से नहीं मिलते हैं 'रामसखा' से मिलते हैं। गोस्वामी जी जोर देकर कहते हैं, 'येहि सम नीच निपट कोउ नाहीं'। इतने से ही उन्हें संतोष नहीं हुआ। उन्होंने आगे लिखा—'बड़ वशिष्ठ सम को जग माहीं' आज के संदर्भ में यह अत्यंत अनौचित्यपूर्ण मालूम पड़ता है। गोया वशिष्ठ ने केवट से मिलकर उस पर बहुत एहसान किया हो।

गोस्वामी जी केवट को अस्पृश्य मानते हैं। वे केवल सचेत कलाकार ही नहीं, सचेत वर्णाश्रमधर्मी भी हैं। राम के आश्रम में आने के पहले भरत-केवट मिलन

हो चुका था। उस समय मुनि उससे नहीं मिले थे। उन्होंने दूर से ही आशीर्वाद दे दिया था। पर भरत केवट मिलन के संबंध में भी गोस्वामी जी की टिप्पणी कम महत्त्वपूर्ण नहीं है—

'लोक बेद सब भाँतिहि नीचा। जासु छाँह छुइ लेइहि सींचा।
तेहि भरि अंक राम लघुभ्राता। मिलत पुलक परिपूरन गाता॥'

तेहि शब्द से जाहिर है कि वर्णाश्रम व्यवस्था के प्रति उनकी कितनी अटूट निष्ठा थी। राम के प्रभाव का वर्णन यहाँ पर भी है। लेकिन गोस्वामी जी का स्वर जाति-पाँति पूछे नहीं कोऊ हरि को भजे सो हरि कै होई, से भिन्न है। वे वर्णाश्रम धर्म की वशिष्ठी परंपरा का समर्थन करते हैं।

'मानस' में जिस आदर्श 'रामराज' की स्थापना की गई है, वह भी वर्णाश्रम धर्म पर ही आश्रित है। इसमें रामराज्य की विशेषताओं का अतिरंजनापूर्ण वर्णन किया गया है उसमें सभी वर्णाश्रम धर्म के अनुसार आचरण करते हैं। सागर अपनी मर्यादा में रहता है, वशिष्ठ वेद-पुराण बाँचते हैं प्रत्येक घर में पुराण-पाठ होता है, नदी किनारे मुनि-संन्यासी निवास करते है, धर्म के सरोवर में ज्ञान-विज्ञान के कमल खिलते हैं, चारों ओर सुख-संतोष और विवेक का साम्राज्य है। वर्णाश्रम धर्म के ह्रास का अर्थ है कलिकाल का आगमन—

'बरन धर्म नहिं आस्रम चारी। श्रुति विरोध रह सब नर-नारी।
सूद्र द्विजन उपदेसहिं ज्ञाना। मेलि जनऊ लेहिं कुदाना॥'
'ब्रह्म ज्ञान बिनु नारि-नर कहहिं न दूसर बात।
कौड़ि लागि मोहबस, करहि विप्र गुर धात।
बाजहिं सूद्र द्विजन सन, हम तुम्हते कछु घाटि।
जानहि ब्रह्म सो विप्रवर, आँखि दिखावहिं डाटि।'

पर वर्णाश्रम धर्म को इस वशिष्ठी परंपरा के अप्रतिम समर्थक गोस्वामी जी स्वयं इसके शिकार हो गए। उनकी निष्ठा पर चोट पड़ती है और वे आश्चर्यचकित और किंकर्तव्यविमूढ़ हो जाते हैं। मानस के बाद की अधिकांश रचनाओं में उनके मोह-भंग का करुण चित्रण हुआ है। दरअसल मानस 'कल्चर फिलिस्टीन' का काव्य है। उसमें जिस 'फिलिस्टिनिज्म' का चित्रण हुआ है, वह विगत युगों की नैतिकता है। जिस समय मानस लिखा गया उस समय भी वह इसी तरह का था। इसीलिए ऊपर मैंने इसकी 'प्रामाणिकता' पर शंका उठाई है। यह अपने समय के साथ नहीं

जुड़ता। ऐतिहासिक दूरी के बढ़ जाने से यह शिक्षित लोकमानस से दूर होता जा रहा है। इसमें किसी नई परंपरा का ईजाद नहीं हो सका है। मानस के बाद इस पैटर्न पर कोई और ग्रंथ नहीं लिखा गया। क्या स्वयं में यह सबूत नहीं है कि यह सचाई पूर्ण किंतु अप्रामाणिक है।

विनयपत्रिका, कवितावली और हनुमानबाहुक में हमें प्रामाणिकता के दर्शन होते हैं। समाज स्वीकृत धार्मिक मान्यताओं का गुणगान न करता हुआ वह निजी अनुभव का साक्षात्कार करता है। यहीं से उसका अलगाव (एलिनिएशन) शुरू होता है। 'विनयपत्रिका' में उसे जिस समाज का सामना करना पड़ता है, वह मानस के मानसिक समाज से भिन्न है। वस्तुतः यही असली समाज है। यही समाज कवितावली में भी है।

मानस में उन्होंने कलिकाल का लक्षण लिखा है, किंतु विनय, कवितावली और बाहुक में उसे देखा और भोगा है। वे उसी के बीच रह रहे हैं। विनय में उसके भक्त और कलिकाल में गहरा द्वंद्व आरंभ होता है। मध्यकालीन धार्मिक व्यवस्था में प्रत्येक समस्या का हल राम या कृष्ण हैं। वे लिखते हैं–

कलि नाम कामतरु राम को।
दलनिहार दारिद दुकाल दुख दोष घोर धन धाम को॥
× × ×
भलो लोक परलोक तासु जाको बल ललित ललाम को।
तुलसी जग जानियत नाम ते सोच न कूच मुकाम को॥

राम का नाम कामतरु है। वह नाम दरिद्रता, अकाल, दुख, दोष आदि का विनाश करता है। पर क्रमशः यह आस्था क्षीयमान नजर आने लगती है। उनको लगा कि कहीं कलिकाल भगवद् भक्ति से कहीं अधिक शक्तिशाली तो नहीं है। यानी भौतिकता आध्यात्मिकता से कहीं बलवान तो नहीं है। उनको इस बात का अत्यधिक क्लेश है कि राम-नाम ने उनके पापों को भस्म क्यों नहीं किया? शंकर के उपदेश मर रहे हैं। गंगा के किनारे धर्म धारण करना किसी काम का नहीं रह गया। फिर भी वे कहते हैं–**'राम नाम के जपे जाय जिय की जरनि।'** तत्कालीन समाज की दशा को देखकर वे संत्रस्त हो उठते हैं–**'हों मन में अपनाए तुलसिहि कृपाकरि, कलिबिलोकि हहर्‌यो हैं।'** फिर भी उन्हें महसूस होने लगा था कि राम की ओर से कहीं न कहीं ढिलाई जरूर है। इसकी चर्चा विनय में भी है और विनय

से अधिक 'कवितावली' में है—**'तुलसी कही है साँची रेख बार-बार खाँची। ढील दिए नाम महिमा की नाव बोरिहों।'** जाहिर है कि राम नाम द्वारा न तो दरिद्रता जा रही थी और न भौतिक एषणाएँ, न अकाल दूर किया जा सकता था और न रोग-शोक।

कवितावली और 'हनुमानबाहुक' में कलिकाल और रामभक्ति का द्वंद्व और घनीभूत हो गया है। इसके अतिरिक्त वर्णाश्रम धर्म के प्रति भी उनकी आस्था खंडित होती है। मृत्यु त्रास के साथ तो सभी पुरानी आस्थाओं पर प्रश्नचिह्न लग जाते हैं। 'कवितावली' में कवि यथार्थवादी स्तर पर उतर कर कहता है—**'तुलसी बुझाइ एक राम घनस्याम हीते। आगि बड़वागि तें बड़ी है आगि पेट की।'** वे पेट की अग्नि को बड़वाग्नि से बड़ी अग्नि स्वीकारते हैं। अन्य भक्तों और संतों की तरह इस तथ्य को झुठलाते नहीं। लेकिन अपनी आस्था के अनुरूप, जो दिन प्रतिदिन झूठी पड़ती जा रही थी, वे इसकी एकमात्र दवा राम-भक्ति को ही मानते हैं। फिर भी कलिकाल से उन्हें गहरा संत्रास है। किसान न खेती कर पाता है और न भिखारी को भिक्षा मिलती है, सभी लोग जीविकाविहीन हैं। किंकर्तव्यविमूढ़ होकर लोग **'कहें एक एकन सों कहाँ जाई, का करी।'** अंत में वे पूर्णतः अलगाव की स्थिति में आकर कहते हैं—

> **भागीरथी जलपान करैं अरु नाम द्वै राम के लेत नितैहों।**
> **मोको न लेनों न देनों कछू, कलि भूलि न रावरी और चितैहों॥**
> **जानिके जार करे परिनाम, तुम्हें पछितेहो पै मैं न भितैहों।**
> **ब्राह्मन ज्यों उगित्यो उरगारि हो त्यों ही तिहारे हिय न हितै हों॥**

यहाँ ब्राह्मणपन पुनः उभरता है, किंतु यह ब्राह्मणपन हततेज हो गया है। यह आत्मविश्वास बहुत कुछ दिखावटी है। तुलसी कलिकाल से यानी तत्कालीन समाज से अलग होना चाहते हैं। उन्हें गंगाजल पीना है और राम का नाम लेना है। किसी से कुछ लेना-देना नहीं है। वे डरी हुई मुद्रा में कहते हैं, **'कलि, भूलि न रावरी और चितेहों।'** वे निश्चित रूप से उसे अधिक बलवान मान लेते हैं और नतमस्तक होकर प्रणाम करते हैं। अंतिम पंक्ति आत्मरक्षात्मक है, जो उसके अलगाव और मोह-भंग को और भी चटकीला बना देती है।

जिस समाज के पुनर्निर्माण के लिए तुलसीदास ने रामचरितमानस का प्रारूप तैयार किया वह कलिकाल का कुछ भी नहीं बिगाड़ सका। इस जटिल जगत में वह स्वयं असहाय और अकेला हो गया है।

अकेलेपन की अनुभूति तब और गहरा जाती है जब जाति-पाँति के विरुद्ध उँगली उठने लगती है—

धूत कहो अवधूत कहो, राजपूत कहो, जोलाहा कहो कोऊ।
काहू की बेटी सों बेटा न व्याहब, काहू की जाति बिगारन सोऊ॥
तुलसी सरनाम गुलाम है राम को, जाको रचै सो कहै कछु ओऊ।
मांगि के खैबो मसीत को सोइबो, लैबो को एक न दैबे को दोऊ॥

× × ×

मेरी जाति-पाँति, न चहौं काहू की जाति-पाँति।
मेरे कोऊ काम को, न हौं काहू के काम को॥

इन पदों में तुलसी की अपनी स्थिति है। वर्णाश्रमधर्मी स्थिति से निकलकर वह इस नई स्थिति में आ गया है। वह जाति-पाँति से परे, किसी की बेटी से बेटा ब्याह कर उसकी जाति नहीं बिगाड़नी है। **'काहू की जाति बिगार न सोउ'** में उसकी झल्लाहट का चरमोत्कर्ष है। 'मसीत की सोइबो' तो वर्णाश्रमधर्मी संस्कृति को पूर्णतः क्षत-विक्षत कर देता है। न तो उसकी कोई जाति-पाँति है और न किसी की जाति-पाँति से उसे कुछ लेना-देना है। उस समय के सारे रिश्ते जाति पर आधारित थे। इस समय भी वे टूट नहीं पाए हैं। इस रिश्ते के अभाव में कोई किसी के काम का नहीं रह जाता है। इससे ज्यादा मोह-भंग (डिसइल्युजनमेंट) और क्या हो सकता है? यह सामाजिक समस्या के साथ-साथ वैयक्तिक समस्या है। तुलसी अपनी रचनात्मकता से अलग होकर आत्मनिर्वासन की अनुभूति करते हैं।

'हनुमान बाहुक' उनकी अंतिम रचना है। आधुनिक शब्दावली में इसे मृत्युपीड़ा की चीख कहा जा सकता है। गोस्वामी जी की मृत्यु बाहुपीड़ा में ही हुई। यह अधिकांश विद्वानों का मत है। कलिकाल का जो डर उन्हें लग रहा था वह उन्हें भोगना पड़ा। इस पीड़ा ने उनकी जान ले ली। उनका प्राणांत उतना महत्त्वपूर्ण नहीं है जितना उनके आदर्शों की मौत।

हनुमान उनके इष्टदेव थे, अत्यंत शक्तिशाली थे। अतः बाहुपीड़ा के निवारणार्थ उनकी प्रार्थना प्रारंभ की। राम की प्रार्थना भी की गई है—

औषध अनक जंत्र, टौटकादि किए,
बादि भये देवता, मनाए अधिकाति है।

करतार, भरतार, हरतार, कर्म, काल,
को हे जगजाल जी न मानत इताति है॥
चेरो तेरो तुलसी 'तू मेरो' कह्यो रामदूत,
ढील तेरी, बीर मोहि पीर तें पिराति है॥

क्या यह राम की ढील स्वयं तुलसी की भक्तिपरक आस्था पर प्रहार नहीं है? सारा 'बाहुक' आर्तनाद से भरा पड़ा है, करुणा से ओत-प्रोत है। दो-चार सवैयों को छोड़ कर सारा बाहुक कवित्त में लिखा गया है। कवित्त पुकार का छंद है। किंतु इस चीख-पुकार को कोई नहीं सुनता, कोई नहीं सुनता। अंत में कवि कहता है–

कहों हनुमान सों सुजान राम राम सों
कृपानिधान संकर सों, सावधान सुनिये।
हरष विषद-राग रोष-गुन दोष मई
विरची विरंचि सब देखियतु दुनिये॥
माया जीव काल के, करम के, सुभाय के
करैया राम वेद कहें साँची मन गुनिये।
तुमतें कहा न होय, हा हा। सो बुझेये मोहि
हौं ही रहौ मौन हो, बयो सो जानि लुनिये॥

इस 'मौन' में आकर सारी कृपा-याचनाएँ अपनी निरर्थकता में चुक जाती हैं। तुलसी इस यातना की अपनी नियति मानकर चुप हो जाते हैं। इतने बड़े भक्त का ऐसा मोह-भंग शायद ही कभी हुआ हो। मोह-भंग के साथ ही तुलसी आधुनिक जीवन-बोध के समीप आ जाते हैं। उनकी इतनी लंबी जीवनयात्रा मोह-भंग की यात्रा है, जो स्वयं उनके विश्वासों और जीवन दोनों की अत्यंत करुण ट्रेजिडी है।

कलम का सिपाही : एक युग का संदर्भ

प्रेमचंद एक व्यक्ति का नाम नहीं है—नवाबराय एक व्यक्ति का नाम है। प्रेमचंद एक युग का नाम है, उसके संपूर्ण संदर्भों का नाम है। गरीब घराने में पैदा होने वाले, जिंदगी भर गरीबी से जूझने वाले हजारों व्यक्तियों का एक नाम है—प्रेमचंद। उसकी जिंदगी करोड़ों किसानों और मजदूरों की जिंदगी थी। वह किसानों का किसान था, मजदूरों का मजदूर। वह मुदर्रिस था, स्कूलों का सब-डिप्टी-इंस्पेक्टर था, संपादक था, कलम का सिपाही था। चाल-ढाल, रहन-सहन, आचार-विचार, वेशभूषा में यह टिपिकल भारतीय था। गो कि गालिब ने लिखा है कि **'आदमी को भी मुयस्सर नहीं इन्साँ होना'**; लेकिन प्रेमचंद सबसे पहले इंसान थे।

इन सब जिम्मेवारियों का निर्वाह करने वाला प्रेमचंद एक सरल-सीधी रेखा की तरह था। उसमें न कोई वक्रता है और न उतार-चढ़ाव, जैसा बहुत-से पश्चिमी लेखकों के जीवन में देखा जाता है। प्रेमचंद ने स्वयं अपने संबंध में लिखा है—''मेरा जीवन सपाट, समतल मैदान है, जिसमें कहीं-कहीं गढ़े तो हैं पर टीलों, पर्वतों, घने जंगलों, गहरी घाटियों और खंडहरों का स्थान नहीं है। जो सज्जन पहाड़ों की सैर के शौकीन हैं उन्हें तो यहाँ निराशा ही होगी।'' इस पर जीवनी-लेखक ने टिप्पणी की है—'यानी कि जिसे आना हो समझ-बूझकर आए!'

उसने आगे लिखा है—''और सच तो यह है कि अगर ऐसी कुछ बात ही न आ पड़ती तो शायद उस व्यक्ति ने अपने बारे में इतना भी न लिखा होता। कोई पूछता तो शायद वह कह देता : मेरी जिंदगी में ऐसा है ही क्या जो मैं किसी को सुनाऊँ। बिल्कुल सपाट, समतल जिंदगी, वैसी ही जैसी देश के और करोड़ों लोग जीते हैं। एक सीधा-सादा गृहस्थी के पचड़े में फंसा हुआ, तंग-दस्त मुदर्रिस, जो सारी जिंदगी कलम घिसता रहा, इस उम्मीद में कि कुछ आसूदा हो सकेगा, मगर न हो सका। उसमें क्या है जो मैं किसी को सुनाऊँ? मैं तो नदी के किनारे

खड़ा हुआ नरकुल हूँ, हवा के थपेड़ों से मेरे अंदर की आवाज पैदा हो जाती है। मेरे पास अपना कुछ नहीं है, जो कुछ है उन हवाओं का है जो मेरे भीतर बजीं। मेरी कहानी तो बस उन हवाओं की कहानी है, उन्हें जाकर पकड़ो, मुझे क्यों तंग करते हो।'

कहना न होगा कि अमृतराय ने प्रेमचंद की चुनौती को स्वीकार किया और उनके भीतर बजने वाली हवाओं को पकड़ने तथा उन्हें अर्थ देने की कोशिश की। सपाट जिंदगी को ऊपर से नहीं बल्कि भीतर से पकड़ना होता है। कॉलरिज के विचार से यदि साधारण से साधारण मनुष्य की जिंदगी को ईमानदारी और सच्चाई से पेश किया जाए तो वह रुचिकर और गंभीर हो सकती है। किंतु किसी साधारण व्यक्ति की जीवनी से कलाकार की जीवनी भिन्न होगी, क्योंकि वह साधारण होने के साथ-साथ असाधारण होती है। किसी लोकनायक सेनापति या धर्मगुरु की जीवनी से लेखक-कलाकार की जीवनी अलग होगी। इसका कारण यह कि लेखक और कलाकार जीवन को समग्रता में ग्रहण करता है। इसलिए लेखक की जीवनी के संबंध में मुख्यतः तीन प्रश्न उठाए जाते हैं–

1. क्या यह जीवनी उसके लेखन के मूल्यांकन में सहायक सिद्ध होती है?

2. क्या इससे लेखक-नामधारी मनुष्य के नैतिक, बौद्धिक तथा भावात्मक विकास का अध्ययन किया जा सकता है?

3. क्या लेखक की रचना-प्रक्रिया के समझने में यह मूल्यवान सिद्ध होती है?

यों तो इन तीनों प्रकार के दृष्टिकोणों से तीन प्रकार की जीवनियाँ लिखी जा सकती हैं और लिखी भी गई हैं। किंतु सूक्ष्म विचार करने पर ये एक ही प्रश्न के तीन आयाम हैं। इसे 'क़लम का सिपाही' के संबंध में भी उठाया जा सकता है।

जहाँ तक पहले प्रश्न का संबंध है, यह निश्चित है कि साहित्यिक रचना का जीवनीपरक अर्थापन खतरे से खाली नहीं है। रचना और जीवन का संबंध-स्थापन सूझ-बूझ और समझदारी पर निर्भर है। रचना जीवनी की अनुकृति नहीं है। इसे अनुकृति मान लेने पर ईमिली ब्राँटे के संबंध में कहा गया कि उसने हीथक्लिफ़ (Heathcliff) की अंधवासना का स्वयं अनुभव किया था। कुछ लोगों का यहाँ तक कहना है कि 'वुदरिंग हाइट्स' स्त्री द्वारा लिखा ही नहीं जा सकता। इस प्रकार के ऊल-जलूल तर्कों का उत्तर देते हुए एक लेखक ने कहा कि इन सिद्धांतों के आधार पर कहा जा सकता है कि शेक्सपियर पुरुष नहीं, स्त्री था। ब्राँटे की जीवनी लिखते समय उसकी रचनाओं के लंबे उद्धरण दिए गए हैं। अमृतराय ने भी 'कलम

का सिपाही' में इस पद्धति को अपनाया है।

जीवनी-साहित्य दूसरे प्रश्न को ज्यादा सही रूप में उपस्थित कर सकता है। रचना-प्रक्रिया को समझने में उसका किंचित् योग होता है क्योंकि रचना-प्रक्रिया को रचना के भीतर से समझना अधिक प्रामाणिक होता है। मेरा ख्याल है कि लेखक की जीवनी का सर्वाधिक महत्त्वपूर्ण प्रयोजन उसे युगीन संदर्भ में प्रस्तुत करना है। उससे उसकी रचना, वैचारिकता, भावनात्मक विकास, रचना-प्रक्रिया आदि पर प्रकाश पड़ता है, इसमें संदेह नहीं। किंतु जहाँ तक इन बातों का संबंध है, जीवनी-लेखक और जीवनी के पाठक दोनों को पर्याप्त सतर्क रहना चाहिए।

जीवनी का संबंध हिस्ट्रियोग्राफ़ी से है। अतः जीवनी-लेखक के लिए आवश्यक है कि उसे तत्कालीन ऐतिहासिक परिप्रेक्ष्य का पूरा-पूरा बोध हो। इतिहासकार जिस प्रकार तथ्यों का अनुसंधान तथा उसकी प्रामाणिकता की जाँच करता है, उसी प्रकार जीवनी-लेखक भी कलाकार की डायरी, जर्नल-पत्र, संस्मरण, लेखन आदि की वास्तविकता को परखता है। उन्हें उचित संदर्भ में रखकर जीवनी को प्रामाणिक और रोचक बनाता है।

किंतु जीवनी-लेखक का सबसे महत्त्वपूर्ण कार्य होता है जीवनी की पुनर्रचना करना। डायरी, पत्र आदि को अपेक्षित संदर्भों में रख देना एक बात है और उनकी सहायता से पुनर्रचना दूसरी बात। यह पुनर्रचना जीवनी को साहित्य की कोटि देती है। समग्रतः विचार करने पर 'कलम का सिपाही' में प्रेमचंद की जीवनी का पुनर्निर्माण हुआ है, यद्यपि कुछ चीजों को औचित्यपूर्ण संदर्भ नहीं मिल सका है।

पर, प्रेमचंद न डायरी लिखते थे, न जर्नल। इसलिए लेखक ने पत्रों, संस्मरणों और उनके लेखन का उपयोग जीवनी के लिए किया है। प्रेमचंद के व्यक्तित्व-निर्माण में उनके गाँव और गांधीवादी आंदोलन का विशेष योग है। इसलिए जीवनी की पृष्ठभूमि में तत्कालीन गांधीवादी आंदोलन (क्रांतिकारी आंदोलन आदि भी) का इतिहास भी चलता रहता है। इस पृष्ठभूमि में जीवन-चित्र की पूर्णता और प्रभावमयता बढ़ जाती है। पत्र में मनुष्य का नितांत निजी जीवन अभिव्यक्त होता है। इसके आधार पर साहित्यकार के सुख-दुःख के क्षणों को पकड़ा जा सकता है, उन स्थितियों को देखा जा सकता है जिनकी प्रतिक्रिया के रूप में वे क्षण पत्रबद्ध हुए हैं। इससे प्रेमचंद के जीवन के कई पहलू उजागर होते हैं। संस्मरणों को बहुत विश्वसनीय नहीं माना जाना चाहिए क्योंकि उनमें संस्मरण-लेखक संस्मरणों की अपेक्षा अपनी विशेषताओं और गौरव को प्रतिष्ठित करने लगता है। फिर भी, संस्मरणों में प्रेमचंद की निश्छल सादगी और आदमियत का इज़हार होता है। कुछ ऐसे भी हैं जो

प्रशस्तिमूलक होकर रह गए हैं। इन समस्त बातों को अमृतराय ने प्रेमचंद के संपादकीय, कहानियों, उपन्यासों आदि से संपुष्ट करने की कोशिश की है।

पृष्ठभूमि के रूप में जिस राजनीतिक उथल-पुथल का इतिहास लिखा गया है उसका समारंभ सन् 1857 से होता है। कांग्रेस का 1910 का इतिहास लगभग चौदह पृष्ठों में प्रस्तुत किया गया है। आठवें अध्याय में अमृतराय ने लिखा है—"यों तो तिलक को अपना राजनीतिक गुरु मान लेने के बाद मन की दूसरी वृत्ति के रूप में गोखले का असर बहुत बाद तक, शायद ताजिंदगी, बना रहा। गांधी में तिलक और गोखले का अद्‌भुत समन्वय मिलता ही था। पर इसमें कोई संदेह नहीं कि मुंशी जी ने देश-प्रेम का पहला सबक गोखले से लिया।" निगम का एक उद्धरण प्रस्तुत करते हुए अमृतराय ने प्रेमचंद का एक और रूप पेश किया है—"प्रेमचंद का राज़नीतिक झुकाव गरम दल की तरफ था—वह मिस्टर तिलक के तरफदार थे और मैं मिस्टर गोखले और सर फीरोजशाह मेहता का हामी था। हर वक्त बहस चलती थी, मगर दोनों अपनी जगह कायम रहे। छोटे-मोटे सुधारों को वह काफी न समझते थे और मिंटो मार्ल और मांटेग्यू चेम्सफोर्ड स्कीम से आश्वस्त न थे।" आगे चलकर अमृतराय ने उन्हें स्पष्टतः गांधीवादी कहा है। एक ओर तिलक को राजनीतिक गुरु मानना, दूसरी और ताजिंदगी गोखले से प्रभावित बने रहना, स्पष्टतः विरोधात्मक स्थिति है। इस अंतर्विरोध को प्रेमचंद के संदर्भ में नहीं देखा गया है। बहसें करना और खुदीराम बोस की तस्वीर टाँग लेना किसी स्थिर वृत्ति के सूचक नहीं हो सकते हैं। इन्हें जीवन के आविष्ट क्षणों से संबद्ध किया जाना चाहिए। अमृतराय ने राजनीतिक आंदोलन के अंतर्विरोध को गांधीजी के व्यक्तित्व में समंजित कर दिया, क्योंकि उनकी दृष्टि में गांधीजी के व्यक्तित्व में तिलक और गोखले के व्यक्तित्व का समन्वय था। किसी के व्यक्तित्व को दो-चार आदमियों के व्यक्तित्वों का समन्वय बतला देना ऊपर-ऊपर से जितना सही लगता है, भीतर-भीतर से उतना ही गलत है। किसी का व्यक्तित्व दूसरों से प्रभावित भले ही हो, किंतु होता है उसका अपना। यदि प्रेमचंद के वैचारिक अंतर्विरोधों को तत्कालीन परिवेश के परिप्रेक्ष्य में समझने की चेष्टा की गई होती तो उनका व्यक्तित्व अधिक सही मायने में प्रस्तुत हो पाता।

किसी भी लेखक की जीवनी और उसके लेखन का संबंध जटिल होता हैं जीवनगत अनुभूतियाँ रचना-प्रक्रिया में परिवर्तित हो जाती हैं। इसलिए रचना के मूल्यांकन के लिए जीवनगत तथ्य प्रायः उपयोगी नहीं होते, और यदि होते हैं तो आंशिक रूप से। रचना के आधार पर रचयिता को सब समय समझ लेने का दावा

निरर्थक है। किंतु कुछ ऐसे सरल व्यक्तित्व होते हैं जो भीतर-बाहर से एक होते हैं। उन्हें समझने के लिए एक सीमा तक रचनाओं का उपयोग किया जा सकता है। ऐसा करने में भी पर्याप्त अवधानता की आवश्यकता होती है। रचनाओं द्वारा लेखक की विचारणा और चिंतन पर प्रकाश पड़ना स्वाभाविक है। परंतु लेखक के जीवन में घटी घटनाओं तथा रचनाओं से तालमेल बैठाना खतरे से खाली नहीं है।

अमृतराय ने कभी रचनाओं में जीवन की घटनाओं को देखा है और कभी जीवन की घटनाओं में रचनाओं को ढूँढ़ा है। प्रेमचंद की प्रारंभिक रचनाओं में उनकी जिंदगी की तलाश की गई है, वह सर्वथा औचित्यपूर्ण है। 'चोरी' नामक कहानी उनके बचपन के नटखट पक्ष को उद्घाटित करती है। किंतु 'प्रेमाश्रम' के मनोहर की कथा को प्रेमचंद के गोरों की खिलाड़ी टीम पर हल्ला बोलने से जोड़ देना जबरदस्ती है। मनोहर किसान के मरजाद की रक्षा का संकल्प लेता है। प्रेमचन्द ने उस खेल में हिन्दुस्तानी के मरजाद की रक्षा का संकल्प लिया था। देश की अहिंसक समर-यात्रा से 'मनुष्य का परम धर्म' को जोड़ना निहायत बेतुका है। इस कहानी का हवाला देने के पूर्व लेखक ने लिखा है—देश अहिंसक समर-यात्रा के लिए निकल रहा था। लेकिन इस समय भी कुछ लोग ऐसे हैं, या हम सबके भीतर कोई एक जीव ऐसा है जिसे केवल पेट की चिंता है। उसकी मरम्मत करने की जरूरत है, और मुंशी जी ने पेटू-शिरोमणि पंडित मोटेराम शास्त्री को अपने तीर का निशाना बनाते हुए एक मजे का चुटकुला लिखा—'मनुष्य का परम धर्म'। कहना न होगा कि अहिंसा-संग्राम और इस चुटकुले में कोई साम्य नहीं है।

हर रचना को किसी आंदोलन का पूर्व या पश्चात् रूप मान लेना न तो रचना के साथ न्याय कर पाता है, न रचनाकार के साथ और आंदोलन के साथ। 'पंच परमेश्वर' की चर्चा करते हुए लेखक उसे कचहरियों का बहिष्कार करने वाले गांधीवादी आंदोलन का पूर्व रूप मानता है—'उसी पंचायत का अभिषेक मुंशी जी की इस सुंदर कहानी में है।' 'उसी' शब्द को मैं रेखांकित करना चाहूँगा। 'उसी' शब्द पर जो बल दिया गया है वह कितना गैर मौजूँ है, इसे 'पंच परमेश्वर' का प्रत्येक प्रबुद्ध पाठक समझ सकता है। कचहरियों से इसका कोई संबंध नहीं है। इसमें इस देश की पंचायत-परंपरा से प्रेरणा ली गई है और पंच को परमेश्वर की तरह न्याय करने वाला सिद्ध किया गया है। वस्तुतः यह कहानी इसी आदर्श की प्रतिष्ठा के लिए लिखी गई थी। अपनी सांस्कृति विरासत को नजरअंदाज कर हर बात को किसी राजनीतिक आंदोलन से जोड़ने का फल यही होता है।

किंतु 'शतरंज के खिलाड़ी' का नया अर्थापन इस कहानी को प्रेमचंद के

समसामयिक परिवेश से प्रभावपूर्ण ढंग से जोड़ देता है। लेखक की टिप्पणी है—"नवाबी जमाने की पस्ती के दौर की यह कहानी जो लिखी जा रही है सितंबर-अक्टूबर 1924 में, जबकि भारतीय राजनीति भी ऐसी पस्ती के एक लंबे दौर से गुजर रही है, जबकि लोगों में उसी तरह राजनीतिक भावों का अधःपतन हो गया है, सब अपने-अपने खेल-तमाशे में, राग-रंग में लिप्त हैं, देश की चिंता किसी को नहीं है, राजनीति शतरंज की बिसात होकर रह गई है जिस पर सब लोग, सारे दल और गिरोह अपनी-अपनी चालें चलने में लगे हुए हैं, हिंदू मुसलमान को नीचा दिखाना चाहता है, मुसलमान हिंदू को जक देना चाहता है। असेंबली में, म्युनिसिपैलिटी में, यहाँ-वहाँ, सब जगह, सीटों के लिए गोटियाँ बैठायी जा रही हैं, नौकरियों के लिए छीना-झपटी हो रही है—और कंपनी बहादुर का, गोरी सल्तनत का, शिकंजा किस तरह कसता चला जा रहा है, इसकी किसी को फिक्र ही नहीं।" जहाँ पर उनकी किसी पुस्तक के आधार पर निष्कर्ष निकालने की कोशिश की गई है वहाँ उनके व्यक्तित्व की विशेषताओं को बहुत खूबी के साथ उभारा गया है—"रंगभूमि प्रेमचंद की आज तक की जीवन उपलब्धि का महाकाव्य है और उसमें सूरदास ही प्रेमचंद है। वह एक आदर्श सत्याग्रही है लेकिन राजनीतिक आंदोलन के सीमित अर्थ में नहीं, जीवन की एक समग्र दृष्टि के व्यापक अभिप्राय में; और किसी के लिए न हो, प्रेमचंद के लिए सत्याग्रह का अभिप्राय यही है : जीवन के कुछ सनातन मूल्य—दया, क्षमा, परोपकार, प्रेम, विनय..."

पत्रों के माध्यम से प्रेमचंद के निजी जीवन के साथ-साथ बहुत-सी अन्य समस्याओं के संबंध में जानकारी मिलती है। पढ़ने का उन्हें कितना शौक था इसे एक खत में देखिए—"मैंने मखजन माँगा था, वह आपने न भेजा। कोई नावेल गुदड़ी बाजार से लिया हो तो वह भी बैरन भेजिए।" एक दूसरे खत में कितनी उदासी भरी है—"जिंदगी की उम्मीद यहाँ भी कम है। मगर यह चाहता हूँ कि या तो साथ चलें या ख़फ़ीफ़-सी तक़दीम-ओ-ताख़ीर हो...। मौत की फिक्र मारे डालती है। कितना चाहता हूँ कि परमात्मा पर भरोसा रखूँ, मगर दिल मूजी है, समझता नहीं। किसी महात्मा की सोहबत मिले तो रास्ते पर आए। यही फिक्र है कि मैं आज मर जाऊँ तो इन बच्चों का पुरसाँ हाल कौन होगा..." यह तो हुई घरेलू जिंदगी के बारे में उनकी चिंता। एक नवयुवक साहित्यकार को जो पत्र उन्होंने लिखा है वह यों हैं—"भाई, यह संसार चुपके से राम-भरोसे बैठने के लिए नहीं है...यहाँ झेंपू और मेरे जैसे शर्मीले आदमियों का गुज़ारा नहीं है। तुम अपने में यह ऐब न आने दो। है भी नहीं। मैं तो कौड़ी दाम का नहीं हूँ।..." इसमें उनका सहज

स्वभाव अभिव्यक्त हो उठा है।

जीवनी-लेखक ने स्थान-स्थान पर प्रेमचंद के संबंध में लिखे गए संस्मरणों का उपयोग किया है। संस्मरणों का चुनाव करने में सावधानी बरती गई है। फिर भी कुछ ऐसे संस्मरण सन्निविष्ट हो गए हैं जो प्रशस्तिमूलक लगते हैं। मौलवी अब्दुस्सतार तो अपने संस्मरण में गोया प्रेमचंद को अच्छाई का प्रमाण-पत्र दे रहे हों। मृत्यु शैया पर पड़े प्रेमचंद के संबंध में जो संस्मरण इस पुस्तक में संगृहीत किए गए हैं वे अत्यंत मार्मिक हैं। इनमें भी निराला द्वारा लिखे गए संस्मरणों का विशेष महत्त्व है। 'भारत' में उन्होंने लिखा था—''हिंदी के युगांतर-साहित्य के सर्वश्रेष्ठ रत्न, अंतर्प्रांतीय ख्याति के हिंदी के प्रथम साहित्यिक, प्रतिकूल परिस्थितियों में निर्भीक वीर की तरह लड़ने वाले, उपन्यास-संसार के एकछत्र-सम्राट, रचना-प्रतियोगिता में विश्व के अधिक से अधिक लिखने वाले मनीषियों के समकक्ष, आदरणीय श्रीमान् प्रेमचंद जी आज महाव्याधि से ग्रस्त होकर शैयाशायी हो रहे हैं। कितने दुःख की बात है, हिंदी के जिन पत्रों में हम राजनीतिक नेताओं के मामूली बुखार का तापमान प्रतिदिन पढ़ते रहते हैं उनमें श्री प्रेमचंद जी की, हिंदी का महान् उपकार करने वाले प्रेमचंद जी की अवस्था की साप्ताहिक खबर भी हमें पढ़ने को नहीं मिलती। दुःख नहीं, यह लज्जा की बात है, हिंदी-भाषियों के लिए मर जाने की बात है। उन्होंने अपने साहित्यिकों की ऐसी दशा नहीं होने दी कि वे हँसते हुए जीते और आशीर्वाद देते हुए मरते...।'' यह क्या आज भी सच नहीं है? निराला के दिवंगत हो जाने पर वजीरे आजम का मौन रह जाना स्वयं में कितना बड़ा व्यंग्य है। निराला को इस स्थिति का पहले ही से एहसास था—''प्रेमचंद को न तो मंगलाप्रसाद पारितोषिक मिला, न कोई अभिनंदन। वे हिंदी साहित्य सम्मेलन के सभापति भी नहीं चुने गए। मन ने कहा—तुम्हारे लिए भी यही फैसला है, जिसने जैसा किया वैसा पाया... अगर कुछ काम कर सका तो नाम-यश मुझे नहीं चाहिए...।''

किसी भी विषय पर प्रेमचंद की राय स्पष्ट, दो टूक और अनेक मायने में सही होती थी। हिंदी-उर्दू के संबंध में जहाँ कहीं उन्होंने अपनी राय जाहिर की है वह अब भी सही है। अपनी जातीय जबान की सबसे बड़ी रुकावट का उल्लेख करते हुए उन्होंने बताया है—''इस कौमी जबान के रास्ते में सबसे बड़ी रुकावट अंग्रेजी है, उसका बढ़ता हुआ प्रचार और हममें आत्म-सम्मान की वह कमी जो गुलामी की शर्म को नहीं महसूस करती।'' आज भी शिक्षा-आयोग के प्रतिवेदनों में वह बेशर्मी बार-बार दिखाई दे रही है। बंबइया फिल्मों पर की गईं उनकी टिप्पणियाँ

इस जमाने में भी ताजा लगती हैं।

साहित्यकारों के लिए एक जरूरी बात यह भी है कि वे नई प्रतिभा को पहचानें और उनके विकास में अपेक्षित योग दें। बनारसीदास चतुर्वेदी के एक प्रश्न 'भविष्य किनका है?' का उत्तर देते हुए उन्होंने लिखा है–

"...वह कभी-कभी सुंदर गल्प लिख जाते हैं जो हम लोगों से नहीं बन पड़ती। हमारी जीत अभ्यास में है। नवीनता और विचित्रता उनके साथ है।" इस संदर्भ में जैनेंद्र के निर्माण में प्रेमचंद का योग स्मरणीय रहेगा। वीरेश्वर सिंह की नई कहानी पढ़कर मुंशी जी ने लिखा था–" 'चाँद में आपकी कहानी पढ़कर बड़ा आनंद आया।... मैं आपकी पढ़ाई में विघ्न तो नहीं डालना चाहता लेकिन कभी-कभी कुछ लिखा करें तो एहसान समझूँगा।" यह पत्र बी.ए. के छात्र को लिखा गया था। इससे जाहिर है कि नई पौध को सींचने व उसे विकसित करने में प्रेमचंद को कितनी खुशी होती थी।

प्रेमचंद की आलोचनात्मक पकड़ के दो नमूने देखिए–"हिंदी में गल्प-साहित्य अभी अत्यंत प्रारंभिक दशा में है। कहानी लिखने वालों में सुदर्शन, कौशिक, जैनेंद्र, कुमार, उग्र, प्रसाद, राजेश्वरी यही नजर आते हैं। मुझे जैनेंद्र और उग्र में मौलिकता और बाहुल्य के चिह्न मिलते हैं। प्रसाद जी की कहानियाँ भावात्मक होती हैं, रियलिस्टिक नहीं। राजेश्वरी अच्छा लिखते हैं, मगर बहुत कम। सुदर्शन जी की रचनाएँ सुंदर होती हैं पर गहराई नहीं होती और कौशिक जी बात को बेजरूरत बढ़ा देते हैं...।" नाटकों के संबंध में उनके विचार हैं–"नाटककार हमारे पास बहुत ही कम हैं। रोमांटिक स्कूल के प्रसाद हैं, बुद्धिवादी स्कूल के पं. लक्ष्मीनारायण मिश्र, हास्यरस के श्री जी.पी. श्रीवास्तव हैं। इस क्षेत्र में सबसे नए भुवनेश्वर हैं जिनके एकांकी नाटकों का संग्रह 'कारवाँ' अभी हाल में ही प्रकाशित हुआ है। मेरी समझ में भुवनेश्वर सबसे अधिक प्रतिभा-संपन्न है, शर्त एक ही है कि वह अपनी प्रतिभा को आलस्य, ख़याली पुलाव पकाने, सिगरेट फूँकने, इश्कबाज़ी के चक्कर में बरबाद न कर दें। उनके पास अभिव्यक्ति की असाधारण शक्ति है।. .." छोटे-छोटे वाक्यों में कहानीकारों की शक्ति और सीमा के बारे में प्रेमचंद ने जो कुछ कहा है वह उनकी पैनी दृष्टि और अचूक पकड़ का द्योतक है। भुवनेश्वर के संबंध में उनके विचार कितने संगत और तलस्पर्शी है। 'कारवाँ' की तीखी अभिव्यक्ति के संबंध में दो मत नहीं है। इसे प्रेमचंद ने बहुत पहले समझा था। यह उनकी साहित्यिक समझदारी का ठोस प्रमाण है।

वे साहित्य में साँस लेते थे, उसी में जीते थे। साहित्य उनकी जिंदगी थी

और उनकी जिंदगी साहित्य। दोनों में कोई भेद नहीं था। निरंतर लिखते रहना, साहित्यिक समस्याओं से जूझते रहना उनका दैनंदिन व्यापार था। उनकी दृष्टि में शुद्ध साहित्य का महत्त्व नहीं था। वह जीवन से अपृथक् है। उन्होंने समय-समय पर राजनीतिक समस्याओं के बारे में भी अपने गंभीर विचार व्यक्त किए हैं जिन्हें 'जागरण' और 'हंस' की टिप्पणियों में देखा जा सकता है। 'हंस' और 'जागरण' का प्रकाशन उनकी अटूट साहित्यिक निष्ठा का द्योतक है। 'हंस' घाटे पर चल रहा था। उस पर जमानत पर जमानत लग रही थी। कट-सिल कर तैयार होने पर भी उसकी वी.पी. नहीं भेजी जा सकी थी। सरकारी आज्ञा की प्रतीक्षा थी। फिर भी 'जागरण' के निकालने का लोभ वे संवरण नहीं कर सके—''इस बीच मैंने 'जागरण' को ले लिया है। 'जागरण' के बारह अंक निकले लेकिन ग्राहक संख्या दो सौ से आगे नहीं बढ़ी। विज्ञापन को व्यासजी ने बहुत किया, लेकिन किसी वजह से पत्र न चला। अब वह बंद करने जा रहे थे। मुझसे बोले, यदि आप इसे निकालना चाहें तो निकालें। मैंने उसे ले लिया।...'हंस' में कई हजार का घाटा उठा चुका हूँ। लेकिन साप्ताहिक के प्रलोभन को न रोक सका। कोशिश कर रहा हूँ कि सर्व-साधारण के अनुकूल पत्र हो। इसमें हजारों का घाटा ही होगा, पर करूँ क्या, यहाँ तो जीवन ही एक लंबा घाटा है।''

'जागरण' के उद्देश्य के संबंध में प्रेमचंद ने जो कुछ लिखा है वह कोरा आदर्श नहीं है, बल्कि वह मुंशी जी खुद हैं। दूसरे शब्दों में कहें तो कह सकते हैं कि वह मुंशी जी की आंतरिक विवशता थी, ठीक वैसी ही जैसी लेखक के संबंध में थी—

''... वह निर्भीक होगा पर दुस्साहसी नहीं। वह सत्यवादी होगा, सत्य से जौं भर न टलेगा, पर पक्षपात से अपना दामन बचाएगा। वह बूढ़ों में बूढ़ा, जवानों में जवान और बालकों में बालक होगा। वह जिस दृढ़ता से न्याय का पक्ष लेगा, उतनी ही दृढ़ता से अन्याय का विरोध करेगा, चाहे वह राजा की ओर से हो, समाज की ओर से हो अथवा धर्म की ओर से।...समाज का दुःखी और दुर्बल अंश उसे सदा अपनी वकालत करते हुए पाएगा। वह कोरा न्यायवादी, गंभीर और शुष्क न रहेगा। वह मनुष्य केवल आधा ही जिंदा है जो कभी दिल खोलकर नहीं हँसता. ..वह हँसने की बातें कहेगा, खुद हँसेगा, दूसरों को हँसाएगा...।''

इस उद्घोष में तीन बातें द्रष्टव्य हैं। अन्याय के स्रोत क्या है?—राज समाज और धर्म। उस समय का राजा कितना न्यायी था, किसी से छिपा नहीं है। राजा से प्रेमचंद का अभिप्राय बिलकुल साफ है। समाज भी कम अन्याय नहीं कर रहा

था। स्त्रियों के साथ, विधवाओं के साथ समाज के अन्याय की बात सर्वविदित थी। महाजनी समाज और जमींदारों का जत्था जनता का खून चूस रहा था। धर्म के नाम पर अत्याचारों की सीमा नहीं थी। प्रेमचंद ने जीवन भर इन अन्यायों का विरोध किया। उनका संपूर्ण लेखन इनके विरुद्ध लड़ाई नहीं तो और क्या है? उक्त घोषणा में स्पष्ट कहा गया है कि 'समाज का दुःखी और दुर्बल अंश उसे सदा अपनी वकालत करता हुआ पाएगा।' वस्तुतः इसी उद्देश्य को लेकर 'जागरण' का प्रकाशन हुआ था। वे जनता के आदमी थे, दुःखी जनता के। यही उनका धर्म था यही उनका साहित्य था, यही उनका विचार था। जन-जीवन से अलग करके उन्हें नहीं देखा जा सकता।

अमृतराय ने इस जीवनी में प्रेमचंद को उनके पूरे परिवेश में देखने की कोशिश की है। जहाँ तक हो सका है लेखक ने पूर्ण तटस्थता बरती है। इस तटस्थता को जगह-जगह उसकी टिप्पणियों में देखा जा सकता है। जब पुत्र पिता की जीवनी लिख रहा हो तो यह काम और भी जोखिम का हो जाता है। लेकिन कुल मिलाकर लेखक ने जिस तटस्थता का परिचय दिया है वह श्लाघ्य है। 'हार की जीत' कहानी पर उसकी टिप्पणी द्रष्टव्य है—"...कहानी कमजोर है, आदर्शवादी ढंग से उसका समापन होता है।... मुंशी जी के कोष में त्याग और सेवा प्रेम के ही पर्यायवाची शब्द हैं। इससे ज्यादा वह कुछ नहीं जानते, न उन्होंने जानने की कोशिश की। वह गली उनके लिए अनजानी है।..."

यों प्रेमचंद को सही अर्थ में चित्रित करने के लिए जिस राजनीतिक परिवेश को लिया गया है वह जरूरत से ज्यादा विस्तृत हो गया है। उसके स्थान पर साहित्य से संबद्ध जीवन-विस्तार अधिक संगत प्रतीत होता। फिर भी हिंदी में इतने श्रम से लिखी गई प्रामाणिक जीवनी यह अकेली है।

भाषा और शैली तो लेखक को प्रेमचंद से विरासत में मिली है। सारी जीवनी अद्भुत प्रवाहमयता से युक्त है। यह लेखक की महत्त्वपूर्ण उपलब्धि है। जीवनी-साहित्य के लिए उसने भाषा का नया आदर्श प्रस्तुत किया है।

अंतोनियो ग्राम्शी और साहित्य का समाजशास्त्र

(1)

जिस प्रकार कार्ल मार्क्स के साहित्य संबंधी विचार उसके विभिन्न ग्रंथों में बिखरे पड़े हैं उसी प्रकार अंतोनियो ग्राम्शी के विचार भी उसके 'प्रिजन नोटबुक्स' तथा कुछ निबंधों में बिखरे मिलेंगे। मार्क्स के साहित्यिक सिद्धांतों को अनेक लोगों ने अनेक संग्रहों में एकत्र करने का प्रयास किया है। उनके आधार पर मार्क्सवादी सौंदर्यशास्त्र के निर्माण का प्रयत्न हो रहा है। कट्टर मार्क्सवादियों की नियतिवादी दलीलों के बावजूद उस पर बहस जारी है और मार्क्सवादी सौंदर्यशास्त्र के विकास को देखते हुए इसे शुभ लक्षण समझना चाहिए।

ग्राम्शी के साथ कठिनाई यह है कि उसके समग्र लेखन का अनुवाद अंग्रेजी में भी नहीं हो पाया है। अतः उसके ऊटपटाँग अर्थापन भी कम नहीं हुए। सन् 1950 में इनौदी (Enaudi) ने 'लितरातूर-ए-विता-नैजिओले' (Litaraturae Vita Nazionale) नाम की एक पुस्तक संपादित की जिसमें ग्राम्शी के साहित्य संबंधी बिखरे विचारों को एकत्र कर दिया गया है। पर 'प्रिजन नोटबुक्स' से असंदर्भित होकर ये विचार यादृच्छिक हो गए हैं। 1975 में वालेतियो जेरातॉं (Valentino Gerratana) ने 'प्रिजन नोटबुक्स' का एक आलोचनात्मक संस्करण प्रकाशित किया। इसके पहले कोई प्रामाणिक संस्करण ऐसा नहीं था कि उसके आधार पर साहित्य संबंधी उसके विचारों का सही आकलन किया जा सके। वस्तुतः साहित्य-संबंधी विचार 'प्रिजन नोटबुक्स' में ही व्यक्त किए गए हैं। उन विचारों को नोटबुक्स से निचोड़कर एकदम अलग करना संभव नहीं है। साहित्य को देखने के लिए वह अंतर अनुशासनात्मक अभिगम का कायल है। 'प्रिजन नोटबुक्स' के आधार पर उसके 'साहित्य का समाजशास्त्र' पर कुछ लोगों ने विचार करना आरंभ कर

दिया है। एक तरह से अभी इसकी शुरुआत ही हो सकी है।

दरअसल ग्राम्शी पर लोगों की दृष्टि '60 के बाद ही गई। इसके पहले यूरोप के मार्क्सवादी शिविर पर अलथ्यूसर का प्रभाव था। ग्राम्शी की मृत्यु (1937) के बाद उसे नाना प्रकार के वादीय घेरे में डालने की कोशिश की गई, किसी ने उसे स्तालिनवादी कहा, किसी ने लेनिनवादी, किसी ने त्रात्स्कीवादी–यानी जितने मुँह उतनी बातें। यही नहीं, तोघाती (Toghatti) का कहना था कि ग्राम्शी सबके आदमी हैं। क्रोचे ने 1947 में लिखा कि वह ग्राम्शी के विचारों से सहमत है। इटली की कम्युनिस्ट पार्टी उसके सौंदर्यशास्त्र को समाजवादी यथार्थवादी के मेल में ले आने की कोशिश कर रही थी।

विगत दो दशकों में ग्राम्शी का जो अध्ययन हुआ है उससे सिद्ध होता है कि इतालवी परिवेश के संदर्भ में उसने मार्क्सवादी दर्शन को नए रूप में अर्थापित किया है। कहा जाता है कि 'यूरोकम्युनिज्म' पर ग्राम्शी का प्रभाव पड़ा है। लगता है कि भारतीय जीवन और परिवेश को देखते हुए साहित्य ही नहीं बल्कि मार्क्सवादी दलों के रवैए में भी परिवर्तन की जरूरत है। वह अधिरचनावादी (Superstructuralist) कहा जाता है। वह अधिरचना को आधार की अपेक्षा कहीं अधिक प्रमुखता देता है। अपने देश में विदेशी साम्राज्यवाद की खिलाफत के लिए महात्मा गाँधी ने भी इसी को प्रधानता दी थी।

उसकी असली दिलचस्पी एक ऐसे राज्य और समाज के निर्माण में थी जिसमें मजदूर वर्ग का सांस्कृतिक एकाधिपत्य (हेगमनी) हो। इसी तरह के समूह को वह ऐतिहासिक ब्लाक कहता है। उसने बुद्धिजीवी वर्ग की भूमिका को नए सिरे से परिभाषित किया, नागरिक समाज को राजनीतिक (सत्ताधारी) समाज के ऊपर वरीयता दी, विचारधारा पर अपने ढंग से स्वतंत्र विचार किया। इस तरह अपनी मान्यताओं को स्पष्ट करने के लिए उसने कई सुनिश्चित समानाधिकरणों (कैटगरी) की कल्पना की। ये समानाधिकरण ही उसके विचारों के सभी आयामों को नियंत्रित करते हैं। स्मरण रखना चाहिए कि सभी का संबंध प्रैक्सिस से है। प्रैक्सिस के परे उसके लिए हर चीज अविचार्य है। इन समानाधिकरणों की व्याख्या यहाँ अपेक्षित नहीं है। किंतु साहित्य संबंधी उसकी मान्यताओं पर विचार करते समय यथाप्रसंग उनकी संक्षिप्त व्याख्या हो सकेगी।

(2)

उस समय क्रोचे इटली का अत्यंत महत्त्वपूर्ण विचारक था। उसका प्रभाव इटली

तक ही सीमित नहीं रहा, दुनिया के और हिस्सों में भी फैला। ग्राम्शी भी क्रोचे से प्रभावित था। क्रोचे द्वारा निर्धारित समानाधिकरणों का प्रयोग उसने अपने अर्थों में किया है, मुख्यतः, मार्क्सवादी यांत्रिकता या नियतिवादिता की खिलाफत करने में। क्रोचे के बारे में वह कहता है कि उसका इतिहास-दर्शन अर्थवाद (Economism) और यंत्रगतिकता की प्रतिक्रिया के रूप में आया। ऊपर कहा जा चुका है कि ग्राम्शी खुद यांत्रिकता के विरुद्ध था। स्टालिन के जमाने में ही उसने जेह दानिज्म का कट्टर विरोध किया जबकि बड़े-बड़े स्वतंत्र शास्त्रविद और नाटककार उसके सामने घुटने टेक चुके थे। क्रोचे की प्रतिक्रिया से वह आंशिक रूप में सहमत है। किंतु प्रैक्सिस के खिलाफ होने की वजह से असहमत। मार्क्सवादी सौंदर्यशास्त्र काफी गड्डमड्ड और अव्यवस्थित स्थिति में था। अभी तक वह पूरा न्यूनीकरणवादी (रिडक्शनिस्ट) था और प्रतिबिंब के सिद्धांत से जुड़ा हुआ था। इस संदर्भ में वह क्रोचीय समानाधिकरण-सौंदर्य का अपने पक्ष में इस्तेमाल कर लेता है। वह साहित्यगत 'कला' और 'संस्कृति' में पार्थक्य स्थापित करता है। कला को रूप और संस्कृति को वस्तु कहता है। वह क्रोचीय सौंदर्य को इनसे अलग कर देता है। इसका इस्तेमाल वह पक्षधर, सुनिश्चित विचारधारा वाले साहित्य तथा राजनीतिक लक्ष्य के पूर्त्यर्थ लिखे जाने वाले साहित्य के विरुद्ध करता है।

क्रोचे का तटस्थ तथा भाववादी सौंदर्यशास्त्र उसे ग्राह्य नहीं है। क्रोचे इनौदी संस्करण के पढ़ने के बाद ग्राम्शी के खिलाफ हो गया था क्योंकि उस संस्करण में ग्राम्शी ने क्रोचे को ही अपनी आलोचना का निशाना बनाया था। क्रोचे लिखता है कि वह एक राजनीतिक दल की स्थापना करना चाहता था। उसे निरपेक्ष सत्यान्वेषण में कोई अभिरुचि न थी। ग्राम्शी के मतानुसार क्रोचे शुद्ध विज्ञान, शुद्ध इतिहास, शुद्ध दर्शन का पक्षधर था। जिस तरह क्रोचे ने ग्राम्शी के लिए कहा कि वह खास तरह की राजनीति का पक्षपाती था, उसी तरह ग्राम्शी का कहना था कि शुद्ध ज्ञान-विज्ञान की तलाश भी एक खास तरह की राजनीतिक विचारधारा के पक्ष में हथियार बनाने के समान थी। कहना न होगा कि क्रोचे की विचारधारा प्रतिक्रियावादी थी। जिस प्रकार मार्क्स ने हीगेल को सिर से पाँव के बल खड़ा किया, उसी प्रकार ग्राम्शी ने क्रोचे को।

ग्राम्शी पूछता है—'क्या सौंदर्य-विज्ञान, कला-सिद्धांत, सौंदर्य और अभिव्यंजना के अतिरिक्त कुछ और भी है? किन्हीं और चीजों से भी उसका सरोकार है? ये सब समानाधिकरण भाववादी हैं। इनसे कलात्मक विकृतियाँ पैदा होती हैं और कलात्मकता तथा ऐतिहासिकता में संवाद की गुंजाइश नहीं रह जाती। अंततः हम

इतिहास-विरोधी सौंदर्यशास्त्र की ओर अग्रसर होते हैं। क्रोचे सौंदर्यशास्त्रीय आयामों पर जोर देकर अन्य आयामों को नजरअंदाज कर देता है और 'लोकप्रिय-जातीय-संस्कृति' से उसका अपना कोई रिश्ता नहीं बन पाता।' ग्राम्शी सामाजिक और ऐतिहासिक आयामों को सौंदर्य का 'अपृथक निर्वर्त्य' मानता है।

क्रोचे की अपेक्षा वह डी-सैंक्टिस को अधिक महत्त्व देता है। उसमें एक प्रकार की प्रतिबद्धता है, उसका सौंदर्यशास्त्र जड़ नहीं है, उसमें मजबूत नैतिक-राजनैतिक आस्था है। यह नई संस्कृति के अनुरूप संघर्षरत प्रैक्सिस है। इस प्रकार की आलोचना में रीति-रिवाज, अनुभूति, वैश्विक दृष्टि की विवेचना के साथ शुद्ध कला-समीक्षा भी शामिल हो जाती है। आवयविक दृष्टि से ये दो स्तर अलग-अलग न होकर एक हैं। कला प्रकार्यात्मक मूल्य है क्योंकि वह अभिन्न रूप से कलेतर मूल्यों से जुड़ी हुई है। समीक्षक के लिए यह देखना जरूरी है कि नए साहित्य के वस्तु-रूप संघर्षरत संस्कृति से किस सीमा तक संबद्ध हैं। यह संघर्षरत संस्कृति नई सांस्कृतिक प्रभुसत्ता में आविर्भूत होती है। इसी को वह 'जातीय-लोकप्रिय' (National Popular Category) समानाधिकरण कहता है। इस समानाधिकरण को सैंक्टिस से लेते हुए भी ग्राम्शी का समानाधिकरण भिन्न है।

(3)

सैंक्टिस का जातीय-लोकप्रिय-समानाधिकरण प्रगतिशील और लोकतांत्रिक है और वह हेगेलीय इतिहास-दर्शन से संबद्ध है। ग्राम्शी का साहित्यिक अभिगम मार्क्सवादी और वर्गपरक था। यह भी अनिवार्यतः प्रैक्सिस से संबद्ध है। उसका द्वंद्वात्मक भौतिकवाद आरंभिक मार्क्स, थीसिस ऑन फायरवाख, 1844 के मैन्युस्क्रिप्ट और क्रिटिक ऑफ पोलिटिकल एकोनामी की भूमिका के मेल में था।

इतिहास जड़ पदार्थ नहीं है। इसका संबंध सांस्कृतिक राजनीति से है और वह वर्ग-विभाजित समाज पर आधारित है। यह राजनीति संघर्ष की माँग करती है जो अप्रधान वर्ग द्वारा संचालित होती है। 'जातीय-लोकप्रिय' को वह इसी दृष्टि से परिभाषित करता है। जातीय शब्द का स्पष्ट अर्थ है—वर्ग-विभाजित समाज में अप्रधान लोग। इटली की परंपरा में संस्कृति शुद्ध रूप से किताबी रही है। भारतीय संस्कृति भी किताबी ही कही जाएगी—वर्ग विशेष की विरासत। इटली के बुद्धिजीवी या तो इसी का विस्तार कर रहे थे या विदेशी लेखकों को पढ़ते हुए उनके विचारों के प्रति नतमस्तक थे। आधुनिक काल के भारतीय बुद्धिजीवी वर्गीय समाज की किताबी विरासत को कुछ खास राजनीतिक कारणों के तहत जीवित रखना चाहते

हैं और इसी को भारतीयता के नाम से पुकारते हैं अथवा विदेशी लेखकों के विचारों से स्वयं आतंकित होते रहते हैं तथा औरों को आतंकित करते रहने में गौरव का बोध करते हैं इस प्रकार के बुद्धिजीवी को वह बुद्धिजीवी नहीं मानता। मुक्तिबोध के शब्दों में ये ही लोग ब्रह्मराक्षस हैं जो अपने तर्कसंगत निष्कर्षों को जनता तक पहुँचा पाने में असमर्थ होते हैं। अतः उसने नए बुद्धिजीवी वर्ग को परिभाषित किया जो जातिवाद और व्यक्तिवाद की अमूर्तताओं से संबद्ध न हो। इस वर्ग को अपनी बौद्धिकता का उपयोग, जनराष्ट्र को नए नैतिक परिवर्तन और सांस्कृतिक बदलाव के लिए प्रशिक्षित करने तथा उसकी बुद्धि को धारदार बनाने में करना चाहिए। इटली का तत्कालीन बुद्धिजीवी वर्ग ऐसी मानवीयता को उपस्थित नहीं कर सका था जिसका प्रवेश अशिक्षित तथा गँवार लोगों में हो सके। क्रोचे परंपरावादी बुद्धिजीवियों का प्रतीक था जो जनता के पिछड़ेपन से अपना कोई नाता नहीं रखता था, इसके लिए उसे जिम्मेदार भी कहा जा सकता है। नया बुद्धिजीवी नए नैतिक जीवन, नवीन संस्कृति और नए यथार्थ को सही ढंग से देखने के लिए संघर्ष के तरीके खोजता है। नई कला इस संघर्ष से संपृक्त होगी ही।

पर नई कला न तो कमिसार के आदेशों पर प्रस्तुत की जा सकती है और न खास नुस्खों पर। ग्राम्शी कहता है–'नई सभ्यता की सृजनात्मक प्रक्रिया बुरी तरह रहस्यमय और अदृश्य होती है तथा अप्रत्याशित रूप से घटित हो जाती है। पूँजीवादी व्यवस्था के समाजवादी व्यवस्था में बदल जाने पर फैक्ट्री में उसी तरह उत्पादन होंगे जिस प्रकार पूँजीवादी व्यवस्था में हो रहे हैं। कला का उत्पादन भौतिक फैक्ट्री द्वारा संभव नहीं है। इस क्षेत्र में पूर्ण निश्चित कुछ नहीं है इसके सिवा कि वह कामगारों की संस्कृति होगी जो बुर्जुआ संस्कृति से एकदम भिन्न होगी।' जाहिर है कि नौकरशाही द्वारा नियंत्रित अथवा एक पूर्वनिश्चित विचारधारा से अनुबंधित समाजवादी यथार्थवाद से उसका यथार्थ भिन्न है। वह कहता है कि नई सांस्कृतिक प्रभुसत्ता के लिए एक नहीं अनेक राजनीतियाँ अपनानी होंगी–एक ही प्रगतिशील नीति से काम नहीं चलने वाला है। लेनिन की राजनीतिक शक्ति-प्रमुखता भी उसे मंजूर नहीं थी। इसके स्थान पर उसने नागरिक समाज (सिविल सोसाइटी) को प्रधानता दी। यहाँ राजनीति और संस्कृति एकमेल हो जाती हैं। स्मरण रखना चाहिए कि मार्क्स नागरिक समाज (सिविल सोसाइटी) को आर्थिक संबंधों में देखता है यानी आधार के संबंधों में, तो ग्राम्शी उसे अधिरचना मानता है। इतिहास के निर्माण में अधिरचना अधिक महत्त्वपूर्ण भूमिका अदा करती है।

जिस क्रांति में जनता की सांस्कृतिक प्रभुसत्ता (हेगमनी) नहीं होती है, उसे

वह निष्क्रिय क्रांति की संज्ञा देता है। इसमें सरकारी शक्तियों और नौकरशाही की डिक्टेटरशिप होती है। ये शक्तियाँ जिस किसी भी तरह से हो अपनी सत्ता बनाए रखती हैं। स्तालिन का जमाना इसी संदर्भ में याद किया जाता है। ऐसे जमाने में जनता मूक दर्शक बनी रहती है। राज्य को जनता से शक्ति प्राप्त करनी चाहिए न कि जनता को राज्य से।

सांस्कृतिक आधिपत्य और नागरिक समाज (सिविल सोसायटी) को मद्देनजर रखते हुए उसने जातीय-लोकप्रिय (नेशनल पापुलर कैटेगिरी) समानाधिकरण को सामने रखा। इस समानाधिकरण का सीधा संबंध 'साहित्य के समाज-शास्त्र' से है। इटली में संस्कृति का एक पारंपरिक सार्वभौम चरित्र था। बुद्धिजीवी इसी का प्रतिनिधित्व करते थे। अतः उसे 'जातीय-लोकप्रिय समानाधिकरण' को परिभाषित करने की जरूरत महसूस हुई। उसके मतानुसार बुद्धिजीवी और जनसमाज के बीच गहरा और ठोस लोकतांत्रिक रिश्ता होना चाहिए। इसके लिए जनता की ओर प्रयाण की अपेक्षा होती है। इस संदर्भ में वह पुनः दुहराता है कि इसके लिए शासनादेश नहीं जारी किया जाता—वह शासनादेश जो खास तरह की साहित्यिक विषय-वस्तु का आकांक्षी है। इसके तहत लिखा गया साहित्य चाहे 'जातीय लोकप्रिय अपील' को लेकर ही क्यों न चला हो, उसे मान्य नहीं है।

वह कहता है—'कलाक्षेत्र में ठोस 'जेनुइन' और मूलभूत मानवीयता' का एक ही अर्थ होता है—ऐतिहासिकता, यानी लेखक का जातीय-लोकप्रिय चरित्र, व्यापक अर्थ में सामाजिकता। किंतु लेखक को भविष्यवक्ता या नैतिक उपदेष्टा नहीं होना चाहिए। स्मरण रखना चाहिए कि ऐतिहासिकता को आर्थिक संबंधों में न्यूनीकृत करना उसे स्वीकार्य नहीं। इसे भी वह प्रैक्सिस से जोड़कर व्यक्ति की क्रियात्मकता से संबद्ध कर देता है। यह प्रैक्सिस ही कलाकार और जनता को गत्यात्मक संबंधों में जोड़ती है। वह व्यापक अर्थ में एक यथार्थवादी परिप्रेक्ष्य की हिमायत करता है। इस परिप्रेक्ष्य में भाषा और लेखक का 'जातीय-लोकप्रिय' दृष्टिकोण दोनों समाहित हैं। इससे साहित्यिक कृति की संरचना का पता लगता है। खास तरह की संरचना के मूल में लेखक का रुख ही एक सीमा तक भाषा को भी नियंत्रित करेगा।

रूसी, फ्रेंच और जर्मन भाषा में 'नेशनल' और 'पापुलर' पर्याय हैं। पर इतालवी में दोनों समानुरूप नहीं हैं। इस आधार पर ग्राम्शी इस निष्कर्ष पर पहुँचता है कि इतालवी लेखक जनता की अनुभूतियों को अस्तित्वात्मक स्तर पर महसूस नहीं करते। वे जनता को बेचारी समझते हैं, उस पर दया करते हैं। मेजनी का उल्लेख करते

हुए वह कहता है कि उसका अभिजातीय संस्कार उसे जातीय-लोकप्रिय दृष्टिकोण नहीं अपनाने देता। वह अपने को जनता का संरक्षक समझता था तथा उच्चता की ग्रंथि से पीड़ित था। जनता का प्रतिनिधित्व करने वाले उसके चरित्रों के पास न अपना आंतरिक जीवन है और न गंभीर नैतिक व्यक्तित्व। मेजनी कहता है कि औरत को, आंतरिक जीवन जीने के लिए दस हजार फ्रैंक पास रखना चाहिए। सामाजिक दृष्टि से हीन गरीब लोगों के लिए प्यार नहीं है। उन्हें उपन्यासों में सिर्फ समस्या के रूप में लिया जा सकता है। मेजनी का यह दया-भाव न तो जनता का हित-साधन कर सकता था और न साहित्य की जीवंत संरचना का।

(4)

नवीन सांस्कृतिक संघर्ष के तहत आलोचक की अत्यंत महत्त्वपूर्ण भूमिका होती है। उसे उन बुद्धिजीवियों की तरह नहीं होना है जो वैश्विक दृष्टि की व्याख्या-भर करते हैं और अपने विश्वकोशीय ज्ञान से लोगों को डराते रहते हैं। ऐसे लोगों का दिमाग डेटा-भरा होता है जिसे वे बाह्य वस्तुओं से टकराने पर बहिर्गत करते रहते हैं। इस तरह की संस्कृति नुकसानदेह होती है, मुख्यतः सर्वहारा के लिए। इससे 'मिसफिट' पैदा होते हैं क्योंकि ढेर-से आँकड़ों, तथ्यों और तारीखों में जीने वाले लोग अपने को ऊँचे पाये का समझते हैं। इस तरह की पंडिताई का विरोध होना चाहिए।

समीक्षक के लिए जरूरी है कि वह समाज के नागरिक की हैसियत से क्रियाशील हो। चूँकि न तो वह समाज के ऊपर है और न बाहर, इसलिए उसे नई वैश्विक दृष्टि के लिए किए जा रहे संघर्ष में शरीक होना होगा। इससे यह शंका नहीं होनी चाहिए कि वह अपने साहित्यिक अनुशासन से टूट जाएगा। ठीक इसके विपरीत साहित्यिक अनुशासन को उसकी संपूर्णता में पुनः अन्वेषित करेगा। फलतः 'जातीय-लोकप्रिय' से जुड़कर ही वह संस्कृति की द्वंद्वात्मकता को अच्छी तरह परख पाने में समर्थ होगा।

नतीजतन वह साहित्यिक कृति को इतिहास-सापेक्ष देखेगा और अंतःप्रज्ञा के आधार पर शाश्वत मूल्यों की तलाश में भटकेगा नहीं। ठोस ऐतिहासिक परिस्थितियों को दृष्टि में रखते हुए वह पूँजीवादी संस्कृति को सर्वहारा संस्कृति की संभावनाओं में बदलने के लिए प्रयत्नशील होगा। इलीट आलोचक अपनी पूँजीवादी पृष्ठभूमि के कारण अपने को काव्य तथा काव्येतर साहित्य का फर्क बतलाने तक सीमित कर लेता है। ऐसी समीक्षा को ग्राम्शी नकारात्मक समीक्षा

कहता है। क्रोचे इसी प्रकार का समीक्षक था, जबकि समीक्षा एक निश्चयात्मक प्रकार्य है।

आलोचक को साहित्य की परंपरा और उसकी बारीकियों का अच्छा ज्ञान होना चाहिए। पर यह ज्ञान पर्याप्त नहीं है। आलोचक को इतिहास का व्यापक और गहरा ज्ञान अपेक्षित है। इसके परिपार्श्व में ही साहित्य की सक्रिय भूमिका विश्लेषित की जा सकती है। वह एक ओर व्यक्तिवादी तथा लोकतांत्रिक मूल्यों का विरोधी था तो दूसरी ओर प्रोपेगैंडा और बँधी हुई सैद्धांतिक शैली का। वह मताग्रही साहित्य और समीक्षा को पसंद नहीं करता। इसके साथ ही दोनों को प्रकार्यात्मक मानता है। वह एक ओर बुखारिन के पूर्वनिश्चित यांत्रिक समाजवादी यथार्थवाद को अस्वीकार करता है तो दूसरी ओर व्यापक सांस्कृतिक स्तर के पक्ष में क्रोचे के भाववाद को। वस्तु-रूप के तनावों पर बहस करता है जिससे सांस्कृतिक तथा साहित्यिक स्तरों के द्वंद्वात्मक संबंधों को देखा जा सके। वस्तु सांस्कृतिक है और रूप साहित्यिक। वह कृति की ऐतिहासिकता की पड़ताल मैक्रो स्तर पर करता है तथा रूप की जाँच माइक्रो स्तर पर। दोनों में गहरी संगति है।

वह लिखता है—'क्या कोई रूप और वस्तु में वस्तु को प्राथमिकता दे सकता है? हाँ। इस अर्थ में कि कलाकृति एक प्रक्रिया है और वस्तु का परिवर्तन रूप का भी परिवर्तन है।...इसलिए 'रूप' और 'वस्तु' का 'सौंदर्यात्मक' अर्थ के साथ एक 'ऐतिहासिक' अर्थ भी है। 'ऐतिहासिक ' रूप का मतलब एक विशिष्ट भाषा है, ठीक उसी प्रकार जैसे 'वस्तु' सोच के विशेष तरीके की ओर संकेत करती है जो सिर्फ ऐतिहासिक नहीं है...।'

रूप के प्रश्न पर विचार करने के लिए उसे ठोस ऐतिहासिक संदर्भ में रखना होगा, यानी उसके 'सांस्कृतिक-राजनीतिक' परिपार्श्व की विवेचना मैक्रो विश्लेषणात्मक स्तर पर अपेक्षित होगी। साहित्यिक कृति कोरी पटिया नहीं है। उसकी संरचना पूर्व संघटित मूल्यों के आधार पर होती है जो स्वयं में निरंतर संघटित और विघटित होते रहते हैं। वह ऐसा तन्मात्र या चिदणु नहीं है जिसे तर्कपरे अंतःप्रज्ञा से जाना जाए। क्रोचे रूप को इतिहास-निरपेक्ष मानते हैं तो ग्राम्शी इतिहास-सापेक्ष। इसके निर्माण में विचारधारा, साहित्यिक माडेल और भाषा सभी सम्मिलित हैं। इनसे ही रूप बनता है। वस्तु के प्रति लेखक का एक दृष्टिकोण होता है, उससे साहित्य की टेकनीक और शैली निर्धारित होती है। इस संदर्भ में 'टेकनीक' साधन है जिसके माध्यम से रचनात्मक साहित्यिक नैतिक संघर्ष की जानकारी होती है। पर टेकनीक रूप नहीं है। रूप की चर्चा के सिलसिले में वह 'संरचना' का प्रयोग करता है।

'डिवाइन कामदी' के इन्फरनों के दसवें कैंटों का उसका विश्लेषण रूप संबंधी मान्यता को और स्पष्ट कर देता है।

क्रोचे के मतानुसार दांते की कविताएँ प्रगीतात्मक हैं लेकिन उनकी संरचना अकाव्यात्मक है। कुछ इसी तरह की बात काव्यात्मक और अकाव्यात्मक भाषा के विवेकी हिंदी आलोचक प्रसाद की 'कामायनी' के संबंध में भी करते हैं। वे कहते हैं कि 'कामायनी' का बिंब-विधान अद्वितीय, अभूतपूर्व और अत्यंत प्रभावशाली है। पर भाषा लद्धड़ है। दोनों ही विभाजन के द्वैत (डाइकोटोमी) के शिकार हैं। डिवाइन कामदी को एक ओर प्रगीतों का संकलन कहना, दूसरी ओर उसकी रचना को अकाव्यात्मक कहना असंगतिपूर्ण है। ठीक यही बात 'कामायनी' संबंधी विचार के बारे में भी कही जा सकती है।

ग्राम्शी का मत है कि बिना संरचना कविता हो ही नहीं सकती और संरचना भी अपने आप में काव्यात्मक होती है। कैंटो की संरचना का गहराई से सौंदर्यमूल अध्ययन अपेक्षित है। क्रोचे का अर्थापन उस महत्त्वपूर्ण कृति को विकृत कर देता है। नाट्यगत क्रियात्मकता इसी संरचना से आविर्भूत होती है। जाहिर है कि ग्राम्शी संरचना के गहन अध्ययन पर बल देता है क्योंकि सारे तनाव, मूल्य, नाटकीय क्रियाकलाप का मूल स्रोत वही है।

स्थान-स्थान पर ग्राम्शी ने वस्तु-रूप का जो अलगाव दिखाया है उसका मतलब दोनों में किसी द्वैत की प्रतिष्ठा नहीं है बल्कि दोनों में द्वंद्वात्मक तनाव को जाहिर करना है। यहीं तक वह अपने को सीमित नहीं करता : सौंदर्य-तत्त्व की दृष्टि से वह किसी रचना की प्रशंसा तो कर सकता है लेकिन प्यार नहीं कर सकता—प्यार वह उसी रचना को करेगा जो अपनी सुंदर संरचना में सांस्कृतिक विचारधारा भी समाहित किए हुए हो। 'वार एण्ड पीस' के बारे में वह कहता है कि मैं सौंदर्यात्मक दृष्टिकोण से उसकी प्रशंसा कर सकता हूँ किंतु उसकी विचारधारा में साझेदारी नहीं कर सकता।

(5)

'प्रिजन नोटबुक्स' में उसने भाषा पर भी विचार किया है। किंतु ग्राम्शी पर विचार करने वालों ने प्रायः उसके इस पक्ष को उपेक्षित कर दिया है। केवल पिपैरो ने इस संबंध में कुछ महत्त्वपूर्ण तथ्य उपस्थित किए हें। पिपैरो का तो यहाँ तक कहना है कि वह भाषाविद् के रूप में मरा भी। टूरिन विश्वविद्यालय में उसके सहपाठी उसे क्रांतिकारी से अधिक भाषाविद् के रूप में जानते थे। ग्राम्शी ने भाषा का सामाजिक

सिद्धांत और संस्कृति का भौतिकवादी सिद्धांत एक साथ ही निर्मित किया। अतः भाषा संबंधी उसके विचार को जाने बिना 'साहित्य का समाजशास्त्र' पूरे तौर पर विश्लेषित नहीं हो सकता।

भाषा सामाजिक उत्पादन है, एक सांस्कृतिक समुदाय की सांस्कृतिक अभिव्यक्ति है। 'सामूहिकता' के कारण ही भाषा समाज और इतिहास द्वारा नियंत्रित होती है। सभी लोग एक तरह की संस्कृति नहीं रचते—अलग-अलग वर्गों और समूहों में बँटे लोगों द्वारा यह संभव भी नहीं है। 'अधिक से अधिक इतना ही कहा जा सकता है कि हर व्यक्ति की अपनी व्यक्तिगत भाषा होती है यानी उसके सोचने-विचारने का अपना ढंग होता है। संस्कृति कमोबेश संख्या में व्यक्तियों को जोड़ती रहती है, जो विभिन्न अंशों में एक-दूसरे को समझते हैं और उनके बीच सापेक्षिक वाक्-संपर्क स्थापित होता है। इनकी वजह से सामान्य भाषा में प्रतिबिंबित सामाजिक-ऐतिहासिक पार्थक्य बहुत कुछ कम हो जाता है।'

अभिप्राय यह है कि समाजवादी वैश्विक दृष्टि के प्रतिष्ठार्थ जिस नए सांस्कृतिक आधिपत्य को लेकर संघर्ष किया जाता है वह भाषा के प्रश्न से जुड़ा हुआ है। भाषा में सामूहिकता का तत्त्व निहित होता है और यह तत्त्व वैश्विक दृष्टि की अभिव्यक्ति करता है। और वैश्विक दृष्टि का संबंध सामाजिक वर्गों से होता है। भाषा लेखक के लिए भौतिक आधार का काम देती है और लेखक विभिन्न वर्गों से निर्मित समाज के एक खास वर्ग का प्राणी होता है। इससे स्पष्ट है कि ग्राम्शी के मैक्रो और माइक्रो विश्लेषण से भिन्न-भिन्न स्तरों में संगति है। दूसरे शब्दों में सांस्कृतिक राजनीति (मैक्रो) और कलापरक आलोचना (माइक्रो) में ऐक्य है।

भाषा समूह की मानसिकता से संबद्ध है। इसी में समूह की वैश्विक दृष्टि अभिव्यक्ति होती है। इस विशिष्ट वैश्विक दृष्टि के माध्यम से—व्यक्तांतरित दृष्टि के माध्यम से उन अवधारणाओं को पकड़ा जा सकता है जो कृति की संरचना के लिए उत्तरदायी हैं। वैश्विक दृष्टि ही एक खास तरह की भाषा और खास तरह का सोच देती है। इस पद्धति से लेखक का सांस्कृतिक संदर्भ और कलात्मक उत्पादन समझा जा सकता है। इसी पद्धति से लेखक की रोमेंटिक या गैर-रोमेंटिक भूमिका पहचानी जाती है। जो लेखक जिंदगी की सामाजिक विशेषताओं को जितनी गहराई से उकेरता है वह उतना ही मौलिक होता है। 'मौलिकता' और ईमानदारी' जैसे भाववादी विचार न आध्यात्मिक होते हैं और न इतिहास-निरपेक्ष। वे भी विशिष्ट सांस्कृतिक वैश्विक दृष्टि के उत्पादन हैं।

जैसा कहा जा चुका है, ग्राम्शी के अध्ययन की अभी शुरुआत हो पाई है।

उसका संपूर्ण लेखन किसी भी भाषा में पूर्णतः अनूदित नहीं हो पाया है। ज्यों-ज्यों उसके अनुवाद उपलब्ध होते जाएँगे त्यों-त्यों उसके विचारों को समझने में सुविधा होगी। पर जो सामग्री उपलब्ध है उसके आधार पर कहा जा सकता है कि वह मार्क्सवाद का कदाचित् सबसे अधिक महत्त्वपूर्ण चिंतक है। इस संभावना से भी इंकार नहीं किया जा सकता कि उसके चिंतन से इस देश की वामपंथी विचारधारा में कोई नया परिवर्तन हो क्योंकि उसका चिंतन हमारे परिवेश के काफी अनुकूल है।*

* विलियम क्यू. बोएलहोवर के एक लेख पर आधारित।

'प्रासंगिकता' के प्रश्न पर एक संवाद

आपने आलोचना '67 में 'प्रासंगिकता का प्रमाद' में कुछ ऐसे महत्त्वपूर्ण सवाल उठाए हैं जो एक-रूप प्रगतिवादी आलोचना के खिलाफ पड़ते हैं। और यह सवाल अपनी जगह पर सही ही नहीं, नितांत प्रासंगिक भी हैं। अतीत के हर बड़े लेखक को प्रासंगिक सिद्ध करने की होड़ लगी है। इस सिद्धि के लिए असुविधाजनक स्थितियों को खारिज कर दिया जाता है। अतीत और वर्तमान के अंतराल को या तो कम दिखाया जाता है या बिलकुल भुला दिया जाता है। प्रासंगिकता को वस्तुनिष्ठ बनाने के लिए आपने 'एलिनिएशन-इफेक्ट' को आलोचना के क्षेत्र में लागू करने का सुझाव दिया है और तादात्म्य के सिद्धांत को पुराना और भ्रमात्मक बताकर खारिज कर दिया है। आपकी टिप्पणी में सबसे अधिक विवाद्य आपके सुझाव ही हैं। 'तादात्म्य' पुराना तो है पर काफी वजनदार है और प्रासंगिकता के संदर्भ में यह काफी उपयोगी है। ब्रेष्ट का 'एलिनिएशन-इफेक्ट' अब इतिहास की वस्तु बन गया है। आलोचना के क्षेत्र में यह रूपवादी नाटकीय प्रविधि काम नहीं दे सकती। यदि इसे तफसील न दी जाए तो आपकी टिप्पणी पर यह टिप्पणी भी काफी छोटी और अधूरी रह जाएगी।

आरंभ में ही आपने प्रासंगिकता के बारे में सिर्फ सवाल उठाकर अपने को बचाया है। इस बचाव में भी आप फँस गए हैं। 'हमारे विचारों का अनुमोदन' और 'आज के अनुकूल' न तो प्रासंगिकता की प्रकृति की पहचान करा पाते हैं और न उसके स्वरूप की। वस्तुतः प्रासंगिकता का मूल्य है : आज का प्रगतिशील जीवंत मूल्य।

किंतु यहाँ पर प्रासंगिकता का प्रश्न साहित्य के संदर्भ में उठाया गया है और वह भी अतीत के साहित्य के संदर्भ में। मुख्यतः इसका संबंध कथ्य से है और कथ्य का संबंध दुहरा होता है—एक ओर तो वह अपनी भाषिक संरचना से

संबद्ध होता है, दूसरी ओर वर्तमान मानवीय मूल्यों से। इन दोनों का भी द्वंद्वात्मक रिश्ता होता है। मेरे खयाल में संरचना की अप्रासंगिकता मूल्यगत अप्रासंगिकता भी होती है। संरचना का अगर कोई भाग दूसरे भाग तथा संपूर्ण से अनिवार्यतः संबद्ध नहीं होता है तो वह मूल्यगत अप्रासंगिकता में बदल जाता है, जैसे—मानस का उत्तरकांड, साकेत का नवाँ सर्ग, कामायनी के अंतिम सर्ग, राम की शक्तिपूजा के हनुमान का ऊर्ध्वगमन आदि।

प्रासंगिकता को सिर्फ समसामयिक मूल्यों के संदर्भ में देखने से मनमानेपन के बेलगाम घोड़े को सरपट दौड़ने की खुली छूट मिल जाती है। इस प्रकार की समीक्षा को समीक्षा कहना समीक्षा को मुँह विराना है। प्रासंगिकता की प्रासंगिकता तब तक अप्रामाणिक और अवस्तुनिष्ठ है जब तक अपने रूप के प्रति प्रामाणिक न हो। रूप के प्रति जागरूकता प्रगतिवादी समीक्षा को एक ओर एकरूप होने से बचाएगी और दूसरी ओर अधिक प्रामाणिक भी बनाएगी।

इसके बाद प्रासंगिकता मूल्यांकन के क्षेत्र में प्रवेश करती है, चाहे साहित्य नया हो या पुराना। पर यह सच है कि पुराने साहित्य का मूल्यांकन खतरनाक है और उसके पुरानेपन को भुलाकर तो और भी खतरनाक है। नई मूल्यवत्ता और पुराने साहित्य के बीच देश-काल की दूरी है। पुराना साहित्य एक विशिष्ट देश-काल का उत्पादन है और वह उसको लिए हुए है—भाषा में, भाषा के रूपांतरण (ट्रान्सफारमेशन) में और तद्‌जन्य मूल्यवत्ता में। पर उसके रूपांतरण में इतने स्तर होते हैं कि वह कालांतरण कर जाता है। दूसरे शब्दों कह सकते हैं कि उसके रूपांतरण में प्रजनन की अशेष क्षमताएँ रहती हैं जो प्रासंगिक होती रहती हैं। इसीलिए मार्क्स ने कला को 'विशेष प्रकार का उत्पादन रूप' कहा है। अजंता के चित्रों और खजुराहों के मंदिरों की ऐतिहासिकता को बरकरार रखते हुए ही हम प्रासंगिकता की तलाश कर सकते हैं। यह अत्यंत महत्त्वपूर्ण सवाल है।

किंतु इसको हल करने के लिए 'ऐलिएनेशन-इफेक्ट' का सिद्धांत निहायत बेमाकूल है। ब्रेष्ट ने खुद इसे पुराने नाटकों पर लागू नहीं किया है, अन्यथा उसे 'एपिक थिएटर' के आविष्कार की क्या जरूरत थी? जबकि यह एक खास तरह के नाटकों पर ही लागू होता है—(इसमें भी विद्वानों को संदेह है) तो आलोचना पर इसे कैसे लागू किया जा सकता है? कुछ लोगों की दृष्टि में यह एक प्रकार का रूपवाद है। अतः यह रूपवादी पद्धति आलोचना के काम नहीं आ सकती।

तादात्म्य का सिद्धांत आलोचना के क्षेत्र में, विशेष रूप से प्रासंगिकता के संदर्भ में, अधिक कारगर है। 'तादात्म्य' के संबंध में विस्तार से तो यथावसर फिर

कहा जा सकता है पर इस संदर्भ में प्रासंगिकता की प्रासंगिकता पर संक्षेप में विचार करना ही पड़ेगा। तादात्म्य के बारे में काफी गलतफहमी है। कुछ शोध-पंडितों ने इसे साधारणीकरण का समानार्थी मान लिया है। साधारणीकरण तो कवि की रचना-प्रक्रिया में शब्दों के भावना व्यापार या अभिनवगुप्त के शब्दों में व्यंजना व्यापार से घटित होता है। यह भी शब्दों के विशिष्ट रूपांतरण का ही करिश्मा है। यही कवि की अनुभूति का प्रपंच है। इसी अनुभूति के साथ पाठक तादात्म्य की प्रतीति करता है। तादात्म्य अभेद रूप प्रतीति है, न कि अभेद। कवि के साथ हर काल में पाठक का पूरा तादात्म्य हो ही जरूरी नहीं है, बल्कि यों कहिए कि होता ही नहीं। किंतु यदि तादात्म्य ही न हो तो या तो सहृदय की सहृदयता में संदेह है या काव्य के काव्यत्व में या फिर दोनों में।

काव्य के जिन प्रसंगों या प्रकरणों से आधुनिक प्रमाता का तादात्म्य नहीं हो पाता है वे अप्रासंगिक हैं। उदाहरणार्थ मानस का वर्णाश्रम धर्म और समस्त उत्तरकांड। अभिज्ञान शाकुंतलम् की शाप संबंधी आधिभौतिक प्रक्रियाएँ और दुष्यंत का सामंती चरित्र। पर ये ही उसकी अतीतता की बोधक हैं। इनके अभाव में वे बहुत कुछ आधुनिक हो जाएँगी। इतिहास-बोध को नजरअंदाज करके न आलोचना हो सकती है और न साहित्येतिहास-लेखन। अतः अतीत और वर्तमान की अंतःक्रियाएँ देखना लाजिमी है। इस संदर्भ में अतीत की रचनाओं के तमाम अंतर्विरोधों को निर्ममतापूर्वक उद्घाटित करना होगा।

तादात्म्य का संबंध साधारणीकरण से है इसलिए काव्य-रूप से भी है। तादात्म्य मानवीय संवेदनाओं से ही नहीं होता बल्कि विशिष्ट रूप से भी होता है। रचनाओं का भव्य विराट और दिव्य रूप, जिसकी निर्मिति आधुनिक जीवन के संदर्भ में अकल्पनीय है, अपनी अजनबियत, ('डी-फेमिलिएराइजेशन') की वजह से भी हमें आकृष्ट करता है। केवल आधुनिक जीवन-संदर्भों का अनुकूलन किसी रचना को महान नहीं बना पाएगा। अन्यथा 'मृच्छकटिकम्', 'अभिज्ञान-शाकुंतलम्' से अधिक महत्त्वपूर्ण मान ली जाएगी। यह रूप भी कृति की ऐतिहासिकता को वैसे ही उजागर करेगा जैसे खजुराहो के मंदिरों का स्थापत्य। इससे भी यानी अतीत के भव्य भाषिक रूपांतरणों से भी बहुत कुछ सीखा जा सकता है। ध्यातव्य है कि तादात्म्य के लिए तन्मयीभवन योग्यता आवश्यक है और यह योग्यता काव्य और शास्त्र के अव्याहत अनुशीलन से आती है। किंतु अब इतने ही से काम नहीं चलेगा। इसमें एक तत्त्व और जोड़ना होगा—इतिहास-बोध। पुरानी साहित्यिक कृतियों की ऐतिहासिकता की रक्षा तथा उनकी प्रासंगिकता की विवक्षा में यह प्रविधि बधिक उपादेय प्रतीत होती

है। इसके आधार पर ही प्रगतिवादी समीक्षाएँ एकरूपता के केंचुल से मुक्त हो सकती हैं। इत्यलम्।

संपादक की टिप्पणी

मुझसे पूरी तरह सहमत न होते हुए भी डॉ. बच्चन सिंह मेरे प्रासंगिकता-संबंधी संपादकीय को प्रासंगिक मानते हैं। यदि यह शिष्टाचार-मात्र नहीं है तो इससे मेरे इस कथन की पुष्टि ही होती है कि प्रासंगिकता के लिए 'पूर्ण तादात्म्य' आवश्यक नहीं है।

वैसे, डॉ. बच्चन सिंह भी मानते हैं कि ''कवि के साथ हर काल में पाठक का पूरा तादात्म्य जरूरी नहीं है, बल्कि यों कहिए कि होता ही नहीं।'' फिर भी उनका आग्रह है कि ''तादात्म्य पुराना तो है पर काफी वजनदार है और प्रासंगिकता के संदर्भ में यह काफी उपयोगी है।''

तादात्म्य-सिद्धांत पर विस्तार से विचार करने की योजना को 'यथावसर' के लिए सुरक्षित रखकर उन्होंने सिर्फ इतना बतलाना जरूरी समझा कि ''तादात्म्य अभेद-रूप प्रतीति है न कि अभेद।'' पर सवाल तो यह है कि अभेद की यह प्रतीति कैसे हो? अभिनवगुप्त 'प्रमेय की आत्मकारा परिणति' की धारणा प्रस्तुत करते हैं और पंडितराज जगन्नाथ 'चित्तवृत्तियों की विषयाकारा परिणति' का प्रस्ताव रखते हैं। काव्य के संदर्भ में इसका तात्पर्य यह हुआ कि या तो पाठक काव्य के अनुरूप अपनी आत्मा को ढाल ले या फिर वह अपनी चित्तवृत्तियों के अनुरूप काव्य को बना ले। एक में पाठक की अपनी विशिष्टता के लोप का खतरा है, दूसरी में काव्य-कृति की विशिष्टता के लोप का। तादात्म्य की इन दोनों स्थितियों में प्रासंगिकता के लिए कौन-सी स्थिति संगत है, इसका निर्णय सरल नहीं है।

तादात्म्य-सिद्धांत की हिमायत करते हुए डॉ. बच्चन सिंह का ध्यान इस तथ्य की ओर नहीं गया कि वह जिस मनोविज्ञान पर प्रतिष्ठित है उसका आधार 'वासना' का सिद्धांत है, जिसे अभिनवगुप्त ने 'संस्कार' भी कहा है। धारणा यह है कि संसार अनादि है; प्रत्येक प्राणी जन्म-जन्मांतर से होकर गुजरता है; प्रत्येक जन्म में पूर्व जन्म की स्मृति 'वासना' रूप में सुरक्षित रहती है और यह वासना ही उन विविध चित्तवृत्तियों की जननी है, जिन्हें नौ स्थायी तथा तैंतीस संचारी भावों की संज्ञा दी गई है। इनमें से प्रधानता किसी में किसी समय किसी भाव की हो सकती है, किंतु अभिनवगुप्त के अनुसार **'न ह्येतचित्तवृत्तिवासना-शून्यः प्राणी भवति'** (अभिनव भारती, भाग 1, पृ. 282) अर्थात् कोई भी प्राणी चित्तवृत्तियों की वासना से शून्य

नहीं होता। यही सार्वभौम और सार्वकालिक वासना किसी काल और किसी देश की काव्यकृति के साथ तादात्म्य के लिए आधार प्रस्तुत करती है। इस प्रकार यदि एक शाश्वत और सार्वभौम मानव-प्रकृति को स्वीकार कर लें तो किसी काव्य-कृति को प्रासंगिक बनाने की आवश्यकता ही नहीं रह जाती क्योंकि इस विधि से सभी कृतियाँ अपने आप प्रासंगिक हो जाती हैं।

किंतु संस्कृत काव्यशास्त्र 'वासना' को आधार के रूप में प्रस्तुत करते हुए भी तादात्म्य के लिए उसे पर्याप्त नहीं मानता; इसका प्रमाण है साधारणीकरण की व्यवस्था-तादात्म्य साधारणीकरण के द्वारा ही संभव होता है और कहने की आवश्यकता नहीं कि साधारणीकरण स्वतःस्फूर्त नहीं है—यही नहीं बल्कि उसके मार्ग में अनेक 'विघ्न' भी गिनाए गए हैं। उल्लेखनीय है कि इन विघ्नों में 'स्व-मताग्रह' की गणना नहीं है। किसी प्राचीन आचार्य ने यह नहीं कहा कि किसी कृति में मत विशेष के आग्रह के कारण उसके साथ तादात्म्य में बाधा पड़ती है, और न यही कहा कि स्वयं पाठक भी अपने मत के आग्रह के कारण किसी भिन्न मत वाली कृति के साथ तन्मय नहीं हो सकता। मतभेद उस युग में भी थे—स्वयं काव्यशास्त्र प्रमाण है, फिर भी इसे काव्य के आस्वाद में विघ्न नहीं माना गया, इसका निश्चय ही कोई कारण होगा। संप्रति उस कारण की खोज में न भी जाएँ तो आज यह स्वीकार करना ही पड़ेगा कि स्वमताग्रह अथवा विचारधारा किसी साहित्यिक कृति के आस्वाद में एक बड़ी बाधा है और किसी कृति की प्रासंगिकता के निर्णय में इसकी भूमिका नियामक होती है। स्वयं डॉ. बच्चन सिंह भी ''आज के प्रगतिशील जीवंत मूल्यों'' को प्रासंगिकता की प्रमुख कसौटी मानते हैं और इस दृष्टि से 'रामचरित मानस' के वर्णाश्रम धर्म और उत्तरकाण्ड तथा 'अभिज्ञान शाकुंतलम्' की शाप-संबंधी 'आधिभौतिक प्रक्रिया' और दुष्यंत के सामंती चरित्र को अप्रासंगिक मानते हैं। क्या यह बोध तादात्म्य सिद्धांत के उस पुराने रूप से संभव है, जिसमें इस मूल्यगत विघ्न की कोई अवगति ही नहीं है?

वस्तुतः तादात्म्य सिद्धांत को स्वीकार करने के लिए जन्म-जन्मांतर की स्मृति वाले 'वासना' सिद्धांत को भी स्वीकार करना होगा और यह मानना होगा कि मूलतः आज का मनुष्य हृदय वही है जो वाल्मीकि और कालिदास के युग में था। अब हम यदि क्रमागत मानव हृदय के सर्वथा उच्छेद के अतिवादी सिद्धांत को न भी स्वीकार करें तो भी मूलभूत समानता कालिदास युग के मानव-हृदय से हमारे अंतर को नगण्य सिद्ध करने के लिए पर्याप्त नहीं है। कहने की आवश्यकता नहीं कि

सूक्ष्म अर्थच्छायाओं से युक्त काव्य के ग्रहण के लिए यह ऐतिहासिक अंतर बहुत महत्त्वपूर्ण है।

अंतर्निहित 'वासना' का यह नैरंतर्य किसी प्राचीन काव्य कृति के साथ तादात्म्य में सहायक नहीं होता, इसका प्रमाण है 'अभिज्ञान शाकुंतलम्' पर स्वयं डॉ. बच्चन सिंह की आपत्ति। उनकी आपत्ति है दुर्वासा के शाप पर। आपत्ति का कारण यह है कि शाप एक आधिभौतिक घटना है, इसलिए आज की दृष्टि में अविश्वसनीय है। शाप पर आपत्ति इसलिए भी है कि उससे राजा दुष्यंत के सामंती चरित्र का बचाव हो जाता है। इसलिए वे 'शाकुंतल' में इस प्रसंग को अप्रासंगिक मानते हैं और संभवतः इस प्रसंग को छोड़कर 'शांकुतल' के साथ तादात्म्य स्थापित कर लेते हैं। किंतु कठिनाई यह है कि शाप की यह परिकल्पना ही कालिदास के 'शाकुंतल' का मेरुदंड है--वरना 'महाभारत' में शाप-विहीन शकुंतलोपाख्यान तो पहले से था ही। यदि शाप की घटना किसी के गले से नहीं उतरती तो बेहतर है वह महाभारत का शाकुंतलोपाख्यान ही पढ़कर संतोष कर ले और साहस हो तो उसे कालिदास के 'अभिज्ञान शाकुंतलम्' से श्रेष्ठ भी घोषित कर दे।

विचित्र विडंबना है कि एक ओर डॉ. बच्चन सिंह 'संरचनावाद' के प्रभाव में किसी कृति की संरचना पर जोर देते हैं और रूपगत संरचना के साथ भी तादात्म्य स्थापित करने के लिए आग्रह करते हैं। किंतु दूसरी ओर 'अभिज्ञान शाकुंतलम्' की संरचना को खंड-खंड करके किसी एक खंड की प्रासंगिकता से संतुष्ट हो जाना चाहते हैं। इस विलक्षण तादात्म्यवादी प्रासंगिकता से तो अधिक दृष्टि-संपन्न रवींद्रनाथ ठाकुर का 'शकुंतला' शीर्षक लेख है जो आज से 82 वर्ष पूर्व लिखा गया था। रवींद्रनाथ ने इस नाटक में शाप के सौंदर्यशास्त्रीय औचित्य को पुष्ट करते हुए लिखा है : "यदि दुर्वासा के शाप की योजना न होती तो यह चीज इतनी निष्ठुर और क्षोभजनक हो जाती कि उससे पूरे नाटक की पूरी शांति और सामंजस्य भंग हो जाता।... दुःख-वेदना को उन्होंने बराबर ही रखा है, केवल वीभत्स कदर्यता को कवि ने ढँक दिया है।"

उल्लेखनीय है कि कवि ने शाप का उपयोग राजा की भ्रमर वृत्ति को ढकने के लिए नहीं किया। यदि ऐसा होता तो पंचम अंक में जहाँ शकुंतला का प्रत्याख्यान होता है, आरंभ में ही हंसपदिका के गीत द्वारा राजा को उसकी भ्रमरवृत्ति के लिए उलाहना न दिया गया होता और न स्वयं राजा से ही यह स्वीकार करवाया गया होता कि **'सकृत्कृतप्रणयोऽयंजनः'** अर्थात् हम केवल एक बार प्रणय करके छोड़ दते हैं।

इस प्रसंग पर रवींद्रनाथ की टिप्पणी है : "पंचम अंक में राजा के चपल प्रणय का यह परिचय निरर्थक नहीं। इसके द्वारा कवि ने निपुण कौशल से दिखलाया है कि जो चीज दुर्वासा के शाप से घटित हुई थी उसका बीज स्वभाव में था। काव्य की दृष्टि से जिसको आकस्मिक बनाकर दिखाया गया है वह प्राकृतिक है।"

शाप वस्तुतः एक ओर प्रेममग्न शकुंतला की आत्म-विस्मृति की गहराई को व्यंजित करता है तो दूसरी ओर दुष्यंत को गहरे अनुताप के लिए अवसर प्रदान करता है। दुष्यंत ने यदि तत्क्षण शकुंतला को ग्रहण कर लिया होता तो शकुंतला हंसपदिका के ही दल की एक और रमणी होकर उनके अंतःपुर के एक कोने में स्थान पा जाती।

इस प्रकार शाप वाली घटना को निकाल कर 'शाकुंतल' के साथ आंशिक तादात्म्य का कोई अर्थ नहीं है क्योंकि वह तादात्म्य उस कालजयी कृति की अपनी विशिष्टता के साथ नहीं—वह विशिष्टता जो 'अभिज्ञान' में निहित है। इसलिए जहाँ शकुन्तला के 'अभिज्ञान' का ही अभिज्ञान न हो, वह प्रासंगिकता निरर्थक है।

यह सही है कि 'अभिज्ञान-शाकुंतलम्' पर एक युग के अपने मिथकों, अपने विश्वासों और अपनी मान्यताओं की गहरी छाप है जो उसके कथ्य में तो अनुस्यूत हैं ही, उसकी भाषा, उसके भावचित्रों, परिवेश-छवियों, यहाँ तक कि समूचे रचना-विन्यास का भी नियमन करते हैं। जरूरी नहीं कि यह काव्यलोक हमें पूर्णतः तादात्म्य के लिए ही निमंत्रित करे। अपनी विलक्षणता और अलौकिकता के द्वारा यह हमें चकित करता है, मुग्ध करता है, साथ ही दुर्लंघ्य होने का भी एहसास कराता है। वह काव्यलोक अपनी ओर खींचने के साथ ही हमें हमारे अपने संसार में जैसे वापस फेंक देता है, जैसे हम थोड़ी देर के लिए किसी दूसरे देश में रहकर फिर अपने देश में लौटते हैं और इस नए अनुभव के प्रकाश में अपने परिवेश को, अपने परिवेश में अपने आपको नए सिरे से पहचानने की कोशिश करते हैं। इस प्रकार 'अभिज्ञान शाकुंतलम्' अनुभव के स्तर पर एक प्रत्यभिज्ञान—पुनः पहचान है जो उसके काव्यलोक के परिप्रेक्ष्य से आज के मनुष्य को देखने से संभव होती है। जहाँ उसके कथ्य में एक प्रकार की अतीतता का एहसास होता है वहीं उसकी अभिव्यक्ति की सघनता हमें तात्कालिकता का भी तीव्र अनुभव कराती है। निश्चय ही ऐसा अनुभव अन्य कालजयी कृतियों के साथ भी होता है। इस अनुभव में हमारी आलोचनात्मक क्षमता निमज्जित नहीं होती, न थोड़ी देर के लिए निलंबित ही होती है। इसी द्वंद्वात्मक

स्थिति को मैं 'प्रासंगिकता' की संज्ञा देना चाहूँगा।

बर्टोल्ट ब्रेष्ट का तथाकथित 'एलियनेशन इफेक्ट', मेरी विनम्र दृष्टि में, कालजयी कृतियों की प्रासंगिकता का यही सिद्धांत प्रस्तुत करता है, जो निश्चित रूप से 'रूपवादी' नहीं है, जैसा कि डॉ. बच्चन सिंह को भ्रम है। वस्तुतः यह वही 'इतिहास बोध' है जो डॉ. बच्चन सिंह को भी काम्य है, भले ही वह 'तादात्म्य' के नाम पर हो। इतिहास-बोध किस प्रकार 'तादात्म्य' सिद्धांत का विरोधी और 'अलगाव-प्रभाव' का अंग है, स्वयं ब्रेष्ट के शब्दों के अंग्रेजी अनुवाद में इस प्रकार है :

"Our enjoyment of old plays becomes greater, the more we can give ourselves up to the new kind of pleasures better suited to our time. To that end we need to develop the **historical sense** (needed also for the appreciation of new plays) into a real sensual delight. When our theatres perform plays of other periods they like to annihilate distance, fill in the gap, gloss over the differences. But what comes then to our delight in comparisons, in distance, in dissimilarity—which is at the same time a delight in what is close and proper to our-selves."

(Brecht on Theatre, p. 276)

[जितना ही हम अपने समय के अधिक से अधिक उपयुक्त नए प्रकार के आस्वाद के प्रति अपने आपको अर्पित करते हैं, पुराने नाटकों का हमारा आनंद उतना ही बढ़ता जाता है। उस लक्ष्य के लिए हमें **इतिहास-बोध** को सच्चे ऐंद्रिय आनंद में विकसित करने की आवश्यकता है (यह आवश्यकता नए नाटकों के आस्वाद के लिए भी है)। जब हमारे रंगमंच अन्य युगों के नाटक खेलते हैं तो दूरी को खत्म कर देना चाहते हैं, अंतराल भर देते हैं और भेद मिटा देते हैं। लेकिन हमें जो आनंद मिलता है वह तुलनाओं में, दूरी में, असमानता में–जो इसके साथ ही ऐसा आनंद है जो हमारे निकट है और ठेठ हमारा है।]

उल्लेखनीय है कि ब्रेष्ट का यह कथन उनके जीवन के अंतिम दिनों यानी 1948-56 के बीच लेकिन 1956 के कुछ ही पहले का है। इसे उन्होंने 1947-48 में लिखित 'ए शॉर्ट आर्गेनम फार द थिएटर' के 12वें सूत्र के व्याख्यात्मक परिशिष्ट के रूप में बाद में जोड़ा था। यही सही है कि वे अंतिम दिनों में इसे 'द्वंद्वात्मक रंगमंच' (डायलेक्टिकल थिएटर) कहने लगे थे, किंतु इस धारणा के बीज भी 1933 से ही उनकी रंगमंच तथा नाटक संबंधी टिप्पणियों में मिलते हैं। डॉ. बच्चन सिंह का यह कहना गलत है कि ब्रेष्ट ने 'एलियनेशन इफेक्ट' को अनुपयुक्त समझकर बाद में 'एपिक थिएटर' का 'आविष्कार' किया। 'ब्रेष्ट ऑन थिएटर' के संपादक

जॉन विले का प्रमाण मानें तो ब्रेष्ट ने आगे चलकर 'एपिक थिएटर' की धारणा को ही छोड़ना उचित समझा क्योंकि उनकी दृष्टि में वह बहुत ज्यादा 'फार्मल' अथवा 'रूपबद्ध' था। इसलिए 'एलियनेशन इफेक्ट' को 'निहायत बेमाकूल' कहना हर तरह से गलत है। वस्तुतः यह 'द्वंद्वात्मक रंगमंच' का ही बीज मंत्र है और अपने अंदर विक्टर श्क्लोव्सकी के उस 'डि-फेमिलियराइजेशन' को भी समेटे हुए हैं जिसे गैर-रूपवादी समझकर डॉ. बच्चन सिंह सीने से लगाए हुए हैं। अपनी एक आरंभिक टिप्पणी में तो ब्रेष्ट ने इस 'विलक्षणता' का जिक्र भी किया है और लिखा है : ''यदि मैं रिचर्ड तृतीय को देखना चाहता हूँ तो मैं अपने आपको रिचर्ड तृतीय होने का एहसास नहीं कराना चाहता। इसके विपरीत मैं इस क्रियाकलाप के दर्शन उसकी समूची विलक्षणता और दुर्बोधता के साथ करना चाहता हूँ।'' एक तरह से देखें तो तादात्म्य की ओर ले जाने वाले पुराने 'साधारणीकरण' के विपरीत यह 'असाधारणीकरण' है (यदि व्याकरण ऐसे किसी शब्द के निर्माण की छूट देता हो)।

प्रासंगिकता यदि 'इतिहासबोध' है, जैसा कि डॉ. बच्चन सिंह भी स्वीकार करते हैं, तो उसमें काल-बोध भी निहित है और कहने की आवश्यकता नहीं कि अतीत की कृति और आज के पाठक के बीच के कालगत भेद को मिटाकर काल-बोध का दावा नहीं किया जा सकता। जब हम किसी प्राचीन कृति को आज के लिए प्रासंगिक कहते हैं तो इसमें यह अर्थ निहित है कि हम उस कृति के युग की अपनी विशिष्टता को पहचानने के साथ ही अपने युग की विशिष्टता से भी परिचित हैं और इस प्रकार हमें दोनों युगों के अंतर की भी स्पष्ट अवगति है। प्रासंगिकता का निर्णय इस इतिहास-बोध के ढाँचे में ही संभव है। जिसका ज्ञान सिर्फ अतीत तक सीमित है वह कोरा अतीतजीवी इतिहासविद है। जो सिर्फ अपने जमाने की जानकारी रखता है वह समकालीनता का असहाय बंदी पत्रकार है और यदि उसे अतीत में 'समकालीन' रचनाएँ सहज ही मिल जाएा करें तो आश्चर्य नहीं।

यह सही है कि जब किसी कृति में हमें अपना प्रतिबिंब दिखाई पड़ता है तभी हम उसे प्रासंगिक कहते हैं; लेकिन इसका अर्थ यह नहीं कि वह कृति हमारा प्रतिबिंब-मात्र है; जब कि तथ्य यह है कि वह कृति हमारे लिए दर्पण का काम करती है; और यह दर्पण भी एक विशेष प्रकार का दर्पण है जो हमें अपना वह चेहरा दिखलाता है जिसकी ओर पहले ध्यान न गया था। इसके साथ ही संभवतः वह हमारे परिवेश का भी वह संदर्भ प्रस्तुत करता है जो हमारे लिए एक नए परिप्रेक्ष्य का काम करता है। नए परिप्रेक्ष्य में नया चेहरा दिखलाने का यह आघात अथवा

विस्मय ही वह प्रत्यभिज्ञान है, जिसे हम प्रासंगिकता कहते हैं। यहाँ दर्पण और दर्शक का भेद मिट नहीं जाता; बल्कि रत्नाकर के शब्दों में कहें तो **"ज्यों-ज्यों बसे जाते दूरि-दूरि प्रिय प्राण मूरि/त्यों-त्यों धँसे जात मन मुकुर हमारे मैं।"**

इस प्रकार कोई प्राचीन कृति हमारे आज के सभी प्रश्नों का सही उत्तर देकर अथवा देने के कारण प्रासंगिक नहीं होती, बल्कि एक सर्वथा भिन्न परिप्रेक्ष्य से हमारी आज की नियति को आलोकित करने के कारण, हमें नए सिरे से सोचने के लिए मजबूर करने के कारण और हमारी आत्म-तुष्टि को तोड़ने के कारण प्रासंगिक होती है। इसीलिए भिन्न विचारधारा के ढाँचे में निर्मित होने के कारण भी वह जीवंत लगती है और उसकी जीवंतता उसकी विचारधारा की सीमाएँ भी स्पष्ट कर देती है। यह जीवंतता उसके कालजयी रूप-विन्यास की संपूर्णता में होती है जो विचारधारा वलयित अंतर्वस्तु द्वारा निर्मित होते हुए भी अंतर्वस्तु से अनिवार्यतः आबद्ध नहीं होती। युग-युग में पुनर्नवता की यह क्षमता ही किसी कृति को कालजयी भी बनाती है और प्रासंगिक भी।

अंत में यह कहने की आवश्यकता नहीं रह जाती कि डॉ. बच्चन सिंह के विचारों से पूरी तरह सहमत न होते हुए भी मैं उनकी सामयिक प्रतिक्रिया का सम्मान करता हूँ, साथ ही कुछ और कहने की प्रेरणा देने के लिए आभार भी मानता हूँ। यदि उन्हें पूर्ण 'तादात्म्य' का अनुभव न हो तो इसे 'एलियनेशन इफेक्ट' समझें और एक बार इसका भी मजा लेकर देखें।

—नामवर सिंह

तनावों का कवि घन आनंद

नए सिरे से विचार करने पर घन आनंद कई मायने में आश्चर्यजनक ढंग से आधुनिक लगते हैं। रीतिमुक्त या मुक्तरीति शब्द उनके काव्यरूप के ऐतिहासिक परिप्रेक्ष्य को स्पष्ट करते हैं, काव्य के ऐस्थेटिक्स को नहीं। यों 'रीतिमुक्त' घन आनंद, ठाकुर, आलम, बोधा आदि को नहीं कहा जाना चाहिए। उन्हें मुक्तिरीति-कवि कहा जा सकता है क्योंकि वे रीति से मुक्त होकर भी थोड़ा बहुत रीति तत्त्व से बँधे हुए हैं। सबसे पहले उन्हें इन शब्दों के घेरे से ही मुक्त करना है।

उनकी समीक्षा या मूल्याँकन करते समय उनकी जीवनी का एक दूसरा घेरा भी डाल दिया जाता है। कहा जाता है कि वे मुहम्मद शाह रंगीले के मीरमुंशी थे। अन्य लोगों के साथ एक नर्तकी भी दरबार की शोभा थी। वह तुर्क थी। किंतु घन आनंद उसे सुजान कहते थे। दोनों एक-दूसरे से प्रेम करते थे। दरबारियों ने इस प्रेम में विघ्न डालने का निश्चय कर लिया। उन्होंने मुहम्मदशाह से कहा कि घन आनंद बहुत अच्छा गाते हैं। रंगीले ने एक दिन उनसे गाने की फरमाइश की। किंतु उसने इनकार कर दिया। दरबारियों को पता था कि वे सुजान का अनुरोध नहीं टाल सकते। रंगीले ने सुजान से अनुरोध करने के लिए कहा। घन आनंद ने बादशाह की ओर पीठ और सुजान की ओर मुँह करके गाया। गाना खूब जमा। पर बादशाह अपनी अवमानना से बेहद खफा हो गया। घन आनंद को देश निकाला दे दिया गया। सुजान उनके साथ नहीं गई। वे विरक्त होकर वृंदावन चले गए।

इस कहानी की प्रामाणिकता संदिग्ध है। यदि इससे कोई निष्कर्ष निकाला जा सकता है तो यही कि वे दरबारी कवि नहीं थे—दरबार के मीरमुंशी थे—मुंशियों के मुंशी। बादशाही दरबार के प्रति किसी प्रकार का आत्मसमर्पण नहीं। बादशाह के संबंध में एक कविता भी नहीं मिलेगी। जो हो जीवनी के मनोविज्ञान को कविता में खोजना समीक्षा नहीं है। शायद इसीलिए फूको ने कवि या रचयिता की मृत्यु

की घोषणा अपने प्रसिद्ध निबंध 'डेथ आफ दी आथर' में की है। व्यास, वाल्मीकि, कालिदास की जीवनी कहाँ है! उनको उनकी कृतियों से जानना चाहिए। 'डेथ आफ दी आथर' से बहुत पहले अपने यहाँ शबर ने लेखक को 'अजगलस्तन' कहा है। शबर का कथन फुको से कहीं अधिक चामत्कारिक और वजनदार है।

रचना के साथ लेखक का संबंध होता ही है। उसके अभाव में रचना का अस्तित्व ही संभव नहीं है। किंतु रचना करने के बाद लेखक उससे अलग हो जाता है। पाठक के सामने केवल रचना का पाठ रहता है। लेखकीय अभिप्राय को खोजना हवा में मुक्का मारना है। साभिप्राय हेत्वाभास के बारे में पश्चिम में आधुनिक काल में विचार किया जाने लगा। भारतीय आचार्यों ने, विशेष रूप से मीमांसकों ने आलोचना के क्षेत्र में लेखकीय अभिप्राय को बहुत पहले खारिज कर दिया है। पाठक पाठ की पुनः सर्जना करता है।

इस संदर्भ में पाठ की अनेकार्थता का उल्लेख अप्रासंगिक नहीं है। इधर अनेकार्थता (प्लूरैलिटी आफ मीनिंग) की बात किए बगैर कोई आधुनिक या उत्तर-आधुनिक नहीं माना जाता। इस फैशन की रीढ़ अभिनवगुप्त ने पहले ही तोड़ रखी है। वह ध्वन्यालोक लोचन में लिखता है कि पाठ कोई कामधेनु गाय नहीं है जिससे आप मनमाने ढंग से, अनंत काल तक अर्थ दूहते रहें। 'डी-कांस्ट्रक्शन' इसी प्रकार के अर्थ-दोहन की प्रक्रिया है।

इन सारी बातों की आश्चर्यजनक झलक घन आनंद के इस कथन में मिलती है—

"अच्छर मन को छरै बहुरि अच्छर ही भावै
रूप अच्छरातीत ताहि अच्छरै बतावै
तत्व बोध वोरानि में अच्छर गति अच्छर लहै"

'अच्छर' यानी शब्द मन को छलता है। शब्द में इतनी शक्ति नहीं है कि हृदयस्थ भावों को पूर्णतः अभिव्यक्ति कर सके। जब शब्द संस्कारहीन होते जा रहे हों, उनकी ताजगी खोती जा रही हो तब वे और भी अधिक छलते हैं। ऐसी स्थिति में कवि को उन्हें नया संस्कार देना पड़ता है, ऐसे शब्द खोजने पड़ते हैं जो कवि के भावों को पूर्णतः अभिव्यक्त कर सकें। पूर्णतः न सही तो अधिक से अधिक पूर्णता में व्यक्त करने में समर्थ हो सकें। कवि की लाचारी है कि उसे शब्द का ही माध्यम अच्छा लगता है। इसके अतिरिक्त कोई विकल्प भी नहीं है।

रूप का सम्यक् बोध अक्षर द्वारा संभव नहीं है। पर उसे चित्रित करने का काम तो अक्षर ही करेगा। सही शब्द की पकड़ काव्य-बोध के लिए पागल व्यक्ति

ही कर सकता। इस उपलब्धि समाधि-दशा में ही हो सकती है। घन आनंद का यह शब्द- चितंन कितना आधुनिक लगता है। बद्धरीति कवियों ने भाषा को इतना घिस डाला था, वह इतनी पारंपरिक हो गई थी कि उससे नई भावभिव्यक्ति हो ही नहीं सकती थी। कवि भाषा की उस जड़िमा को तोड़कर उसमें नया अर्थ भरने की चेष्टा करता है।

बद्धरीति कवियों पर व्यंग्य करते हुए ठाकुर ने लिखा है–

सीख लीनो मीन मृग खंजन कमल नैन
सीख लीनो जस ओ प्रताप को कहानी है।
सीख लीनो कल्पवृक्ष कामधेनु चिंतामणि
सीख लीनो मेर औ कुबेर गिरि आनो है
ठाकुर कहत याकी है कठिन बात
वाको नाहीं भूल कहूँ बाधियत बानो है।
डेल सो बनाय आज मेलत सभा के बीच
लोगन कवित्त की बो खेल करि जानो है।

बद्धरीति कवि घिसे-पिटे अप्रस्तुतों, कवि समयों, अलंकारों आदि की सहायता से कविता गढ़ रहे थे। राज सभा में कविता का ढेला मार कर सहृदयों को चोट पहुँचा रहे थे। घन आनंद ने लाक्षणिक और व्यंजक प्रयोगों द्वारा भाषा को प्रत्यग्रता दी और जीवन के जटिल द्वंद्वों को जटिल संरचना में अभिव्यक्त किया। स्वच्छंद कवियों में भी इनकी रचना की बिनावट और बुनावट दोनों अलग हैं।

रीति काव्य का पैटर्न नायक-नायिका-भेद पर आधारित है। कविता उनके लक्षणों के उदाहरण के रूप में पेश की जाती है। लक्षणों को एक बँधी हुई प्रणाली में ढाल दिया जाता है। मुक्तरीति काव्य में लक्षण नहीं है। आत्मानुभूति अपने आप कविता बन जाती है। किंतु यह आह से निकला हुआ गान नहीं है। इसमें मछली की तड़प की तरह प्रेमजन्य पीड़ा की छटपटाहट है। शब्द अपने आप नए ढंग से विन्यस्त हो जाते हैं। और शब्दार्थ को संवेदनात्मक गहराई के साथ विस्तार मिल जाता है। घन आनंद ने स्वयं कहा है–**''लोग हैं लागि कवित्त बनावत मोंहिं तो मेरे कवित्त बनावत'** शब्दों का लाक्षणिक प्रयोग स्वयमेव हो गया है क्योंकि जटिल अनुभूतियों की अभिव्यक्ति में शब्दार्थ बाधित होते चलते हैं।

घन आनंद मौन भाषा की बात उठाकर और आश्चर्यचकित कर देते हैं। अंग्रेजी में 'भाषा और मौन' पर कई पुस्तकें हैं। पर हिंदी में यह प्रश्न पहले-पहल

अज्ञेय ने अपने एक निबंध 'शब्द, मौन और अस्तित्व' में उठाया। जिस किसी ने अच्छा काव्य पढ़ा है उसने लक्ष्य किया होगा कि कवि शब्दों का न केवल भरपूर सार्थक प्रयोग करता है बल्कि कभी-कभी शब्दों या वर्णों का उपयोग नहीं, अर्थ-गर्भ मौन का भी उपयोग करता है, मुझे हमेशा लगा है कि यही भाषा का श्रेष्ठ कलात्मक उपयोग है—जिसमें न केवल शब्दों के निहित और संभाव्य अर्थों का पूरा उपयोग किया जाता है बल्कि उन अर्थों का भी जो शब्दों के बीच शब्द हीन अंतराल में भर सकते हैं।..." "मैं यहाँ तक कह सकता हूँ कि कविता भाषा में नहीं होती, वह शब्दों में भी नहीं होती, कविता शब्दों के बीच की नीरवता में होती है।" शब्दों के बीच की नीरवता का रहस्य तो अज्ञेय ही जानें। पर अर्थ-गर्भ मौन की बात अवश्य महत्त्वपूर्ण है। घन आनंद ने इसका स्वयं उल्लेख किया है—**'नैननि काननि बीच बसे धन आनंद मौन बखान सु देखि लै।'** "मौनमधि पुकार है।" से की गई है। मीमांसकों ने तो पाठकेंद्रित समीक्षा का विस्तृत वर्णन किया है, पश्चिम में इधर इसे समीक्षा की मुख्य धारा मान लिया गया है। मल्लिनाथ टीकाकार ही नहीं हैं पाठ को केंद्र में मानकर व्याख्या करने वाले समीक्षक भी हैं। उन्होंने स्पष्ट कहा है—**"नामूल लिख्यते किन्वत नापेक्षितं उच्चते।"** यह सच है कि पाठ के बाहर कुछ नहीं है, जो कुछ है। संदर्भ नियंत्रित पाठ में ही है। संस्कृत आचार्यों की यह बात सही नहीं है कि पाठ कवि से तादात्म्य करता है। उसका तादात्म्य काव्य के पाठ से होता है।

किंतु प्रत्येक पाठक या सहृदय की रुचि, अध्ययन की गहराई-विशालता, काव्यानुशीलन के अभ्यास के स्तर में भेद होता है। किसी का मन कालिदास में रमता है तो किसी का वाल्मीकि में। किसी को तुलसीदास अच्छे लगते हैं तो किसी को कबीर। कोई देव को बेहतर कवि मानता है तो कोई बिहारी को। घन आनंद को पढ़ने के लिए भी सहृदय में कुछ विशिष्ट गुणों का होना आवश्यक है। 'व्रजनाथ' ने घन आनंद की प्रशस्ति में कुछ कवित्त-सवैये लिखे हैं। घन आनंद उनके अत्यंत प्रिय कवि प्रतीत होते हैं। उन्होंने घन आनंद के पाठक की जिन विशेषताओं का वर्णन किया है उससे पता चलता है कि वे स्वयं एक सहृदय समीक्षक थे।

वे लिखते हैं—

ने ही महा ब्रजभाषा प्रवीन औ सुंदरतानि के भेद कों जानै।
जोग-वियोग की रीति में कोबिद, भावना-भेद स्वरूप को ठाने।
चाह के रंग मैं भीज्यौ हियो, बिछुरें मिलें प्रीतम सांति न मानै।
भाषा-प्रबीन, सुछन्द सदा रहै सो घन जी के कवित्त बखानै।

जग की कबिताई के धोखें रहै, हयाँ प्रबीनन की मति जाति जकी।
समझै कबिता घन आनंद की हिय आँखिन नेह की पीर तकी॥

× × ×

कोटि विषै करि ओट महा नहिं नेह की चोटहि को पहचानै।
बात को गूढ़ न भेदन जानत मूढ़ तऊ हठि बादनि ठानै।
चाह प्रवाह अथाह परे नहिं आप ही आप बिचच्छन मानै।
पूं-विपान बिना पसु जो सु कहा घन आनंद बानी बखानै॥

× × ×

जुं पढ़े बिनु क्यों हूँ रह्यौ न परै तौ पढ़ौ चित मैं करि चेत।

इन उद्धरणों से सहृदय की चार मुख्य विशेषताओं पर प्रकाश डाला गया है—सहृदय के स्वभाव, ऐस्थेटिक अभिज्ञता, भाषा-प्रवीणता नए साहित्य के संस्कार। सहृदय को असामान्य प्रेमी होना चाहिए—ऐसा प्रेमी जो प्रेम के रंग में भीगा हुआ हो, उसकी चोट को पहचानता हो। उसे सौंदर्य के भेदोपभेदों की गहरी जानकारी होनी चाहिए। जिस भाषा में कविता लिखी गई हो उसमें सहृदय का दक्ष होना आवश्यक है। जग की कविता यानी नायक-नायिका-भेद के संस्कारी सहृदयों को स्वच्छंद कविता रुचिकर नहीं लगेगी। ऐसे मूढ़ों को वह पुच्छ-विषाणहीन पशु कहता है। यदि उनकी कविता पढ़े बिना रहा जा सकता तो उसे पढ़ो—अवधानतापूर्वक।

प्रेम का व्याकरण

बद्धरीति कवियों का प्रेम मुख्यतः शारीरिक है। यों शारीरिक प्रेम में भी मानसिक पीड़ा अनुपस्थित नहीं रहती। फिर भी इसका व्याकरण संयोग-वियोग तक सीमित है। संयोग में सुख ही सुख है तो वियोग में दुःख ही दुःख। मुक्तरीति-कवियों का प्रेम मूलतः मानसिक है, पीड़ा और हाहाकार से भरा हुआ। यहाँ पर, मुख्यतः घन आनंद में संयोग-वियोग में पार्थक्य नहीं है। संयोग भी वियोग से अलग नहीं है। बद्धरीति-कवियों का प्रेम कीड़ा-परक है। उसे वे चौगान कहते हैं, जिसमें दाँव-पेंच से जीत होती है, उसके प्रेम, छल-कपट की भी गुंजाइश है। मुक्तरीति कवियों का मार्ग पर्याप्त जटिल और दुःसाध्य है। इस पर चलने वाले को तलवार की धार पर दौड़ना पड़ता है—

अति छीन मृनाल के तारहु ते तेहि ऊपर पाँव दै धावनो है।
सुई बेह से द्वारस कीन तहाँ परतीत को टाँड़ो लदावनो है।

कबि बोधा अनी घनी ने जहु ते चढ़ि तापै न चित्त डरावनो है।
यह प्रेम को पंथ कराल महा तलवार की धार पै धावनो है।

'तलवार की धार' पर दौड़ने वाले ये सभी कवि इस मार्ग दुर्गमता और जानलेवा खतरे से परिचित हैं, फिर भी वे उस मार्ग पर चलने के लिए दृढ़ संकल्प हैं। एक ही मार्ग के राही होने पर भी उनकी अलग-अलग विशेषताएँ हैं। घन आनंद तो इन सबसे न्यारे बनाकर भेजे गए हैं। इनमें जितनी बेचैनी, जितनी तड़प और विह्वलता दिखाई पड़ती है उतनी किसी अन्य कवि में नहीं पाई जाती। घन आनंद की पीड़ा के प्रारंभ में ही अंत है। मिलन में निरंतर वियोग की स्थिति इसी का परिणाम है,–

सोएँ न सोइबो जागें न जाग, अनोखियै लाग सु आँखि न लागी।
देखत फूल पै भूल शरी यह सूल रहै नित ही चित जागी।
चेटक जान-सजीवनि-मूरति रूप-अनूप महारस सानी।
कौन वियोग दसा घन आनंद जो मति संग रहै अति खागी॥

अजीब समस्या है न सोने पर सोया जाता है, न जागने पर जागा जाता है। विचित्र वियोग है कि उसमें भी संयोग बना रहता है। अपनी व्याकुलता के लिए वे दो प्रतीक चुनते हैं–मीन और पतंग। **'बिछुरें मिले मीन-पतंग-दसा कहा मो जिय की गति कों परखै।'** जल से बिछुड़ने पर मीन और दीप शिखा से मिलने पर जो तड़प होती है वह उसकी दशा का स्पर्श भी नहीं कर सकती। मिलने में भी ताप, बिछुड़ने में भी ताप।

''चेटक हौ सब भाँतिन जू घन आनंद पीवत चातक चेत हौ।
रावरौ रीझि न बूत्रि परै तनकौ मिलि क्यों बहुतै दुख देत हौ॥''

कितने मायावी हो तुम। तुम्हें देखकर मेरे मन रूप चातक की चेतना भी लुप्त हो जाती है, उसे तुम पी जाते हो। तुम्हारे प्रेम का स्वरूप समझ में नहीं आता कि थोड़ा मिलकर भी बहुत दुःख देते हो।

प्यार का एक चित्र अज्ञेय ने पेश किया है। इससे घन आनंद के प्रेम को पहचाना जा सकता है–

उस अनदेखे अरूप ने कहा : हाँ
क्योंकि वे ही सब चीजें तो प्यार हैं–

यह अकेलापन, यह अकुलाहट
आर्ति अननुभव,
यह खोज, यह द्वैत, यह असहाय
विरह-व्यथा,
यह अंधकार में जागकर सहसा पहचाना कि
जो मेरा है वही ममेतर है।

निंबार्क संप्रदाय में दीक्षित होने और वृंदावन में होने पर भी सुजान के चेटक रूप से वे मुक्त नहीं हुए। सुजान और कृष्ण पर्याय हो गए।

अनलंकृत सौंदर्य चेतना

बद्धरीति कवियों का नारी सौंदर्य मृग, मीन आदि काव्यरूढ़ियों से विजड़ित, बेश-कीमती वस्त्राभूषणों से अलंकृत और फानूस या दीपावली की तरह जगर-मगर करता हुआ दिखाई पड़ेगा। उनके हाव-भाव-हेला में ऐन्द्रिय उत्तेजना (सेंसुअल एक्साइटमेंट) मिलेगी। रूप वर्णन में ब्यौरा यहाँ भी है और घनआनंद में भी है। ब्यौरे पर घन आनंद जोर देते हैं। पर दोनों के ब्योरों में फर्क है। एक बाह्य व्यापारों और मूर्त बिंबों को चुनता है तो दूसरा आंतरिक व्यापारों और अमूर्त बिंबों को।

मुक्ताफल की छाया के तरलत्व की भाँति अंगों में प्रतिभासित लावण्य सौंदर्य का केंद्रबिंदु है। घन आनंद ने इस लावण्य को ही विशेष रूप से परिलक्षित किया है। इसके अतिरिक्त प्रिय की विधि भंगिमाओं, चितवन, प्रेमालाप, तरल हँसी आदि का यथास्थान उपयोग किया गया है।

प्रिय की अपार शोभा को उक्ति के लघु आकार में बाँध सकना घनानंद के लिए संभव नहीं है। वे कहते हैं—

पानिप अपार घन आनँद उकति ओछी,
जतन जुगति जोन्ह कोप पे नपति है।

कोई भी उक्ति या उपाय से क्या चाँदनी को नापा जा सकता है?

अत्यंत कलात्मक ढंग से दो-चार रेखाओं में बँधे हुए प्रिय का एक प्रभावोत्पादक चित्र देखिए—

झलकै अति सुंदर आनंद गौर, छके दृग राजत का नभ है छ्वै।
हँसि बोलानि में छबि फूलन की बरषा, उर ऊपर जाति है ह्वै।

लट लोल कपोल करै, कल कंठ बनी जलजावलि द्वै।
अंग-अंग तरंग उठै दुति की, परिहै मनो रूप अबै धर च्वै॥

ब्योरे का चयन बद्धरीति-काव्य के चयन से भिन्न और ताजा है अंतिम पंक्ति का लाक्षणिक प्रयोग प्रिय के सौंदर्य को सजीव बना देता है।

एक साथ ही लज्जाएुक्त चितवन, सरस वार्तालाप, हँसी और नाटकीय भंगिमा का ऐंद्रजालिक दृश्य देखिए—

लाजनि लपेटी चितवनि भेद भाय भरी
लसति ललित लोल चल तिरछानि में।
छबि को सदन गोरो बदन, रुचिर भाल
रस बिछुरत मीठी मृदु बतरानि में।
आनँद की निधि जगमगाति छबीली बाल
अंगनि अनंग रंग ढुरि मुरि जान में।

इस ब्योरे का केंद्रीय बिंब है 'ढुरि मुरि जान मैं?' नायिकाओं के मुड़कर देखने का वर्णन तो बहुत आया है। पर 'ढुर मुरि' अपनी प्रत्यग्रता और गत्यात्मकता में अनोखा है।

प्रेमोत्पादन में नृत्य, गीत और वाद्य का बड़ा ही सम्मोहक प्रभाव पड़ता है। नृत्य में अनेक प्रकार की भंगिमाएँ, अंगों के मरोड़-आवर्त और भावपूर्ण मुद्राएँ अपने आप में वशीकरण हैं। गीतों की स्वर-लहरी से जो आनंदानुभूति जगती है वह प्रेम को अतिशय प्रगाढ़ बना देती है। इससे आनंद और रस का अनुभव न करने वाले व्यक्ति को अभिनव ने 'परात्रिंशिका' में सहृदय नहीं माना है। संगीत से हृदय में एक विचित्र प्रकार का रागोद्वेलन होता है। नृत्य और संगीत के साथ वाद्य का अविच्छेद्य संबंध है। इससे उन्हें पूर्णता मिलती है। अलग से भी वाद्यगीत या उसकी रागात्मक झंकार श्रोता की तन्मयीभूत योग्यता को सार्थक बनाती है। बिहारी ने सिद्धांत रूप से तंत्रीनादक प्रतिपादन किया ही है। घन आनंद में इनका रागोत्पादक छंदोबद्ध का व्यावहारिक रूप देखिए—

(1) **रूपमतवारी घन आनंद सुजान प्यारी**
धूमरे कटाछि धूम करें कौन पै घिरैं।
नाच की चटक लसै अंगनि मटक रंग,
लाडिली लटक संग लोयन लगै फिरै।

अभिनै निकाई निरखत ही बिकाई मति,
गति भूली डोलै सुधि सो धौ न लहैं तिरैं।
राते तरवानि तरें चूरे चोप चाड़ पूरे
पॉवड़े लौं प्रान रीझि कनावड़े गिरें॥

(2) जान प्रबीन के हाथ क्रो बीन है मो चित राग भर्यौ निज राजै।
साँ सुर साँच कहूँ नहि छाड़त ज्यों ही बजावै लियें मन बाजै।
भावती मीड़ मरोर हियें घन आनंद सौगुने रंग सों गाजै।
प्यार सौं तार सु ऐंचि के तोरत क्यौं, सुघराइयै लाजत लाजै॥

दोनों चित्र घन आनंद के स्मृति-रूप-विधान हैं। पहले में कुछ व्यारों को चुना गया है जैसे, कटाक्ष, अंगों की मरोड़, अभिनय, लाल तलुवे। फिर इनके प्रभाव का राग दृश्य है। इसके पीछे धन आनॅद की गहरी वृत्ति है जो पाठक की भी हो जाती है। घन आनंद की रागवृत्ति का इतना ही अर्थ है कि छंदोबद्ध रागवृत्ति पाठक का तादात्म्य इसी से होता है।

अब सुजान का वीणा-वादन। वह वीणा-वादन में प्रवीण है। उससे जो कुछ राग निकलता हो पर लगता है उसके ही चित्त का राग है। वीणा में जो स्वर बजता है उससे उसका मन भी बजने लगता। आज की कविता में बादल का बजना खूब देखा जाता है। पर मन का बजना गहन आंतरिकता लिए हुए है। उसकी मीड़—एक स्वर का दूसरे स्वर में जाने की कलात्मक स्थिति हृदय में सौ गुने मरोड़ का आनंद देती है। एक स्वर का दूसरे में संक्रमण अद्भुत आनंददायक होता है। तार को प्यार से खींचते समय उसका सौंदर्य लज्जारुण छवि की तरह सुशोभित हो उठता है। कहना न होगा कि इस वीणा-वादन को पढ़ कर पाठक का मन भी बजने लगता है।

संयोग-वियोग की रीति में कोविद

ब्रजनाथ ने उन्हें संयोग-वियोग की रीति में कोविद क्यों कहा है? क्या बद्धरीति कवि संयोग-वियोग की रीति में कोविद नहीं थे? बद्धरीति कवि की पंडिताई किताबी थी, परंपरामुक्त थी, मृग, मीन, पंकज वाली थी। उनके संयोग में संभोगेच्छा व्यापारों-आलिंगन-चुंबन, सुरति, सुरतांत आदि का प्राधान्य है। मुक्तरीति कवियों—विशेषतः घन आनंद का मन इन व्यापारों में नहीं रमा है। यहाँ तो प्रिय के साक्षात् मात्र से हृदय उमड़ आता है, वाणी मौन हो जाती है, रूप की कौंध से आँखें चौंधिया जाती हैं। अथवा रूपाभा से दिशाएँ इतनी भर उठती हैं कि और कुछ दिखाई नहीं

पड़ता। जादू भरे प्रिय के रूप को देखकर कवि संभ्रम में पड़ जाता है—

चेटक रूप रसीले सुजान! दई बहुतै दिन नेकु दिखाई।
कौंध में चौंध भरे चख हाय! कहा कहौं हेरनि ऐसी हिराई।
बातैं बिलाय गई रसना पै हियो उमड़्यो कहि एकौ न आई।
साँच कि संभ्रंम हौ घन आनंद सोचनि ही मति आप सिराई॥

थोड़ा-सा दिखाई देने पर भी उसके रूप का जादू बहुत दिनों तक बना रहता है। वह रूप के अवर्ण्य प्रभाव का वर्णन नहीं करता। पर वर्णन न करने में ही वर्णन हो जाता है। भाषा का मौन इसी का नाम है। पता नहीं क्या-क्या बातें करनी थीं। पर वे भूल गई—जिह्वा पर ही मौन में विलीन हो जाती है। विलीन शब्द में अपेक्षित अर्थवत्ता नहीं है इसलिए वह एक देशज शब्द 'विलाय' ले आता है। कविता शब्दों में ही होती है। यदि सही शब्द मिल जाए। सही शब्द ढूँढ़ने की कला घन आनंद से सीखी जानी चाहिए।

संयोग में वियोग

प्रेम में संयोग का सुख और वियोग का दुख होता है। यह सामान्य मनोवैज्ञानिक सचाई है। साहित्यशास्त्र में दोनों का विस्तृत उल्लेख है। रीति कवि इन दोनों अवस्थाओं का एक खास बँधी-बँधाई पद्धति से वर्णन करते हैं। प्रेम का एक और स्वरूप होता है जिसमें वेदना, बेचैनी, केवल छटपटाहट होती है। पर घन आनंद को **'बिछुरे मिले प्रीतम शांति न मानै।'**

घन आनंद का प्रेम विषम प्रेम है। इसमें घन आनंद की गहरी आसक्ति है। इसकी एक ही परिणति होती है—निरंतर एक प्रकार की ज्वाला में तपना-खपना। जब कभी दर्शन होते हैं वियोग संग नहीं छोड़ता—

साधन ही मरिये भरिये, अपराधिनि बापिन के गुन गावत।
देखें कहाँ? अपने हूँ न देखत, नैन यों रैन दिना झर लावत।
जो कहूँ जान लखैं घन आनंद तौ तन नेकु न औसर पावत।
कौन वियोग भरे अँसुवा जु संयोग में आगेई देखन धावत॥

कविता की व्याख्या नहीं हो सकती। घन आनंद की कविता की तो और भी नहीं, उससे भावानुभूति ही होगी। 'बंदों सीताराम पद, जिन्हें परमप्रिय खिन्न' की व्याख्या की जा सकती है। पर 'साधन ही मरिये-भरिये' का क्या कीजिएगा?

प्रिय के देखने की साध में मरते रहना में 'साधन ही मरिये-भरिये' का व्यंग्य समाहित नहीं पाता और न चित्त की बेचैनी। यह भी कैसा देखना कि देखने के पूर्व उसे देखने को आँसू दौड़ पड़ते हैं।

उनका प्रेम अनिर्वच है, दुस्तर है। उसमें आकुलता, मर्मभेदी व्यथा और आर्तता का ऐसा आवेग है जो रीति के व्याकरण को एक झटके में तोड़ देता है। हाहाकार का एक अद्वितीय दृश्य देखिए—

अंतर है किधां अंत रहौ, दृग फारि फिरों की अभागिन भीरौं।
आगि जरों, अकि पानी परौं अब कैसे करौं हिय की विधि धीरौं।
जौ घन आनंद ऐसी रूची तौ कहा बस है अहो मावनि पीरौं।
पाऊँ कहाँ हरि हाय तुम्हें धरती मैं धसौं कि अकासहि चीरौं॥

आँखें फाड़-फाड़ कर खोजती हूँ कि तुम मेरे भीतर हो या बाहर। मैं अपने भाग्य को कोसती हूँ। हृदय को धीरज देने के लिए मैं क्या करूँ—अग्नि में जल मरूँ या पानी में डूब मरूँ? अंतिम पंक्ति में दृश्य का सार्थक प्रयोग द्रष्टव्य। 'धरती में धसौं की अकासहि चीरौं' में हाहाकार का स्वर कितना मुखर हो उठा है। 'धसौं' और 'चीरों' हाहाकार की अथर्वत्ता को और गहन बना देता है।

प्रिय के साथ पलंग पर सोए रहने पर भी उसे चैन नहीं है। दोनों आलिंगनबद्ध हैं। फिर भी प्रेमी की दशा रंक की तरह है—पता नहीं यह वैभव कब चुक जाए। मदहोशी में भी वह रह रह कर कभी चूमने लगता है, कभी एक दृक देखने लगता है—'पौढ़े घन आनंद सुजान प्यारी पर जंक/ धरे धन अंक तऊ मन रंक गति है। न तो इसमें पायल की खनक है और न बिछिया और न सिसकियों के शोर की अस्वस्थता (मॉरबिडिटी) है। मुक्तरीति या स्वच्छंद कवियों में ऐसा कुछ नहीं मिलेगा। उनकी सौंदर्य चेतना में मानसिक-शारीरिक आकर्षण की रमणीय युगनद्धता सर्वत्र मिलेगी।

अब प्रेमकीड़ा का एक महोत्सव—

दाँव तकै रस रूप छकै, विथकै मति पै अति चोपनि धावै
चोंकि चलै, ठठि छैल छलै, सु छबीली छराय लौं दाँह न ध्वावै।
घूँघट ओट चितै घन आनंद चोट चितै अँगुठाहि दिखावै।
यावती गौं बस हूवै रसिया हिय हौंसनि सौं सनि आँख अजावै॥

नायक नायिका के रूप रस से छककर उसे पकड़ने की घात लगा रहा है लेकिन कोई बात नहीं बनती। उसकी बुद्धि जवाब दे जाती है। नायिका चौकन्नी

होकर चलती है, फिर भी अपने अपूर्व वेश विन्यास से नायक को छलती जा रही है। किंतु पकड़े जाने की आशंका से वह अपनी छाया को भी नायक को छूने नहीं देती। घूँघट की ओट से नायक को देख लेती है। इस तरह उस पर चितवन की चोट करती हुई अँगूठा देखा देती है। रसिक नायक-नायिका की छल-भंगिमा को आँखों में अंजन की भाँति आँज लेता है।

बिहारी की एक सामंती क्रीड़ा देखिए—

दोऊ चोर मिहीचनी, खेल न खेल अघात।
दुरत हिये लपटाय के, छुवत हिये लपटात।

घन आनंद में इस प्रकार का कुछ भी लंपक-झंपक नहीं है। वह तो सारी क्रीड़ा को—लपटान विहीन क्रीड़ा को—आँखों में आँज लेना चाहता है, बसा लेना चाहता है। मानसिकता यहाँ भी प्रमुख है।

वियोग की निजता

मुक्तरीति कवियों के पास निजता है, भोगा हुआ दर्द है, उस दर्द की गहरी अभिव्यक्ति है। बद्धरीति कवियों की तरह इनमें चिंता, स्मृति, गुणकथन, उद्वेग, मूर्च्छा, प्रलाप आदि किताबी मानसिक दशाएँ नहीं हैं। बिहारी, देव आदि ने तो विरह-ताप की हट कर दी है। देव का एक विरह-ताप-वर्णन है—**'बालम विरह जिन जान्यो न जनम-भरि/वरि-वरि उठैं ज्यौं ज्यौं बरसै बरफ राति/बीजन डुलावत सखीजन त्यों सीतरहू मैं/सौति के सराय तन तपत तरफरात/...'** यह कितना परंपरा मुक्त और उपहासास्पद है।

इस प्रकार की अहाओं के लिए घन आनंद की रचनाओं में कोई स्थान नहीं है। उसकी प्रेम-पीड़ा अनिर्वच है, उसे वाणी द्वारा व्यक्त नहीं किया जा सकता—

कंत रमैं उर अंतर मैं सु लटै नहीं क्यौं सुख रासि निरंतर।
दंत रहैं गहैं आँगुरी, तेजु वियोग कि तेह तचे परतंतर।
जो दुख देखति हौं घन आनंद रैन दिना बिना जान सुतंतर।
जानैं वेई दिन-राति, बखाने तें जाय परैं दिन राति को अंतर॥

यदि यह कहा जाए कि प्रिय तो तुम्हारे अंतःकरण में बसता है तो तुम निरंतर सुख की राशि क्यों नहीं लूटती। इसका उत्तर है कि वियोग द्वारा परतंत्र होकर जो लोग उसकी आँच में जलते रहते हैं वे भी मेरे वियोग को देखकर दाँतों तले उँगली दबा लेते हैं। स्वच्छन्द सुजान के बिना जो दुःख मैं भोगती रहती हूँ

उसे वे दिन रात ही जान सकते हैं। यदि दुःख को कहती हूँ तो दिन रात का अंतर पड़ जाता है। विरह की वास्तविक स्थिति और उस स्थिति के कथन में बहुत अंतर पड़ जाता है। घन आनंद ने कह रखा है कि शब्द में इतनी शक्ति नहीं होती कि वह भावानुभूति को पूरा का पूरा व्यक्त कर सके। विरहानुभूति की वास्तविकता और शब्दबद्ध अनुभूति की सच्चाई में बहुत फर्क पड़ जाता है।

इनके विरह-वर्णन में तरह-तरह की मानवीय विरह-दशाएँ (शास्त्रीय नहीं) है। कहीं निरलंबता है। कहीं-कहीं अपनी मौन पुकार पर भरोसा—

प्रारभवंत पपीहन को घन आनंद जू पहिचीनौ कहा तुम

× × ×

सूनो जग हेहौं रे अमोही। काहि टेरौं

× × ×

कूक भरी मूकता वुलाय आप बोलि है।

प्रासंगिकता

कोई कह सकता है कि घन आनंद के काव्य के बारे में प्रासंगिकता का प्रश्न उठाना स्वयं अप्रासंगिक है। किंतु ऐसा है नहीं। शायद यह एक अत्यंत महत्त्वपूर्ण सवाल है। शमशेर ने अपने काव्य-संग्रह 'चुका भी नहीं हूँ मैं' में कहा है कि 'अपनी काव्य कृतियाँ मुझे दरअसल सामाजिक दृष्टि से बहुत कुछ मूल्यवान नहीं लगतीं।' ऐसा कहकर उन्होंने प्रासंगिकता की प्रासंगिकता के बारे में प्रश्न उठाया है। यदि यह प्रश्न शमशेर की कविता के बारे में उठ सकता है तो इस अर्थ में घन आनंद की कविता और भी अप्रासंगिक होगी। पर आधुनिक काल में शमशेर, मुश्किल कवि होते हुए भी अत्यंत महत्त्वपूर्ण कवि हैं। घन आनंद अपने समय के श्रेष्ठ कवि हैं—सर्वश्रेष्ठ कहने में भी मुझे कोई संकोच नहीं है। यदि श्रेष्ठ कवि प्रासंगिक नहीं है तो प्रासंगिकता की परिभाषा बदलनी होगी या काव्य के मूल्यांकन में इस शब्द को ही खारिज कर देना होगा।

इधर प्रासंगिकता के शोर-शराबे में साहित्य के कलात्मक मूल्यों का पक्ष दबता गया है। आलोचकों ने किसी न किसी राजनीतिक और सामाजिक विचारधारा से साहित्य को जोड़ कर उसकी विराट गरिमा को छोटा कर दिया या बौना बना दिया। इस एक कसौटी पर कस कर वे किसी को बड़ा किसी को छोटा कहकर फतवा देने पर उतारू हो गए। इससे उन्हें आलोचना-कर्म में सुविधा हुई। वे काव्य को उसकी अपनी शर्तों पर न देखकर शर्तों पर देखने लगे। अगर काव्य की अपनी

शर्तों पर विचारधारा आती है तो कोई हर्ज नहीं है। ब्रेब्ट भी अंततोगत्वा इसी का समर्थक हो जाता है।

घन आनंद ने—**'हुकुम पाइ जयसाह को'**—किसी जयसाह की आज्ञा से कविता नहीं लिखी है। उसने स्वयं लिखा है—**'मोहि तो मेरे कवित्त बनावत।'** उसने कविता की शर्तों पर कविता लिखी है। इसमें न किसी सामंत-सरदार से अशर्फी पाने का प्रलोभन है और न किताब ज्ञान का आधार। वह एक ऐसे संसार का निर्माण करता है जिसमें वह स्वयं निर्मित होता है। पाठक भी उसके द्वारा स्वयं अपने को पुनः सर्जित करता है। संस्कृत साहित्यशास्त्र में सामाजिकता की बात नहीं उठाई गई। आखिर ऐसा क्यों हुआ, यह सोचने की बात है। वेद, पुराण, स्मृति, धर्मशास्त्र में आचार-विचार भरे पड़े हैं। पर साहित्य को इनसे अलग क्यों रखा गया? साहित्य की अस्मिता और स्वायत्तता पर इतना जोर क्यों दिया गया? आज भी लेखन अन्य विधाओं की अपेक्षा अधिक स्वायत्त और गरिमामय है। उसका मूलाधार रस है। रस का संबंध मनुष्य की जातीय स्मृतियों से है, 'साइके' से है।

काव्य की दुनिया अलौकिक है। हम जो कुछ देखते हैं, अनुभव करते हैं साहित्य में वैसा कुछ नहीं होता, उससे भिन्न होता है। घन आनंद का रचना-संसार भी ऐसा ही है लौकिकता से किंचित भिन्न। हम इसी से चमत्कृत होते हैं, रसानुभव करते हैं। पर प्रश्न उठता ही है कि क्या काव्य का प्रयोजन इतना ही है या उसमें कुछ प्रयोजनातीत प्रयोजन है। प्रेम—सच्चा प्रेम—एक प्रयोजनातीत प्रयोजन है। 'नेट की चोट' को सहने में ही आनंदानुभव करना एक बड़ा मूल्य है। घन आनंद के प्रशस्तिकर्ता ब्रजनाथ ने स्वयं कहा है—

लोक की कानि रु वेद यतो, कुक्त वर्त तजै, जग रीतिय नाखैं।
सो कविता घन आनंद की रस रीति दी प्रीतिय सो चित भाखैं।

भारतेंदु हरिश्चंद्र : व्यक्तित्व के अंतर्विरोध

हिंदी साहित्य के साहित्यकारों में जितने अंतर्विरोध भारतेंदु में दिखाई पड़ते हैं उतने शायद ही किसी अन्य साहित्यकार में हों। उनके व्यक्तित्व का निर्माण सूर, तुलसी की भाँति विरुद्धों के सामंजस्य से नहीं, विरुद्धों के संघर्ष से हुआ था। भारतेंदु का युग संक्रांति काल से गुजर रहा था। शताब्दियों से चला आता हुआ पारंपरिक सामाजिक ढाँचा टूट रहा था और नई चेतना उत्पन्न हो रही थी। नए-पुराने का संघर्ष पहले भी हुआ था पर वह धर्म तक ही सीमित था। किंतु इस काल में तो वह समाज और व्यक्ति की बुनावट के रेशे-रेशे में फैल चुका था; दूसरे शब्दों में, सर्वग्रासी हो चुका था। भारतेंदु ने इसकी गति, परिवर्तन और विकास को पूरी तरह स्वायत्त किया। भारतेंदु के व्यक्तित्व का अध्ययन उस युग तथा हिंदी जाति के अंतर्विरोधों का अध्ययन है। किंतु स्मरण रखना चाहिए कि किसी भी सचेत व्यक्ति का व्यक्तित्व समाज के अंतर्विरोधों का प्रतिबिंब नहीं होता। दोनों में एक द्वंद्वात्मक संबंध होता है। और व्यक्तित्व की सापेक्षिक स्वतंत्रता भी होती है।

रामविलास शर्मा की पुस्तक 'भारतेंदु हरिश्चंद्र' में हरिश्चंद्र के व्यक्तित्व का एक ही आयाम प्रकाशित होता है। उन्होंने अंतर्विरोधी को नजरअंदाज कर दिया है। इससे भारतेंदु की पूरी छवि, व्यक्तित्व की संपूर्णता नहीं उभर पाती। लगता है वे सिर्फ प्रगतिशील थे। यों उनकी प्रगतिशीलता में किसे अविश्वास हो सकता है? किंतु इसके साथ जब तक उनकी रूढ़िवादिता और पारंपरिकता नहीं रखी जाएगी, सिक्के का एक ही पहलू सामने आएगा, पूरा सिक्का नहीं और न इससे उस युग का पूरा अंदाज हो सकेगा।

अंग्रेजी राज्य के अपने चरित्र के कारण हमारी पारंपरिक विचारधारा में तेजी से परिवर्तन हो रहा था। अंग्रेजों ने जो कुछ किया अपने हित में किया। रेल, तार,

प्रेस आदि की व्यवस्था के कारण उनके व्यापार में सुविधा हुई। यहाँ का कच्चा माल इंग्लैंड जाता था और वहाँ पक्का माल बनकर पुनः यहाँ के बाजारों में लौट आता था। अपने व्यापार को उन्होंने गाँव तक पहुँचाया, इसके लिए ग्राम की स्थिर प्रणाली को तोड़ा। पूरा देश ब्रिटेन का आश्रित उपनिवेश बन गया। यहाँ का धन बिना किसी व्यवधान के विदेश चला जा रहा था। देशी व्यापार पंगु हो गया था। शिक्षा सिर्फ क्लर्क बनाने के लिए दी जाती थी। अकाल तो मानो अंग्रेजों के साथ ही आ गया था। जो हो, इसमें संदेह नहीं कि अंग्रेजों की अर्धपूँजीवादी व्यवस्था ने देश की जड़ता को अनजाने ही तोड़ा और शिक्षित वर्ग में एक राजनीतिक-सामाजिक चेतना जगी। हिंदी भाषा-भाषी क्षेत्र में भारतेंदु इस चेतना के अग्रदूत थे। साहित्य को जो उन्होंने नए विचारों के साथ जोड़ा यह सभी को मालूम है, पर उनकी पैनी आर्थिक दृष्टि और समझदारी को देखकर आश्चर्य होता है।

यह सही है कि यह दृष्टि उन्हें तत्कालीन इतिहास से मिली पर इतिहास को यथोचित दिशा की ओर मोड़ने का कार्य उनके व्यक्तित्व ने किया। कहा जाता है कि मार्क्स के न पैदा होने पर भी देर-सबेर समाजवादी आंदोलन आता पर क्या उसमें वही तेवर, वही विचारधारा होती जिन पर मार्क्स के व्यक्तित्व की अमिट छाप पड़ी है? ठीक इसी प्रकार कहा जा सकता है कि भारतेंदु के अभाव में हिंदी प्रदेश में जातीय भावना का उदय होता, हिंदी साहित्य देश भक्ति और समाज के साथ जुड़ता किंतु भारतेंदु के टोटल व्यक्तित्व के प्रभाव में उसका जो क्रांतिकारी रूप निखरा है, वह बहुत कुछ भिन्न होता। दर्शन की भाषा में समाज के बदलाव में इतिहास उपादान कारण होता है और व्यक्ति निमित्त। घड़ा गढ़ने में मिट्‌टी उपादान कारण है और कुम्हार आदि निमित्त। रूपांतरण उपादान का होता है पर उसके साथ-साथ निमित्त कारण भी रूपांतरित होता चलता है। चूँकि कुम्हार मिट्टी नहीं होता, एक सजीव प्राणी होता है, इसलिए उसमें अंतर्विरोध का होना स्वाभाविक है। व्यक्तित्व का तीन चौथाई भाग इतिहास से निर्मित होता है और एक चौथाई उसका अपना होता है। इतिहास और व्यक्ति का अंतर्द्वंद्व अंतर्विरोधों की सृष्टि करता है।

लगता है उस युग में भारतेंदु को 'अति उदार गुन खानि' समझकर सारे अंतर्विरोधों ने वहीं पर अड्डा जमा लिया। उनका व्यक्तित्व अंतर्विरोधों का एक काम्प्लेक्स था। वे विशिष्ट भी थे, सामान्य भी; राजभक्त भी थे, देशभक्त भी; सनातनी वैष्णव भी थे, आडंबर विरोधी भी; परंपरावादी भी थे, आधुनिक भी; कविता में ब्रजी के प्रयोक्ता थे, गद्य में खड़ी बोली के; गृहस्थ भी थे और गृहस्थी के बाहर स्त्री-सौंदर्य के प्रेमी भी। इन अंतर्विरोधों का समवेत नाम है भारतेंदु हरिश्चंद्र। ये अंतर्विरोध

हिंदी समाज के थे, इसलिए भारतेंदु के भी। इनके आधार पर भी समाज और भारतेंदु के रिश्ते को समझा जा सकता है। किंतु फक्कड़ाना मस्ती उनकी निजी थी, किन्ही अंशों में खास बनारस की थी। यह बनारसी मिजाज सबके ऊपर था। कबीर को बहुत दिनों के बाद एक आदमी मिला था जो उनके साथ चल सकता था—'कबिरा खड़ा बाजार में लिए लुकाठी हाथ, जो घर जारै आपना चलै हमारे साथ।' भारतेंदु के साथ चलने के लिए कुछ अंशों में प्रतापनारायण मिश्र और राधाचरण गोस्वामी को अपने घर जलाने पड़े थे। ब्राह्मण मिश्रजी वैश्य भारतेंदु को प्रणाम करते थे। अतः कनौजियों में वे 'कान्यकुब्ज कुल कुलंगार' हो गए। गोस्वामीजी के घरवाले भारतेंदु को क्रिस्तान समझते थे। अतः उन्हें भारतेंदु से मिलने की अनुमति नहीं थी। इसके लिए उन्हें कृष्णाभिसार करना पड़ता था।

भारतेंदु की बनारसी मस्ती उनके साहित्य में भरी पड़ी है। अपने ही शहर के बारे में 'प्रेमयोगिनी' में उन्होंने जो कुछ लिखा है वह बनारसी मिजाज का आदमी ही लिख सकता था। अपने श्वसुर का तर्पण करने के लिए भारतेंदु को घाट पर जाना था। भारतेन्दु को देर हो गई। माधोजी भारतेंदु पर बिगड़ने लगे। भारतेंदु पेशाब करने बैठ गए और माधोजी के पुरखों का नाम लेकर 'तृप्यताम' करने लगे। इस पर टिप्पणी करते हुए रामविलास शर्मा ने लिखा है—'यह सब बनारस में ही संभव है।'

स्वयं उनके अपने शहर का अंतर्विरोध द्रष्टव्य है। एक साँस में वे कहते हैं—

देखी तुमरी कासी, लोगो, देखी तुमरी कासी।
आधी कासी भाँड-भड़ेरिया बाह्मन औ संन्यासी॥
आधी कासी रंडी मुंडी राँड, खानगी खासी।
अमीर सब झूठे औ निंदक करें घात विस्वासी॥
घाट जाओ तो गंगा पुत्तर नोचैं दैं गलफाँसी।
करै घटिया बस्तर मोचन दे देके सब झाँसी॥

दूसरी साँस में वे सुधाकर से कहलाते हैं—'सुनिए, काशी का नामांतर वाराणसी है, जहाँ भगवती जह्नुनंदिनी उत्तर-वाहिनी होकर धनुषाकार तीन ओर से ऐसी लपटी हैं, मानों इसको शिव की प्यारी जानकर गोद में लेकर आलिंगन कर रही हैं और अपने पवित्र जलकण के स्पर्श से तापत्रय दूर करती हुई मनुष्य मात्र को पवित्र करती हैं।

'जिन मंदिरों में प्रातःकाल संध्या समय दर्शकों की भीड़ जमी हुई है, कहीं कथा कहीं हरि कीर्तन, कहीं नाम कीर्तन, कहीं नाटक, कहीं भगवत लीला-अनुकरण इत्यादि अनेक कौतुकों के मिस से भी भगवान के नाम-गुण में लोग मग्न हो रहे हैं।

'जहाँ अंधे, लँगड़े, लूले, बहरे, मूर्ख और निरुद्यम आलसी जीवों को भी भगवती अन्नपूर्णा अन्न वस्त्रादि देकर माता की भाँति पालन करती हैं।' कहना न होगा कि इन दोनों पक्षों से ही पूर्ण बनारस चित्रित हो पाता है। इतना गहरा अंतर्विरोध शायद ही किसी अन्य नगर का हो।

सबसे अधिक अंतर्विरोध उनकी धर्म-संबंधी अवधारणा में दिखाई पड़ता है। लेकिन जब तक धर्म विषयक उनके विचार न जान लिए जाएँ तब तक निश्चयात्मक ढंग से कुछ नहीं कहा जा सकता। बलिया के व्याख्यान में उन्होंने लिखा है—'भाइयो, वास्तविक, धर्म तो केवल परमेश्वर के चरण कमल का भजन है। वे सब तो समाज के धर्म हैं जो देशकाल के अनुसार शोधे और बदले जा सकते हैं। यद्यपि विधवा-विवाह, जाति-पाँति, बाल-विवाह आदि को धर्म से बाँध दिया गया है पर वस्तुतः ये समाज के ही धर्म हैं। किंतु इनके संबंध में भारतेंदु ने जो कुछ कहा है इतना परस्पर विरोधी है कि उनके अपने मत के संबंध में निर्णय करना कठिन हो जाता है। बलिया के व्याख्यान में वे जहाज के सफर और विधवा-विवाह को धर्मशास्त्र-सम्मत मानते हैं, बाल विवाह का विरोध करते हैं। लड़कियों की शिक्षा का समर्थन करते हैं। 'स्वर्ग में विचार सभा का अधिवेशन' में उपर्युक्त सुधारों के लिए दयानंद और केशवचंद्र सेन की प्रशंसा करते हैं।

'अथ अंग्रेज स्तोत्रं लिख्यते' और 'पाँचवाँ पैगंबर' व्यंग्य लेख हैं। अंग्रेजों की व्याज निंदा करते हुए वे लिखते हैं—'हम विधवा विवाह करेंगे, कुलीनों की जाति मारैंगे, जाति-भेद उठा देंगे—क्योंकि ऐसा करने से तुम हमारी सुख्याति करोगे, अतएव हे अंग्रेज! तुम हम पर प्रसन्न हो, हम तुमको नमस्कार करते हैं।' 'पाँचवाँ पैगंबर' भी एक व्यंग्यपरक लेख है। पैगंबर का दूसरा नाम चूसा पैगंबर भी है। वह लोगों से अपने पर ईमान लाने के लिए कहता है और आदेश देता है—'देखो शराब पियो, विधवा विवाह करो, बाल पाठशाला करो, आगे से लेने जाओ, बाल्य विवाह उठाओ, जाति-भेद मिटाओ, कुलीन का कुल सत्यानाश में मिलाओ, होटेल में लव करना सीखो, स्पीच दो। क्रिकेट खेलो, शादी में खर्च कम करो, मेंबर बनो, दरबारदारी करो, पूजापत्री करो... चक्करदार टोपी पहनो वा सिर खुला रखो पर पोशाक सब तंग रखो... ये काम मूजिब होंगे खुदा और मेरी खुशी को।' यह सब बलिया के व्याख्यान और 'स्वर्ग में विचार सभा का

अधिवेशन' में व्यक्त विचारों का विरोधी है।

पर इसका एक समाधान दिखाई पड़ता है कि जो कुछ अंग्रेज करते हैं उनका अविचारित अनुकरण मत करो, चूसा पैगंबर के बहकावे में मत आओ, किंतु पुनः प्रश्न उठता है कि अच्छी बातें दूसरों से ग्रहण क्यों न की जाएँ। विचारों में अंतर्विरोध की गुंजाइश अधिक रहती है। रचनात्मक लेखन में लेखक का आंतरिक भाव प्रकट होता है। इसलिए उनके नाटकों के पन्ने पलटने पड़ेंगे। बलिया के व्याख्यान में जाति-पाँति, विधवा-विवाह आदि को समाज का धर्म माना है। किंतु ब्राह्मण वर्ग ने इन्हें अपने हित में धर्म के साथ जोड़ दिया। अपना धर्मशास्त्र भी ऐसा है कि उसमें से जो चाहे, अपने मत की पुष्टि में कुछ निकाल सकता है। 'वैदिकी हिंसा हिंसा न भवति' में शास्त्रोक्त प्रमाणों से पुरोहित ने हिंसा (मांस-भक्षण) का जबर्दस्त समर्थन किया है। बंगाली बाबू स्मृति का उद्धरण देकर विधवा-विवाह को वैध ठहराते हैं। किंतु पुरोहित की दृष्टि में विधवा-विवाह करने से कुछ पाप नहीं होता, किंतु न करने से पुण्य होता है। दोनों अपने-अपने मत का समर्थन पाराशर स्मृति से करते हैं। 'भारत-दुर्दशा' में बहुत सारी बातों को धर्म के अंतर्गत रख दिया गया है। भारत की दुर्दशा करने में धर्म का बहुत बड़ा योग रहा है। सत्यानाशी फौज भारत दुर्दशा से कहती है—

'महाराज! धर्म ने सबसे पहिले सेवा की—
रचि बहुविधि के वाक्य पुरानन माँहि घुसाए॥
शैव शाक्त वैष्णव अनेक मत प्रगटि चलाए।
जाति अनेकन करी नीच अरु ऊँच बनायो॥
खान पान संबंध सबन सों बरजि छुड़ायो।
जन्मपत्र विधि मिले ब्याह नहिं होन देत अब॥
विधवा-ब्याह निषेध कियो विभिचार प्रचार्‌यो।
रोकि विलायत गमन कूप मंडूक बनायो॥

भारतवर्ष की गिरावट में धर्म की भूमिका की जितनी निंदा की जाए, कम है। मध्यकाल से लेकर आधुनिककाल तक धर्म और समाज-धर्म को एक में मिला देने का फल भारत आज भी भुगत रहा है। मुसलमानी आक्रमण की सफलता का रहस्य इसी धर्माडंबर में निहित है। विभिन्न धर्मों के भेद-भाव का लाभ अंग्रेजों ने खूब उठाया।

वैष्णव आचार्यों की तरह भारतेंदु ने शांकर वेदांत का अपने ढंग से खंडन किया है—

रचि कै मत वेदांत को, सबको ब्रह्म बनाय।
हिन्दुन पुरुषोत्तम कियो, तोरि हाथ अरु पाय॥

पुरुषोत्तम वेदांतियों को काम करने और देशोद्धार से क्या मतलब?

'अंधेर नगरी' में गोबरधन दास का गाना पुनः एक अंतर्विरोध खड़ा करता है–

अंधेर नगरी अनबूझ राजा।
टका सेर भाँजी टका सेर खाजा॥
नीच ऊँच सब एकहि ऐसे।
जैसे भड़ुवे पंडित तैसे॥
जात-पाँत पूछे नहीं कोई।
हरि को भजै सो हरि कै होई॥
अंधाधुंध मच्यो सब देसा।
मान्हु राजा रहत विदेसा॥
गो द्विज श्रुति आदर नहिं होई।
मान्हु नृपति विधर्मी कोई।

इसका व्यंग्यार्थ यह है कि जाति-पाँति की व्यवस्था बनी रहनी चाहिए और गो, ब्राह्मण और वेद का आदर होना चाहिए। 'अंधेर नगरी' सन् 1881 का लिखा हुआ नाटक है। एक वर्ष पहले 'भारत दुर्दशा' में इसका विरोध किया जा चुका था। इन अंतर्विरोधों के एक छोर पर परंपरा है तो दूसरे छोर पर तत्कालीन भौतिक परिस्थितियों से प्रसूत विचार। पहला अमूर्त है तो दूसरा ठोस, पहला ठोसोन्मुखी है तो दूसरा उन्नयनशील।

वे जिस वर्ग में पैदा हुए थे उसमें गो, द्विज और श्रुति का आदर था, जाति-पाँति के प्रति आस्था थी। वे स्वयं परम वैष्णव थे। वैष्णव धर्म की उन्नति के लिए 'तदीय समाज' की स्थापना भी की थी। तदीय समाज का एक सूत्र था–'वैष्णव में हम जातिबुद्धि नहीं करेंगे।' यह सूत्र रामानुजीन परंपरा के मेल में है जहाँ भक्ति में जाति-पाँति का भेदभाव नहीं था, पर बाहर था। ज्योतिष में उन्हें विश्वास था। रावण आदि की कुंडली उन्होंने खुद बनायी थी। गंगा की बाढ़ को कम करने के लिए विनयपत्रिका की अनेक प्रतिलिपियाँ गंगा में प्रवाहित करायी थीं। कार्तिक, मार्गशीर्ष, माघ महीने का माहात्म्य बतलाते हुए अनेक कर्मकांडों के विधान में उन्होंने अपना विश्वास व्यक्त किया था। एक ओर वे परम वैष्णव, ईश्वरवादी थे, दूसरी ओर उनकी

'प्रेम योगिनी' का एक पात्र ईश्वर के विरुद्ध बोलता है–

'इससे बढ़कर और दुःख का विषय क्या होगा कि मेरा आज इस जगत के कर्त्ता और प्रभु पर से विश्वास उठा जाता है और सच है क्यों न उठे, यदि कोई हो तब न न उठे। हा! क्या ईश्वर है तो उसके यही काम हैं जो संसार में हो रहे हैं? क्या उसकी इच्छा के बिना भी कुछ होता है? क्या लोग दीनबंधु दया सिंधु उसे नहीं कहते?... क्या सज्जन लोग विद्यादि सुगुण से अलंकृत होकर भी उसकी इच्छा बिना ही दुःखी होते हैं और दुष्ट मूर्खों के अपमान सहते हैं। क्या इस कमलवन रूपी भारत भूमि को दुष्ट गजों ने उसकी इच्छा बिना ही छिन्न-भिन्न कर दिया? क्या जब नादिर-चंगेज खाँ ऐसे निर्दयी ने लाखों निर्दोषी जीव मार डाले तब वह सोता था? क्या अब भरत खंड के लोग ऐसे कापुरुष और दीन उसकी इच्छा के बिना ही हो गए?... ऐसे निर्दय को लोग दयासमुद्र किस मुँह से पुकारते हैं?'

मतलब यह कि ईश्वर की भक्ति तो की जा सकती है किंतु किसी काम के लिए उस पर भरोसा नहीं किया जा सकता। भारतवर्ष की अवनति के लिए ईश्वर पर किया गया अटूट विश्वास भी एक कारण है। इसके अनेक साक्ष्य इतिहास में भरे पड़े हैं।

दूसरा महत्त्वपूर्ण अंतर्विरोध राजभक्ति और देशभक्ति को लेकर है। अंग्रेजी राज्य के जम जाने पर हिंदू जनता को मुसलमान बादशाहों और नवाबों के धार्मिक अत्याचार से मुक्ति मिली। भारतेंदु ने इसका उल्लेख अनेक स्थलों पर किया है। 'बादशाह दर्पण' की भूमिका में वे लिखते हैं–'जो कुछ हो, मुसलमानों की भाँति इन्होंने हमारी आँख के सामने हमारी देवमूर्तियाँ नहीं तोड़ीं और स्त्रियों को बलात्कार से छीन नहीं लिया, न घास की भाँति सिर काटे गए और न जबरदस्ती मुँह में थूककर मुसलमान किए गए। अभागे भारत को यही बहुत है। विशेषकर अंग्रेजों से हमको जैसी शुभ शिक्षा मिली उसके हम इनके ऋणी हैं। भारत कृतघ्न नहीं है। यह सदा मुक्तकंठ से स्वीकार करेगा कि अंग्रेजों ने मुसलमानों के कठिन दंड से हमको छुड़ाया और यद्यपि अनेक प्रकार से हमारा धन ले गए किंतु पेट भरने की भीख माँगने की विद्या भी सिखा गए।' जाहिर है कि अंग्रेजों के स्वागत का मुख्य कारण मुसलमानों के कठिन दंड से छूटना है।

उन्होंने महारानी विक्टोरिया, ड्यूक आफ एडिनबरा, प्रिंस आफ वेल्स, रिपन, मियो आदि की प्रणतिपूर्वक प्रशंसा की है। प्रिन्स आफ वेल्स के शुभागमन पर (1875) कविता लिखते हुए वे कहते हैं–

जैसे आतप तपित कों छाया सुखद गुनात।
जवन राज के अंत तुव आगम तिथि दरसात॥

सन् 1877 में प्रिंस आफ वेल्स के स्वागत में वे लिखते हैं–

जेहि दलमल्यौ प्रबल दल लै कै,
बहुविधि जवन नरेस।
नास्यौ धरम करम सबहिन के,
मारि उजार्‌यौ देस॥
जदपि जवनगन राज किया,
इतही बसि कै सह साज।
पै तिनको निज करि नहि जान्यो
कबहू हिंदू समाज॥

यहाँ पर भी जोर मुसलमानों के अत्याचार पर है। मुसलमानी अत्याचारों पर कितना भी मोटा परदा क्यों न डाला जाए पर इतिहास के पृष्ठों से उन्हें गायब नहीं किया जा सकता। किंतु भारतेंदु ने इस्लाम के प्रति आदर व्यक्त किया है। इसका प्रमाण मुहम्मद, बीबी फातिमा, अली और इमाम हसन और इमाम हुसैन पर 'पंच पवित्रात्मा' के अंतर्गत लिखे गए लेखों से मिलता है। मुहम्मद को वे महात्मा मुहम्मद कहते हैं। इस अंतर्विरोध को न जानने के कारण कुछ हिंदूवादी उनमें बंकिम के 'आनंद मठ' की छाया देखने लगते हैं।

लार्ड रिपन को तो 'शिवि दधीच हरिचंद कर्ण बलि नृपति युधिष्ठिर' कहते हैं, विक्टोरिया के 'साहेशाहान हिंदोस्तान' की सिजदा करते हैं, लार्ड मेयो के मारे जाने पर शिथिलेंद्रिय और वाक्-शून्य हो जाते हैं। भारतेंदु की राजभक्ति के पीछे कोई रणनीति नहीं थी। अंग्रेज महाप्रभुओं की प्रशंसा में उन्होंने जो कुछ कहा है उससे उनकी सच्ची राजभक्ति प्रकट होती है। प्रशस्तियाँ बहुत कुछ रीतिकालीन हो गई हैं। भारतेंदु-ऐसे श्रेष्ठ वर्ग के लोग श्रेष्ठ वर्ग के लोगों से सहानुभूति रखें तो इसमें कोई आश्चर्य नहीं। वर्गविशेष के व्यक्ति को अपने को वर्गहीन (डी-क्लास) करते-करते समय लगता है।

किंतु राजभक्ति एक तरफ है तो देशभक्ति दूसरी तरफ। यदि वे कोरे राजभक्त होते तो राजा शिवप्रसाद सितारेहिंद हो जाते। वे विशिष्ट वर्ग के व्यक्ति होते हुए भी सामान्य वर्ग के साथ थे। अंग्रेजों की लूट-खसोट की नीति को उन्होंने सूक्ष्म दृष्टि से देखा। जिस तरह से वे उनकी अर्थनीति का पर्दाफाश करते हैं, वह एक

संवेदनशील साहित्यकार की ही नहीं, एक संपत्तिशास्त्री की भी दृष्टि है। यह दृष्टि विश्लेषण से आगे बढ़कर ठोस कार्यक्रम भी निर्धारित करती है जो बाद में चल कर राष्ट्रीय आंदोलन के लिए दीपस्तंभ सिद्ध होती है।

भारत में ब्रितानी शासन का समारंभ मोटे तौर पर 1757 से माना जा सकता है। ईस्ट इंडिया कंपनी अपने ढंग से इसके पहले से ही भारत का पैसा लूटती रही। 1757 के बाद यह प्रक्रिया तेज हो गई, राजस्व की अंधाधुंध वसूली होती रही। प्रशासन विधि, संचार-व्यवस्था, शिक्षा प्रणाली, व्यापार व्यवस्था आदि के बारे में कुछ भी नहीं सोचा गया। 19वीं शताब्दी के उत्तरार्द्ध में दो शिक्षण संस्थाएँ खोली गईं—एक बनारस में, दूसरी कलकत्ते में। पहली में संस्कृत की पढ़ाई होती थी, दूसरी में फारसी की। लूट में अंग्रेज मुसलमान आक्रमणकारियों से कम नहीं थे, पर इनकी पद्धति दूसरी थी।

इस शासन की दूसरी मंजिल 1813 के आसपास शुरू होती है जबकि वास्तविक सत्ता ब्रितानी सरकार के हाथ आ गई जो अंग्रेज पूँजीपतियों के पक्ष में जाती थी। ब्रिटेन में औद्योगिक क्रांति हो चुकी थी। उसे कच्चे माल की आवश्यकता थी, ऐसे बाजार की जरूरत थी जो उसके पक्के माल को खपा सके। इस औद्योगिक पूँजीवाद के लिए एक उपनिवेश चाहिए था जो उसे मिल चुका था। उपनिवेशवाद को रेल, तार आदि की मदद से देश के भीतरी भाग से जोड़ा गया जो कच्चे माल को बंदरगाहों तक पहुँचा सके। रेल लाइन बिछाने का काम 1853 के बाद शुरू हुआ। इसके लिए कर वृद्धि के साथ प्रशासनिक ढाँचे में भी परिवर्तन किया गया। फलस्वरूप भारतीय किसानों पर राजस्व-भार बढ़ गया।

विपिन चंद्र का कहना है—'ब्रितानी शासन के परिणामस्वरूप 19वीं शती के अंत तक पहुँचते-पहुंचते भारत एक विशिष्ट उपनिवेश में बदल गया। वह ब्रितानी उत्पादकों का एक बड़ा बाजार, कच्चे माल और खाद्यान्नों का एक बड़ा स्रोत, और ब्रितानी पूँजी के निवेश का एक महत्त्वपूर्ण क्षेत्र था, परिवहन व्यवस्था का एक बड़ा हिस्सा, आधुनिक खान और उद्योग, विदेश व्यापार, समुद्र के तट की ओर अंतर्राष्ट्रीय जहाजरानी, बैंक और बीमा कंपनियाँ, सभी पर विदेशी नियंत्रण था।' स्मरण रखना चाहिए कि इसके फलस्वरूप '57 का विद्रोह हो चुका था। ब्रितानी साम्राज्य के विरुद्ध इसके पहले से ही जनता में राजनीतिक चेतना आ गई थी। बीच-बीच में अंग्रेज भारतीयों को राज्य सौंपकर वापस जाने का कूटनीतिक प्रलोभन भी देते जाते थे, जिसके छलावे में दादा भाई नौरोजी जैसे प्रबुद्ध व्यक्ति भी आ गए थे।

अंग्रेजों की औपनिवेशिक नीति से भारतेंदु परिचित थे। दादा भाई नौरोजी

ने इस संबंध में बहुत कुछ लिखा है। दरअसल दादा भाई देश में व्याप्त अंग्रेज-विरोधी चेतना को वाणी दे रहे थे। दादा भाई के पहले कार्ल मार्क्स ने अपने 'न्यू हेराल्ड ट्रिब्यून' (1853) के लेखों, सन् '57 के स्वतंत्रता संग्राम संबंधी विचारों तथा 'कैपिटल' (67-70) में अभिव्यक्त किया था। संभवतः उसके विचार उस समय इस देश में नहीं पहुँच पाए थे। सन् 1871 में दादा भाई ने वित्त संबंधी जाँच कमेटी के सामने जो वक्तव्य दिया था उससे ब्रितानी उपनिवेशवाद की कलई खुल जाती है। उनके अनेक भाषणों में भी अंग्रेजों की औपनिवेशिक लूट-खसोट का पर्दाफाश हुआ है। भारतेंदु युग और दादा भाई नौरोजी के विचारों का तुलनात्मक अध्ययन अत्यंत अर्थगर्भित और महत्त्वपूर्ण हो सकता है। किंतु यहाँ पर मेरा प्रयोजन यह देखना है कि परिवेश कितनी दूर तक उनके व्यक्तित्व को संवेदनशील बना रहा था।

भारतेंदु ने 'कवि वचन सुधा' (31-8-74) में लिखा है—'मुसलमान लोग अंग्रेजों की अपेक्षा सौगुने अपव्ययी थे, परंतु वे लोग इस देश के निवासी थे इससे उनका अर्थ समुदाय इसी देश में व्यय होता था। जिस प्रकार अमेरिका उपनिवेशित होकर स्वाधीन हुआ वैसे ही भारतवर्ष भी स्वाधीनता लाभ कर सकता है परंतु भारतवर्ष उपनिवेशित होने से इसके विपक्ष को भी बहुत आपत्ति है।...'

इसके साथ 'बादशाह दर्पण' (1884) की भूमिका को मिलाकर पढ़ने से मुसलमान और अंग्रेज लुटेरों की पूरी तस्वीर सामने स्पष्ट हो जाती है। मुलसमानों के यहीं बस जाने की बात इसमें भी कही गई है। भारतेंदु ने उन्हें हैजा कहा है और अंग्रेजों को क्षयी का रोग। अंग्रेजों के जमाने में धन और वीरता दोनों निःशेष होते गए।

दादा भाई नौरोजी ने 1871 में ही कहा था कि मुसलमान यहाँ बस गए। अतः यहाँ की संपत्ति को बाहर ले जाने का सवाल ही नहीं था। फिर भी मुसलमान बादशाहों को उन्होंने 'कसाई' शब्द से याद किया है। उनका कहना है—'पुराने शासक कसाई जैसे थे, कभी इधर छुरा मारा कभी उधर मारा, लेकिन अंग्रेजों के पास उनका वैज्ञानिक छुरा है और वह सीधा कलेजे तक पहुँचता है और कमाल यह है कि घाव दिखाई नहीं देता; सभ्यता, प्रगति और जाने क्या-क्या पलस्तर चढ़ा दिया जाता है कि घाव ढँक जाता है।'

भारतेंदु ने विसूचिका और अकाल दोनों के लिए अंग्रेजों को दोषी ठहराया। यहाँ के देशी माल पर इतना अधिक कर लगा दिया गया कि वे विदेशी माल की अपेक्षा अधिक महँगे हो गए और देश ब्रितानी माल से पट गया। इस तरह देशी पूँजीवाद का रास्ता रोक दिया गया। भारतेंदु ने बताया है कि लगभग 26 करोड़ रुपया बाहर जाता है। उन्होंने जोर देकर कहा है कि हमें भीख माँगने की शिक्षा

दी गई, कला-कौशल की नहीं। दादा भाई ने बताया है कि जितना रुपया महमूद गजनवी अठारह बार में न ले जा सका, उससे अधिक अंग्रेज हर साल ले जाते हैं। अंग्रेजों की लूट का प्रतिकार करने के लिए उन्होंने स्वदेशी वस्त्रों के प्रयोग पर जोर दिया। अंग्रेजों के सहायक और चापलूस सेठों-सामंतों की हँसी उड़ाना तो कोई उनसे सीख ले। मुख्यतः इसी वजह से उन्हें अंग्रेजों का कोपभाजन होना पड़ा।

भारतेंदु के गीतों, छंदों, मुकरियों आदि में अंग्रेजों की औपनिवेशिक अर्थनीति छद्म व्यवस्था आदि का पर्दाफाश किया गया है। इन्हें हिंदी की प्रारंभिक राजनीतिक कविताएँ कहा जा सकता है। प्रश्न हो सकता है क्या भारतेंदु को इन विषयों को छंदोबद्ध करने की प्रेरणा अंग्रेजी व्यवस्था से मिली? इसका उत्तर दादा भाई नौरोजी के 1871 के वक्तव्य में मिल जाता है। डॉ. वर्डवुड का हवाला देते हुए उन्होंने बताया है कि पश्चिमी भारत में अंग्रेज-विरोधी गीत जनता में प्रचलित थे। संभव है भारतेंदु को उन जन-गीतों से ही प्रेरणा मिली हो। उन्होंने अपने अनेक छंदों में सीमा पर लड़े जाने वाले युद्धों के अपव्यय, अंग्रेजों की वादाफरोशी आदि को विषय-वस्तु के रूप में लिया। मुकरियाँ तो इनके लिए प्रसिद्ध हैं ही। अपने निबंधों में वे भिन्न जातियों में एकता ले आने का सवाल भी उठाते हैं।

इसके लिए भारतेंदु ने लोकगीतों के अनेक तत्त्वों से अपनी कविता का शृंगार किया। 'जातीय संगीत' निबंध में लोकगीतों के माध्यम से जनजागरण की बात उन्होंने स्वयं उठाई है। वे जातीय संगीत से संबद्ध पुस्तकें छापने और वितरित करने के लिए स्वयं प्रस्तुत थे। कलावनीबाजों की महफिल में डफ बजाकर खुद गाने लगते थे। उनकी खड़ी बोली की कविता में लावनियों का रंग देखते ही बनता है। दादा भाई की तरह वे भी सोचते थे कि ये लोक छंद अंग्रेजी साम्राज्यवाद के विरोध में काम कर सकते हैं। लोक में यह प्रवृत्ति पहले से ही मौजूद थी। भारतेंदु का काम इसे और तेज कर देना था।

जातीय जीवन के संघटन और उन्नयन के लिए भारतेंदु ने हिंदी भाषा को एक कारगर हथियार के रूप में अपनाया। रामविलास शर्मा ने उनके जातीय दृष्टिकोण पर प्रचुर प्रकाश डाला है। उनका मूल मंत्र था 'निज भाषा उन्नति अहै सब उन्नति कौ मूल।' पर उनकी भाषा-नीति में भी कुछ लोग अंतर्विरोध खोज लेते हैं। वे इस अंतर्विरोध को दो रूपों में देखते हैं। उनके गद्य की भाषा खड़ी बोली थी और पद्य की ब्रजी। वे एक ओर हिंदी के पक्षधर थे तो दूसरी ओर उसी भाषा की एक शैली उर्दू के विरोधी। वस्तुतः इन्हें अंतर्विरोध न कहकर, विरोधाभास कहा जा सकता है।

हिंदी गद्य की कोई परंपरा न थी। अतः उसे अपनाने में किसी प्रकार की सांस्कारिक रुकावट नहीं आई। पर पद्य की इतनी लंबी और समृद्ध परंपरा को एक बारगी छोड़ देना अस्वाभाविक था। फिर भी खड़ी बोली में कविता लिखने का प्रयास उन्होंने किया ही। वे उर्दू के विरोधी नहीं थे, 'रसा' नाम से खुद उर्दू में कविताएँ लिखते थे। किंतु अरबी-फारसी बहुल उर्दू-ए-मुअल्ला से उन्हें चिढ़ थी क्योंकि जातीय संघटन में इससे बाधा पड़ती थी। आज भी हिंदी-उर्दू की समस्या बनी हुई है, जब तक उर्दू पर विदेशी भाषाओं के शब्द-समूह का लदाव रहेगा, यह समस्या बनी रहेगी और हिंदी प्रदेश की जातीय एकता में विघ्न पड़ता रहेगा। 1874 में भारतेंदु ने 'उर्दू का स्यापा।' लिखा। इसमें अरबी, फारसी, पश्तो आदि छाती पीटकर रोती हैं, मुंशी-मुल्ला, मुखतार हाय-हाय करते हैं। इससे उर्दू के स्वरूप पर प्रकाश पड़ता है। यदि भारतेंदु ने हिंदी के पक्ष में आंदोलन न चलाया होता तो हिंदी-भाषी प्रदेश में जो भी जातीय एकता दिखाई पड़ती है वह न होती।

वे बंगाल की एकता देख चुके थे जिसे सँवारने में बंगला भाषा ने महत्त्वपूर्ण भूमिका निभाई थी। 'भारत जननी' बंगला का नाटक है। भारतेंदु का नाटक 'भारत जननी' उसी का छायानुवाद है। इस नाटक के अंत में एक टिप्पणी दी गई है–

'बंगभाषा में एका और उत्साह का प्रवेश भी दिखलाया है किंतु इस देश में अभी न एका है न उत्साह, इस हेतु उनका स्वाँग यहाँ नहीं लाए।' इससे स्पष्ट है कि वे बंगाल की तरह 'इस देश में' एका और उत्साह ले आना चाहते थे। 'इस देश' का अभिप्राय है हिंदी भाषा-भाषी प्रदेश।

बनारस सदा से संस्कृत का गढ़ रहा है। पर सबसे पहले इसी गढ़ से संस्कृत को कूप जल और भाषा को बहता नीर कहा गया। यह आवाज कबीर की थी। कबीर के लगभग सौ वर्ष बाद पुनः दूसरी आवाज सुनाई पड़ी, 'का भाषा का संस्कृत प्रेम चाहिए साँच।' यह आवाज तुलसी की थी। आधुनिक काल में पुनः सुनाई पड़ा–**'पढ़े संस्कृत जतन करि, पंडित में विख्यात पै निज भाषा ज्ञान बिन कहि न सकत एक बात।'** यह आवाज भारतेंदु की थी। भक्तिकाल के पहले ही लोक-भाषाओं के उदय के साथ जातियाँ निर्मित हो चुकी थीं। उन्हें संस्कृत से विरोध नहीं था। किंतु नई भावनाओं और बदली हुई मानवीय संवेदनाओं को जनता तक प्रेषित करने का काम संस्कृत नहीं कर सकती थी। भारतेंदु ने भक्त कवियों की जनवादी परंपरा को आधुनिक परिप्रेक्ष्य में नया रूप दिया।

पंडित और मौलवी संस्कृत और फारसी में कट्टरपंथी मान्यताओं को दुहरा

रहे थे। न उनमें ताजगी थी और न जनमानस तक पहुँचने की क्षमता। अंग्रेजी में नया ज्ञान-विज्ञान भरा हुआ था। लेकिन वह विदेशी भाषा थी। उसके लदाव का मतलब था अंग्रेजी साम्राज्यवाद का अनपेक्षित लदाव और दबाव। वह कभी भी जनभाषा नहीं हो सकती थी। जनता को ज्ञान-विज्ञान की शिक्षा देने के लिए वे अंग्रेजी से मातृभाषा में अनुवाद के समर्थक थे। आश्चर्य है कि अंग्रेजी का भूत हमारे सिर पर इस तरह सवार है कि उतरना ही नहीं जानता। उन्होंने बताया है कि अंग्रेजी-समृद्धि का मुख्य दायित्व उस भाषा में किए गए अनुवाद हैं। अपनी भाषा की उन्नति के बिना उन्नति की संपूर्णता नहीं प्राप्त की जा सकती। अतः उन्होंने भाषा को नई चाल में ढाला, साहित्य की अनेक विधाओं में उसे आजमाया और पत्र-पत्रिकाओं द्वारा भाषा के माध्यम से जनता में राजनीतिक चेतना उत्पन्न की।

भारतेंदु के व्यक्तित्व का अंतर्विरोध द्वंद्वात्मक है। भक्ति उन्हें विरासत में मिली थी जो ईश्वरोन्मुख थी। पर वे वैरागी नहीं थे। माधवी और मल्लिका के प्रति उनका प्रेम और चिंता पूरे तौर पर इहलौकिक और मानवीय है। ईश्वर के प्रति, उसके अस्तित्व के प्रति फिर भी संदेह होता है। लेकिन प्रेमियों के तो 'सुदास दास' थे। एक औपनिवेशिक समाज में पूँजीवादी तंत्र की शुरुआत हो चुकी थी। इसके फलस्वरूप जो शक्ति पैदा हुई उसने एक प्रतिशक्ति को जन्म दिया। दोनों की टकराहट से कभी निराशा, कभी उदासी, कभी आशा का उदय होता है। भारतेंदु में आशा का स्वर प्रबल है क्योंकि अमूर्त शक्तियों के विरुद्ध वह अत्यंत ठोस और उपादेय है। किंतु इसमें उनके बनारसी मिजाज का कम महत्त्व नहीं है। इस मिजाज का ही कोई व्यक्ति अपना परिचय निम्नलिखित ढंग से दे सकता है–

सेवक गुनी जन के चाकर चतुर के हैं
कविन के मीत चित हित गुनगानी के।
सीधेन सों सीधे महाबाँके हम बाँकेन सों
हरीचंद नगद दमाद अभिमानी के।
चाहिबे की चाह काहू को न परवाह नेहि
नेह के दिवाने सदा सूरत निवानी के।
सर्वस रसिक के सुदासदास प्रेमिन के
सखा प्यारे कृष्ण के गुलाम राधारानी के॥

उन्नीसवीं शताब्दी का औपनिवेशिक भारत और हिंदी नवजागरण

भारतीय इतिहास का आधुनिक काल उन्नीसवीं शताब्दी से आरंभ होता है। जिस प्रकार भक्ति-आंदोलन सारे देश में एक साथ नहीं फैला, उसी प्रकार नवजागरण भी देश के किसी अंचल में पहले आया और किसी अंचल में बाद में। सबसे पहले उसका अरुणोदय बंगाल के क्षितिज पर हुआ। एस.सी. सरकार के अनुसार 1757 में बंगाल में आधुनिक काल का उदय और मध्यकाल का अस्त होता है। इसी वर्ष पलासी के युद्ध में अंग्रेजों की विजय और बंगाल के नवाब की पराजय होती है। यद्यपि बंगाल को अंग्रेजी राज्य में मिलाया नहीं गया, किंतु उस पर अंग्रेजों का प्रभुत्व स्थापित हो गया। सन् 1818 में महाराष्ट्र अंग्रेजों के अधीन हो गया। वहाँ भी आधुनिक काल का प्रारंभ इस समय से माना जाता है। 1856 में अवध भी अंग्रेजी राज्य का अंग बन गया। 1857 में प्रथम स्वतंत्रता-संग्राम का बिगुल बजा। हिंदी भाषा-भाषी क्षेत्र, विशेषतः उत्तर प्रदेश, में इसी वर्ष से आधुनिक काल का समारंभ माना जाता है। यानी बंगाल के आधुनिक काल से सौ वर्ष बाद।

इससे ध्वनित होता है कि आधुनिक काल ले आने का श्रेय उपनिवेशवाद को है। जिस तरह भक्ति-आंदोलन के बारे में कहा जाता है कि यदि मुसलमान न आए होते तो भक्ति-आंदोलन की लहर न उठती, इसी प्रकार पूछा जाता है कि यदि अंग्रेज न आए होते तो क्या आधुनिक काल आता। ऐतिहासिक प्रक्रिया के तहत उसे आना ही था। किंतु अंग्रेजी ने उपनिवेश इस प्रक्रिया को तेज कर दिया। अनजाने ही सही, नया परिवर्तन ले आने का श्रेय भी उसी को दिया जाता है।

इस संदर्भ में सन् 1853 में 'न्यूयार्क डेली ट्रिब्यून' में प्रकाशित अपने एक लेख में कार्ल मार्क्स ने लिखा है : 'यह सच है कि हिंदुस्तान में सामाजिक क्रांति

लाने के लिए इंग्लैंड ने जो कुछ किया था उसके पीछे उसके निकृष्ट स्वार्थों की पूर्ति का लक्ष्य निहित था। इसके लिए उसने जो तरीका अपनाया वह दुष्टतापूर्ण था। पर प्रश्न यह नहीं है। प्रश्न है कि क्या मनुष्य-जाति एशिया की मौलिक व्यवस्था में सामाजिक क्रांति हुए बिना अपने लक्ष्य तक पहुँच सकती है। यदि नहीं तो इंग्लैंड ने जो अपराध किए हों, इस क्रांति को लाने में वह अनजाने इतिहास का हथियार बन गया।'

एशिया की स्थिर सामाजिक-आर्थिक व्यवस्था का विश्लेषण करते हुए उसने 'एशियाई उत्पादन-प्रणाली' पर ब्यौरेवार विचार किया, गाँवों की अपरिवर्तनशील और जड़ इकाई पर प्रकाश डाला। किंतु इधर उसकी 'एशियाई उत्पादन-प्रणाली' का जोरदार खंडन हुआ। लोगों ने स्मृतियों से उदाहरण देकर सिद्ध करना चाहा है कि गाँवों में खेतों की बिक्री होती थी; वे अपरिवर्तनीय नहीं थे। सन् 1927 में चीन की कम्युनिस्ट पार्टी ने एक प्रस्ताव पारित करते हुए कहा था कि इस अर्थ में चीन एशियाई नहीं है। आशीष नंदी जैसे लोग मार्क्स के इन विचारों में 'नस्लवाद' और 'ओरियेंटलिज्म' ढूँढ़ते हैं। लेकिन स्वयं उनके विचारों में 'नस्लवाद' है, 'ओरियेंटलिज्म' का अंधा विरोध है। ओरियेंटलिस्ट या प्राच्यविद्याविद मुख्यतः भाषा वैज्ञानिक थे। उनमें से अधिकांश का दृष्टिकोण उपनिवेशवादी था, किंतु उन्हीं में विलियम जोंस और मैक्समूलर भी थे, जिन्होंने भारत की प्राचीन सभ्यता और संस्कृति के औदात्य का उद्घाटन किया। एडवर्ड सईद के 'द ओरियेंटलिस्ट' को यथावत् स्वीकार नहीं किया जा सकता। अंग्रेजों ने आर्थिक दृष्टि से देश को खोखला कर दिया, जी भरकर लूटा। किंतु अपने उपनिवेश की रक्षा तथा अपने व्यापार की समृद्धि के लिए उन्होंने कानून और व्यवस्था कायम की, भूमि का नया प्रबंध किया, रेल-तार-डाक का जाल बिछाया, अंग्रेजी शिक्षा की नींव डाली, प्रेस खोला। मार्क्स ठीक कहता है। यह सब कुछ अंग्रेजों ने अपने हित में किया, किंतु प्रकारांतर से इनसे भारतवर्ष का आधुनिकीकरण भी हुआ।

अंग्रेजों ने पुरानी आर्थिक संरचना को बदला, जमीन का नया बंदोबस्त किया। जमींदारी और इस्तमरारी बंदोबस्त के कारण जमीन की क्रय-विक्रय करने की खुली छूट मिल गई। वह व्यक्तिगत संपत्ति के रूप में बदल गई। व्यावसायिक खेती को बढ़ावा मिला। कच्चा माल प्राप्त करने के लिए अंग्रजों ने कपास, पटसन, जूट और नील की खेती को प्रोत्साहन दिया। लोगों को नील बोने के लिए बाध्य किया जाता था। जौ, गेहूँ, धान के स्थान पर डर के मारे किसान नील बोते थे। इससे खाद्यान्न कम पड़ जाता था। बंगाल में इसका विरोध हुआ। चंपारन में महात्मा

गाँधी का सत्याग्रह आंदोलन भी मुख्यतः नील की खेती के विरोध में ही हुआ था। कच्चा माल विलायत भेजा जाता था और वहाँ से पक्के माल के रूप में बदलकर भारत के बाजारों में पहुँच जाता था।

इस आंदोलन के फलस्वरूप नए वर्ग-संबंधों की सृष्टि हुई। इस संरचना के शीर्ष भाग पर जमींदार, बड़े-बड़े जोतदार और महाजन थे तो अधोभाग पर छोटे-छोटे किसान, शिकमीदार, खेतिहर मजदूर आदि थे। इन दोनों वर्गों में भी सीधा संबंध नहीं था। उनके बीच अनेक बिचौलिए थे। अतः जमींदारों और किसानों के बीच संवेदनात्मक संबंध निःशेष हो चुका था। सबसे ऊपर अंग्रेज बहादुर थे जो वास्तविकता से दुगुने दूर थे। आर्थिक संरचना का जो नया रूप सामने आया वह 'न तो पूँजीवाद था न सामंतवादी और न ही मुगलों की पुरानी व्यवस्था की कोई कड़ी था। यह एक नया ढाँचा था, जिसे उपनिवेशवाद ने बनाया।' टैक्स पर टैक्स लगाए गए। अकाल पड़े, किसानों के छिटपुट विद्रोह हुए, पर व्यवस्था अपनी जगह बनी रही। उद्योग-धंधों को भी अंग्रेजों ने नष्ट कर दिया। पूरा देश गरीबी के गर्त में ढकेल दिया गया। इस आर्थिक संरचना से, शोषण की अनेक विधियों से, भारतीय नवजागरण का क्या संबंध है, इसकी चर्चा यथास्थान होगी। किंतु इस व्यवस्था से भी एक प्रकार की गत्यात्मकता आई।

प्रेस और समाचारपत्रों के कारण विचार स्वातंत्र्य की नींव पड़ी। इसके माध्यम से बुद्धिजीवियों ने अंग्रेजों के अत्याचारों का विरोध करना आरंभ किया। यों प्रेस खोलने और समाचारपत्र निकालने का श्रेय बैपटिस्ट मिशन के प्रचारक कैरे को जाता है। सन् 1800 में वार्ड कैरे और मार्शमैन ने कलकत्ते से थोड़ी दूर श्रीरामपुर में डैनिश मिशन की स्थापना की। डैने ने पंचानन कर्मकार और मनोहर की सहायता से 1803 में देवनागरी अक्षरों की ढलाई की और एक प्रेस खोला। श्रीरामपुर से ही दो पत्र भी प्रकाशित हुए–'समाचार दर्पण' और 'दिग्दर्शन'। इसके बाद तो देशभर में धड़ाधड़ छापाखाने खुलने और समाचारपत्र निकलने लगे। 1826 में हिंदी का पहला पत्र 'उदंत मार्तंड' प्रकाशित हुआ।

विचारों की यह स्वतंत्रता अंग्रेज अधिकारियों को सहन नहीं हुई। उन्होंने आज्ञापत्र द्वारा उनकी स्वतंत्रता पर अनेक प्रतिबंध लगा दिए। इसका सबसे अधिक विरोध बकिंघम ने किया, जो स्वयं अंग्रेज था। उसके पत्र 'कैलकटा जर्नल' में गवर्नरों की गलत नीतियों का बड़ा प्रतिरोध छपता था। एडम ने उसे 1823 में भारत छोड़ने के लिए बाध्य करके लंदन वापस भेज दिया। इसी वर्ष एक दूसरा आज्ञापत्र जारी किया गया, जिससे समाचारपत्रों पर और कड़े प्रतिबंध लगा दिए गए। राजा राममोहन

राय ने अपने मित्रों के साथ इसका डटकर विरोध किया और कलकत्ता उच्च न्यायालय में इसके विरुद्ध याचिका दाखिल कर दी। यह आज्ञापत्र एक अलोकतांत्रिक और प्रतिक्रियावादी कदम था। राजा के विरोध में वही जोश था, जो मिल्टन के 'एरिओपेजिटका' में था। रमेशचंद्र दत्त के अनुसार, संवैधानिक ढंग से अधिकार प्राप्त करने का आरंभ यहीं से होता है। इससे लोगों में अपने अधिकारों के प्रति सजगता और विरोध की शक्ति आई।

उपनिवेशविरोधी चेतना जाग्रत करने का सर्वाधिक श्रेय पाश्चात्य शिक्षा को है। जवाहरलाल नेहरू ने 'भारत की खोज' में स्वीकार किया है कि भारत को अंग्रेजी शिक्षा बहुत लाभप्रद सिद्ध हुई। किंतु जनता पर जो कुछ भी प्रतिक्रियाएँ हुईं, वह भारतीय संस्कृति के कारण। इन लोगों ने स्वयं अंग्रेजी शिक्षा के माध्यम से भारत के अतीत को खोजा। प्रारंभ में अंग्रेज इस देश के निवासियों को परंपरागत शिक्षा देना चाहते थे। इसके दो कारण थे एक तो यह कि इससे भारतीय अप्रसन्न होंगे; दूसरा यह कि इससे जो नई चेतना उत्पन्न होगी वह उपनिवेश को भारी पड़ेगी। अंततः दोनों बातें सच निकलीं।

अठारहवीं शताब्दी के उत्तरार्ध में कंपनी सरकार ने कलकत्ते में 'कलकत्ता मदरसा' और बनारस में 'संस्कृत कॉलेज' खोला। सन् 1923 में कलकत्ते में लोक शिक्षा समिति की स्थापना की गई। इस समिति में कुछ लोग अंग्रेजी शिक्षा के पक्षपाती थे और कुछ लोग विरोधी। इसी वर्ष राजा राममोहन राय ने लार्ड एमहर्स्ट को पत्र लिखते हुए गवर्नर जनरल से अनुरोध किया कि संस्कृत शिक्षा प्रणाली को बंद कर दिया जाए, क्योंकि व्याकरण की बारीकियों, वेदांत, मीमांसा, न्याय आदि को कंठस्थ करने में विद्यार्थियों के एक दर्जन वर्ष व्यर्थ में खर्च हो जाते हैं। ऐसे छात्र समाज के अच्छे सदस्य नहीं बन सकते। इन विषयों के स्थान पर उन्हें प्राकृतिक विज्ञान, रसायनशास्त्र, गणित आदि की उपयोगी शिक्षा देनी चाहिए। सन् 1835 में मैकाले ने अंग्रेजी शिक्षा के पक्ष में एक प्रारूप तैयार किया। कुछ वाद-विवाद के बाद इसे स्वीकार कर लिया गया। सन् 1857 में कलकत्ता, मद्रास, बंबई में विश्वविद्यालय भी खुल गए। शिक्षा के माध्यम के रूप में अंग्रेजी स्थापित हो गई। अंग्रेजी के पक्ष में अंग्रेज भी थे और इस देश के 'भद्रलोक' भी। पर दोनों के उद्देश्य भिन्न-भिन्न थे—एक-दूसरे के विरोधी। मैकाले को औपनिवेशिक व्यवस्था के लिए क्लर्कों की जरूरत थी, उसे जनता की मानसिकता को उपनिवेश के पक्ष में ढालना था; लेकिन 'भद्रलोक' को नए ज्ञान-विज्ञान द्वारा जनता को बौद्धिक आधार पर अपनी वर्तमान अवस्था के प्रति जागरूक बनाना था।

अंग्रेजी शिक्षा प्रणाली को सरलतापूर्वक नहीं स्वीकार किया गया। कुछ अंग्रेज–विल्सन और शेक्सपीयर आदि–देशी भाषा के माध्यम से शिक्षा देने के पक्षपाती थे। शिक्षा समिति के एक भारतीय सदस्य जगन्नाथ सेठ ने 1841 में कहा था : "यदि हमारा उद्देश्य भारतीय जनता का ज्ञानवर्धन और उनके मस्तिष्क का परिष्कार करना है तो हमें उसे देशी भाषा में शिक्षा देनी चाहिए। स्त्री-शिक्षा के लिए और कौन दूसरा उपाय हो सकता है। मेरा दृढ़ विचार है कि यह शिक्षा भारतीय जनता की पहुँच के बाहर है।" बंगाल में अंग्रेजी के प्रति अधिक उत्साह था। किंतु उसी बंगाल में 1838 में उदयचंद्र ने बंगला भाषा में एक लेख लिखा था। उसका अभिप्राय यह था कि देश के लोग अपनी भाषा का अध्ययन करके ही अपनी क्षमता का पता कर सकते हैं और अपनी गुलामी की बेड़ियाँ काट सकते हैं। बंकिम अंग्रेजी शिक्षा प्राप्त लोगों को फालतू और विवेकानंद रीढ़हीन कहते थे।

यदि देशी भाषाएँ शिक्षा का माध्यम रही होतीं तो आज देश का सांस्कृतिक-राजनीतिक नक्शा दूसरा होता। अंग्रेजी माध्यम के कारण तत्कालीन 'भद्रलोक' सामान्य जनता से कटकर अलग हो गया। अलगाव की यह प्रक्रिया अब भी किन्हीं अंशों में कायम है। हिंदी भाषा-भाषी क्षेत्रों में अंग्रेजी शिक्षा का प्रसार बहुत बाद में हुआ। सन् 1858 में प्रकाशित बंगाल के लेफ्टिनेंट गवर्नर की एक विज्ञप्ति से पता लगता है कि पटना के स्कूलों के इंस्पेक्टर-जनरल के कार्यालय को लोग भूतखाना समझते थे। हिंदी भाषा-भाषी क्षेत्रों में अंग्रेजी के प्रति आज भी उत्साह नहीं है। जो भी हो, इसने एक ऐसा मध्यवर्ग पैदा किया जिसने नवजागरण के अभ्युदय में महत्त्वपूर्ण भूमिका निभाई।

भौतिक परिस्थितियों के बदलाव और पाश्चात्य शिक्षा के प्रभाव को मुख्यतः नवजागरण का आधारभूत कारण मान लिया गया है। पर इस काल के महापुरुषों–राजा राममोहन राय, महादेव गोविंद रानाडे, स्वामी दयानंद और श्रीमती एनी बेसेंट पर विचार करने से उपर्युक्त सामान्यीकरण खंडित हो जाता है। इन लोगों के अतिरिक्त विवेकानंद, नारायण गुरु, महात्मा फुले आदि ने भी नवजागरण को ले आने में अपनी-अपनी भूमिकाएँ निभाई हैं। इनमें स्वामी दयानंद, नारायण गुरु, महात्मा फुले का पाश्चात्य शिक्षा से कोई संबंध न था। राजा राममोहन राय, रानाडे, विवेकानंद अंग्रेजी शिक्षा से प्रभावित थे। इसलिए यह कहना कि पाश्चात्य शिक्षा के कारण नवजागरण आया, सही नहीं है। हाँ, अनेक कारणों में से एक कारण वह भी था। पाश्चात्य शिक्षा से प्रभावित लोगों तथा संस्कृत शिक्षा से प्रभावित व्यक्तियों ने तत्कालीन यथार्थ और समाज के रूपांतरण को लगभग सामान्य ढंग से ग्रहण किया।

अंग्रेजी उपनिवेशवाद को दैवी-वरदान के रूप में देखना, जाति-पाँति और मूर्ति-पूजा का विरोध आदि उनकी सामान्य विशेषताएँ हैं। उनके अंतर्विरोध तत्कालीन परिवेश तथा स्वयं उनकी शिक्षापद्धति के अंतर्विरोध हैं।

अपनी मान्यताओं के प्रचार-प्रसार के लिए राजा राममोहन राय ने सन् 1928 में 'ब्रह्म समाज', रानाडे ने सन् 1879 में 'प्रार्थना समाज', स्वामी दयानंद सरस्वती ने सन् 1875 में 'आर्य समाज', श्रीमती एनी बेसेंट ने सन् 1882 में मद्रास में 'थियोसॉफिकल सोसायटी' की (शाखा की) स्थापना की। ये सभी लोग उच्च मध्यवर्ग के थे। विवेकानंद का भी वर्ग यही था। किंतु केरल के नारायण गुरु नीच जाति के थे। उनका आंदोलन ईझवाँ (नीच कही जाने वाली जाति) तक सीमित था। महाराष्ट्र के महात्मा फुले भी भिन्न जाति के ही थे। इस तरह नवजागरण का यह प्रकाश अपने-अपने ढंग से सभी वर्गों में फैल गया।

प्रश्न उठाया गया है कि इस भारतव्यापी नवजागरण का कोई भौतिक कारण भी है अथवा यह शद्ध अधिरचना है? मार्क्सवादियों ने इस संबंध में सबसे अधिक विचार किया है। सन् 1972 में राजा राममोहन राय की जन्मशताब्दी के अवसर पर सुमित सरकार और अशोक सेन ने राजा राममोहन राय और ईश्वरचंद्र विद्यासागर के संबंध में लेख लिखे थे।

सरकार का कहना है कि पहले के मार्क्सवादी नवजागरण पर विचार करते हुए परंपरा बनाम प्रगति के संदर्भ में पश्चिमीवाद का समर्थन करते थे। परंपरा और आधुनिकता के आधार पर लिया गया निर्णय ब्रिटिश साम्राज्यवाद के शोषण पर पर्दा डाल देता है। राजा राममोहन राय का परंपरा से अलगाव अंतर्विरोधों से भरा पड़ा है। उन्होंने कट्टर हिंदूवादियों से समझौता किया, अंग्रेज उपनिवेशवादियों के सहयोग से परिवर्तन लाने की कोशिश की। लेकिन औपनिवेशिक पराधीनता बुर्जुआ आधुनिकता के मार्ग में दीवार बनकर खड़ी थी। ऐसी स्थिति में जो भी आधुनिकता आई, वह आधुनिकता का 'कैरिकेचर' था। उन्होंने प्रश्न उठाया है कि तत्कालीन औपनिवेशिक अर्थव्यवस्था, अनौद्योगीकरण, उत्पादन के ठहराव, किसान-विद्रोह, किसानों के शोषण, वर्गों के बीच की बढ़ती हुई खाई के संदर्भ में इस आधुनिकता से क्या जुड़ता है जिसे महत्त्वपूर्ण कहा जाए?

अशोक सेन ने ग्राम्शी का हवाला देते हुए ईश्वरचंद्र विद्यासागर के संबंध में जो कुछ कहा है वह सारतः सरकार के कथन से भिन्न नहीं है। उनके मतानुसार सामाजिक रूपांतरण से संबद्ध शक्तियों से उन बुद्धिजीवियों का कोई रचनात्मक संबंध नहीं था। बौद्धिकता के माध्यम से उस आधुनिक तत्त्व को प्राप्त करना जो

अर्थव्यवस्था को स्वीकार्य नहीं था, तर्कानुमोदित नहीं हो सकता।

यह यांत्रिक मार्क्सवादी दृष्टिकोण बहुत कुछ न्यूनीकृत (रिडक्शनिस्ट) और नियतिवादी (डिटरमिनिस्टिक) है। प्रत्येक स्थिति में आधार और अधिरचना का तालमेल नहीं बैठता। लिनियार्दोपेगी ग्राम्शी का हवाला देते हुए लिखता है कि उसने रूस के बारे में जो कुछ लिखा है उसे वहीं तक सीमित नहीं किया जा सकता। जिन देशों में पूँजीवाद और उद्योगवाद शिखर पर पहुँच चुका है उनमें सर्वदा तदनुकूल परिस्थितियाँ नहीं रही हैं। जहाँ पूँजीवादी परिपक्वता नहीं आई है वहाँ की विकास की संभावनाओं को अस्वीकार नहीं किया जा सकता। अतः पारंपरिक भौतिकवाद की नई व्याख्या अपेक्षित है।

इस सदंर्भ में ग्राम्शी की 'इतालवी इतिहास पर टिप्पणियाँ' द्रष्टव्य हैं। उन टिप्पणियों में वह इटली के 'रेजोर्गमेंटों' आंदोलन की चर्चा करता है। उसकी तुलना उसने सन् 1789 की फ्रांसीसी क्रांति से की है। फ्रांसीसी क्रांतिकारियों की तरह इटली के आंदोलनकारियों में वह शक्ति नहीं थी कि वे पूरी ताकत से प्रभुसत्ता-संपन्न वर्ग पर आक्रमण करते। अतः उन्हें दूसरा मार्ग अपनाना पड़ा। राजनीतिक-आर्थिक प्रभुत्व के अभाव में ये लोग लघु-लघु सामाजिक रूपांतरणों में लग गए।

भारतवर्ष में नवजागरण से संबद्ध व्यक्तियों ने वही किया जो 'रिजोर्गमेंटो' आंदोलन से संबद्ध लोगों ने किया। तत्कालीन निषेधात्मक औपनिवेशिक अर्थव्यवस्था से जूझने का कोई उपाय न था। किंतु अंग्रेजों के शोषण, लूट धनापहरण के प्रति सभी सचेत थे। कुछ लोगों के विचार से संस्कृति विचारधारा नहीं है। अतः आधार से इसका अनिवार्य संबंध नहीं है। उसकी अपनी स्वायत्तता है। आर्थिक दृष्टि से पिछड़े हुए समाज में संस्कृति का सामाजिक तथा मूल्यगत महत्त्व है। वाल्टर बेंजामिन ने ठीक ही लिखा है कि किसी खतरे के समय संस्कृति का रचनात्मक स्मरण होता है। तीसरी दुनिया के पिछड़े हुए देशों ने अपने सांस्कृतिक जागरण को राष्ट्रीयता के तत्त्व से जोड़ा।

इस नवजागरण का बहुत कुछ दायित्व दो संस्कृतियों की टकराहट में अपनी अस्मिता की पहचान में है। उपनिवेशवादी अंग्रेज यहाँ की संस्कृति को हेठी की दृष्टि से देखते थे। उनकी दृष्टि में भारतीय निर्मम बर्बर (क्रिप्टोबारबारैयिन) थे। ईसाई मिशनरी हिंदुओं-मुसलमानों के धर्म पर आक्रमण कर रहे थे। उनका उत्तर देना भी आवश्यक था। प्राच्यविद्याविदों ने भी भारत के अतीत का गौरव-गान किया। इनमें विलियम जोंस और मैक्समूलर प्रमुख थे। पर मैक्समूलर तत्कालीन भारत को मुर्दादेश मानता था। प्राच्यविद्याविदों का अभिप्राय उपनिवेशवादी राष्ट्रों के औदात्य

का उद्घाटन नहीं था। बल्कि कहीं-न-कहीं वे औपनिवेशिक आर्थिक शोषण और उपनिवेशवादियों की प्रभुसत्ता के समर्थक थे। एडवर्ड सईद ने अपनी पुस्तक 'द ओरियंटलिस्ट' में इसको अच्छी तरह अनावृत किया है। इस देश के लोग प्रारंभ में उनसे अभिभूत थे, पर कालांतर में उनकी औपनिवेशिक मानसिकता से परिचित हो गए।

भारतीय नवजागरण से संबद्ध महापुरुषों ने राजा राममोहन राय से महात्मा गाँधी तक अपनी अस्मिता की प्रतिष्ठा और जनता की जागरूकता के लिए भारतीय संस्कृति का आधार ग्रहण किया। राजा राममोहन राय ने उपनिषदों का सहारा लिया तो विवेकानंद ने अद्वैत वेदांत का और स्वामी दयानंद सरस्वती ने वेद का। इनके आधार पर उन्होंने धार्मिक भेदभाव, ऊँच-नीच, छुआछूत, बाह्याडंबर, जाति-पाँति का जमकर विरोध किया। स्पष्ट है कि उनके विचारों को नई दिशा देने का कार्य अंग्रेजी उपनिवेशवाद और तत्कालीन समाज की ज्वलंत समस्याओं ने किया।

अंग्रेजी उपनिवेशवाद का प्रभाव ललितकला और साहित्य पर पड़ा। औपनिवेशिक अनुभव उपनिवेश-विरोध के रूप में सामने आया। इसके मूल में किसी-न-किसी प्रकार का संघर्ष एक ऐसी वस्तु है जो इसमें संलग्न व्यक्तियों को रचनात्मक बनाती है। संघर्ष और रचना का बहुत गहरा संबंध है। इसके अभाव में जो रचना होगी वह अंतर्वस्तुशून्य और खोखली होगी। पुराने और नए का पुनर्नवीकरण इसी का परिणाम है। धार्मिक-सांस्कृतिक आंदोलनों ने जिस प्रकार पुराने को नए से और नए को पुराने से संबद्ध किया, उसी प्रकार कला और साहित्य ने भी किया।

उपनिवेशवादियों ने भारतीय संस्कृति को भी हीन ठहराया और कला तथा साहित्य को भी। उपनिवेशवादियों की दृष्टि में भारतीय कला मृत हो चुकी थी। भारतीय कलाकारों में महान कला के सिद्धांतों के आयत्तीकरण की क्षमता निःशेष हो गई थी। अतः अपनी अस्मिता को सिद्ध करने और साम्राज्यवाद-विरोध के अभियान में योग देने में कला पीछे नहीं रहना चाहती थी। उसने अपनी महान परंपरा की ओर देखा।

1867 में कंपनी सरकार ने कला के नहीं बल्कि औद्योगिक कला के कई स्कूल खोले। उसके मतानुसार भारतीय कलाकारों को तो कला की भाषा का क-ख-ग भी नहीं मालूम था। वे अच्छे कारीगर थे। प्रकृति का अच्छा अनुकरण करते थे। 'डिजाइन' बनाने में उन्हें कमाल हासिल था। योरोपीय उपभोक्ता समाज को सस्ते वेतन में कारीगरों की कारीगरी मिल जाती थी।

जब हैवल इन स्कूलों से संबद्ध हुआ तो उसने भारतीय कला को मुमूर्ष नहीं

कहा। इसके पहले वाल्टेयर भारतीय कला की प्रशंसा कर चुका था। उसकी इतनी ही माँग थी कि उसे भी जीवित रहने का अधिकार दिया जाए। इसके पूर्व भारतीय कला को चौपट करने में अंग्रेजों ने कोई कसर नहीं छोड़ी। कालीघाट के दर्शनार्थियों के स्थूल चित्रों तथा कंपनी स्कूल या पटना स्कूल की अनुकृतियों से यह स्वतः सिद्ध है। इसके पीछे कंपनी सरकार का प्रोत्साहन था। कंपनी स्कूल के चित्र रूढ़, नीरस और कल्पना-विरहित थे। इस स्कूल की शैली का प्रचार सारे देश में था।

हैवल कला को राजनीति से अलग रखना चाहता था; यह उसकी औपनिवेशिक राजनीति थी। कुमारस्वामी कला की स्वायत्तता के पक्ष में थे, पर वे राजनीति से विरहित कला के पक्षधर नहीं थे। उन्नीसवीं शताब्दी के अंत में दो कलाकारों का उदय होता है। अवनींद्रनाथ ठाकुर और राजा रवि वर्मा। अवनींद्रनाथ की दृष्टि भारतीयता की ओर गई। वे जापानी चित्रकार ओकाकुरा से भी प्रभावित थे, जो 1901 में भारत आया था। वह पश्चिम के मृत कला-रूप के विरुद्ध था। उसने एशियाई अस्मिता की अलख जगाई। अवनींद्रनाथ ने कई चित्र बनाए, जिनमें 'शाहजहाँ की मृत्यु' (1900) और 'भारतमाता' (1905) राष्ट्रीय चित्र के रूप में प्रसिद्ध हुए। उन्होंने अभिसारिका के चित्र को भी एक नई काल्पनिक अर्थवत्ता दी। राजा रवि वर्मा के पौराणिक 'पोट्रेट' कल्पनाविहीन होने पर भी लोकप्रिय हुए। महावीरप्रसाद द्विवेदी के संरक्षण में लिखी जाने वाली कविताओं और रवि वर्मा के चित्रों की पौराणिकता और सपाटता में आश्चर्यजनक साम्य है।

जिस प्रकार खड़ी बोली का प्रचार महाराष्ट्र, बंगाल, गुजरात आदि में था, उसी प्रकार उन्नीसवीं शताब्दी में हिंदुस्तानी संगीत यानी खयालगायकी का प्रसार भी हिंदुस्तान (हिंदी भाषाभाषी क्षेत्र) के बाहरी क्षेत्रों—महाराष्ट्र, बंगाल, उड़ीसा, असम, गुजरात में हुआ। हिंदुस्तानी संगीत का लोकप्रिय नाम था घराना-संगीत। घराना-संगीत का अस्तित्व उन्नीसवीं शती की औपनिवेशिक सत्ता के पहले से ही था। किंतु इसका प्रचार औपनिवेशिक युग में ही हुआ। इसके मूल में नई औपनिवेशिक आर्थिक-सामाजिक व्यवस्था और सांस्कृतिक संघर्ष था।

वास्तव में घराना-संगीत का जन्म मुगलों के समय में हो चुका था। ध्रुपद के अभिजातीय संयम और नीरसता की जमीन तोड़कर खयालगायकी का अँखुआ उगा। पर यह सर्वथा स्वच्छंद नहीं था। इसकी अपनी बंदिशें थीं, आंतरिक नियम थे, फिर भी ध्रुपद की अपेक्षा अधिक स्वच्छंद, सरल और शृंगारिक। ध्रुपद आदि का व्याकरण पाणिनीय था। घराना-संगीत में घरानों की अपनी विशिष्टता और वैयक्तिकता थी। अभिजातीय राग-रागिनियाँ उच्च वर्ग के लोगों तक सीमित थीं।

उनके व्याकरण में परिवर्तन का अवकाश नहीं था। घराना-संगीत (ग्वालियर, जयपुर, रामपुर, आगरा, बड़ौदा, इंदौर आदि का घराना-संगीत) का व्याकरण लचीला था। प्रत्येक घराना स्वर-लय का मिश्रण अपने ढंग से करता था। उसके अपने श्रोता थे। हर घराना अपने क्षेत्र तक सीमित था, उस पर स्थानीयता का रंग था।

आश्चर्य तो यह है कि प्राच्यविद्याविदों ने भारतीय संस्कृति के अन्य क्षेत्रों में अन्वेषण किया, किंतु संगीत उपेक्षित बना रहा। चित्रकला की भाँति इसे भी अविकसित मान लिया गया। औपनिवेशिक प्रभावों से स्वतंत्र होकर भी यह अपना विकास करता रहा।

हिंदी नवजागरण बंगाल और महाराष्ट्र के नवजागरण से मूलतः भिन्न न होकर अपने दृष्टिकोण और तेवर में भिन्न था। बंगाल के सबसे अधिक प्रभावशाली लेखक बंकिम थे। उनके लेखन में हिंदूवाद का स्वर अधिक मुखर था और उनकी राष्ट्रीयता अपने बंगाल तक सीमित थी। उस काल के अन्य बंगाली लेखकों की दृष्टि भी प्रायः 'सोनार बांग्ला' के आगे नहीं जाती है। क्षेत्रीयता से आज भी उसकी मुक्ति नहीं हुई है। महाराष्ट्र के प्रसिद्ध गद्यकार चिपलुणकर वर्ण-भेद की खाई नहीं पार कर पाए थे। महात्मा फुले को वे हीन दृष्टि से देखते थे। पर भारतेंदु और उनके मंडल के लेखकों में किसी प्रकार की संकीर्णता न थी—न वर्ण-भेद की और न क्षेत्रीयता की। अन्य लेखकों की भाँति भारतेंदु-मंडल भी देश के स्वतंत्र सांस्कृतिक व्यक्तित्व की खोज कर रहा था। पर इनका देश बड़ा था।

इसकी पृष्ठभूमि में 1857 का स्वतंत्रता-संग्राम था, जिसमें हिंदू-मुसलमान एकजुट होकर अंग्रेजी उपनिवेशवाद के विरुद्ध लड़े थे। अंग्रेजों के आतंक से इस संग्राम में उनके अत्याचारों का ब्यौरा देना उतना ही कठिन था जितना भक्त-कवियों का मुसलमानी अत्याचार का उल्लेख करना। फिर भी उनकी रचनाओं में हिंदी भाषा-भाषी प्रदेश का जुझारूपन दिखाई पड़ता है।

इस प्रदेश में निर्गुणवादी संतों की एक लंबी परंपरा रही है, जिसमें हिंदुओं-मुसलमानों के भेदभाव को मिटाने का भरपूर प्रयास किया गया। भारतेंदु ने कबीर, दादू आदि का आदरपूर्वक उल्लेख किया है। इस परंपरा के फलस्वरूप भी उन्होंने दोनों संप्रदायों की एकता पर बल दिया। इसके अतिरिक्त उनके सामने संपूर्ण भारतवर्ष था, न कि भारतवर्ष का कोई अंचल। वे 'भारतवर्ष की उन्नति कैसे हो सकती है' के संबंध में चिंतित थे।

उन्होंने लिखा है : 'भाई हिन्दुओ! तुम भी मत-मतांतर का आग्रह छोड़ो। आपस में प्रेम बढ़ाओ। इस महामंत्र का जप करो। जो हिंदुस्तान में रहे, चाहे किसी

रंग किसी जाति का क्यों न हो, वह हिंदू। हिंदू की सहायता करो। बंगाली, मराठा, पंजाबी, मदरासी, वैदिक जैन, ब्राह्मो, मुसलमान सब एक-एक का हाथ पकड़ो। कारीगरी जिसमें तुम्हारे यहाँ बढ़े, तुम्हारा रुपया तुम्हारे ही देश में रहे, वह करो। देखा जैसे हजार धारा होकर गंगा समुद्र में मिली है, वैसे ही तुम्हारी लक्ष्मी हजार तरह से इंग्लैंड, फ्रांस, जर्मनी, अमरीका को जाती है।'

जिस तरह पश्चिमी नवजागरण से भारतीय नवजागरण भिन्न है, उसी तरह बंगाल नवजागरण से हिंदी नवजागरण भी कमोबेश भिन्न है। पश्चिमी नवजागरण अपने को मध्यकालीन चेतना से, चर्च के चंगुल से, मुक्त करता है। भारतीय नवजागरण अतीत से जुड़ा हुआ है, उससे बहुत कुछ ग्रहण करके आगे बढ़ता है। सच तो यह है कि अपने यहाँ अतीत, वर्तमान, भविष्य का विभाजन नहीं है, काल का एक सातत्य (कांटीन्यूअम) है। इस सातत्य में कोंत, स्टुअर्ड मिल्स, स्पेंसर आदि के विचार वेद, उपनिषद, नववेदांत में अंतर्भुक्त हो जाते हैं।

आत्मचेतस का भाव भारतीय नवजागरण की रीढ़ है। यह आत्मचेतस औपनिषदिक न होकर औपनिवेशिक संदर्भ में व्यापक, मानवीय समष्टिपरक और सांस्कृतिक हो गया है। इसके फलस्वरूप भारतीय अस्मिता को सचेत रूप से उभारा गया, जिससे उसकी नई पहचान बनी। बंगाल के युवा क्रांतिकारी छात्र देरोजियो ने देश के अतीत को संबोधित करते हुए एक कविता लिखी है, जिसमें कहा गया है कि मैं काल की गहराइयों में डूबकर कुछ उदात्त ध्वंसावशेषों को तुम्हारे सामने लाना चाहता हूँ। हिंदी भाषा-भाषी क्षेत्र में 'तुम्हारे' का अर्थ सारा देश था जबकि अलग-अलग प्रदेशों में 'तुम्हारे' का अर्थ प्रदेश-विशेष था। यह व्यापकता यहाँ की धरती में उसी प्रकार बसी हुई है जैसे फूल में गंध। भारतेंदु और उनके मंडल ने जिस नवजागरण का सूत्रपात किया वह इसी व्यापक अर्थ में अन्य आंचलिक नवजागरणों से भिन्न है। उसी का फल है कि जहाँ अन्य स्थानों में क्षेत्रवाद सिर उठाने लगा है वहाँ इस क्षेत्र में उसके लिए कोई जगह नहीं है।

हिंदी नवजागरण और 'भारतभारती'

बीसवीं शती के दूसरे दशक में जब भारतीय पुनर्जागरण की विशेष चर्चा हो रही थी तो काउजर ने कहा था कि भारत के संदर्भ में पुनर्जागरण की चर्चा बेमानी है। यह तो सदैव से जाग्रत देश रहा है और है। इसका पुनर्जागरण कैसा? यह काउजर की श्रद्धा है, वास्तविकता नहीं। भारत के अतीत के गौरव का गुणगान मैक्समूलर और विलियम जोन्स जैसे प्राच्य विद्याविदों ने खूब किया है। ये एडवर्ड सईद के 'ओरियंटलिस्ट' नहीं हैं। उन्होंने भारतीय अतीत को किसी भी भारतीय की अपेक्षा कहीं अधिक समझा है, गहराई में अन्वेषित किया है, उसे नए सिरे से पहचाना है। पर वे उसे अतीतोत्तर भारत से नहीं जोड़ते। वह भारत उनके लिए भारत नहीं है। किंतु अतीत हमारे स्नायुओं में रक्त की तरह प्रवाहमान है–कथाओं, आदर्शों, मिथकों, अनुष्ठानों आदि में। विदेशी राजसत्ताओं के दबावों में इनके प्रति हम और अधिक सचेत हुए हैं।

मध्यकाल का भक्ति आंदोलन एक-दूसरी ऐतिहासिक परिस्थितियों में घटित हुआ था। रामविलास जी ने इसे सही अर्थों में 'लोक जागरण' कहा है। अंग्रेजी राज्य की स्थापना के बाद हम एक उदार, साहसी, शक्तिशाली और वैज्ञानिक टेम्पर वाली जाति से टकराए। इस टकराहट से ही नवजागरण शुरू होता है, ऐकांतिक अतीतोन्मुखता की मुचकुंदी निद्रा टूटती है और हम अपने को इतिहास की नई मंजिल पर पाते हैं।

1853 में 'न्यूयार्क डेली ट्रिब्यून' में मार्क्स ने लिखा था–'यह सच है कि हिंदुस्तान में सामाजिक क्रांति लाने के लिए इंग्लैंड ने जो कुछ किया था उसके पीछे उसके निकृष्ट स्वार्थों की पूर्ति का लक्ष्य निहित था। इसके लिए उसने जो तरीका अपनाया वह दुष्टतापूर्ण था। पर प्रश्न यह नहीं है। प्रश्न है कि क्या मनुष्य

जाति एशिया की मौलिक व्यवस्था में सामाजिक क्रांति हुए बिना अपने लक्ष्य तक पहुँच सकती है? यदि नहीं तो इंग्लैंड ने जो अपराध किया हो इस क्रांति को लाने में यह अनजाने इतिहास का हथियार बन गया।'

अंग्रेजों की औपनिवेशिक नीति और वैज्ञानिक टेंपर ने सबसे पहले बंगाल को प्रभावित किया। इस संदर्भ में राजा राममोहन राय, अरविंद, रामकृष्ण परमहंस, विवेकानंद, बंकिमचंद्र, रवींद्रनाथ टैगोर विशेष रूप से उल्लेख्य हैं। पश्चिम की भौतिकता, शिक्षा-पद्धति, एक हद तक आचार से भी वे कम प्रभावित न थे। पर बंकिम के उपन्यासों, विशेषतः आनंदमठ और निबंधों में हिंदुओं-मुसलमानों के बीच एक फाँक दिखाई पड़ती है। इसके साथ ही वे अपनी सांस्कृतिक विरासत के प्रति अत्यधिक सचेत थे।

हिंदी प्रदेश में नवजागरण के दो प्रवर्तक माने जाते हैं—स्वामी दयानंद और सर सैयद अहमद खाँ। दयानंद का आधार 'वेद' है तो सर सैयद का 'कुरान'। दयानंद ने धर्माडंबर का विरोध किया और देशभक्ति का खुला समर्थन किया। सर सैयद ने इस्लाम की विकृतियों पर प्रहार किया और इस्लाम की श्रेष्ठता और मानवीयता को एक सीमा तक उजागर किया। पर वे एकांतभाव से अंग्रेजों के समर्थक थे। पाश्चात्य शिक्षा के प्रसार में उनका योगदान निरंतर याद किया जाएगा। सर सैयद का प्रभाव हाली के 'मुसद्दस' और दयानंद का मैथिलीशरण गुप्त की 'भारत-भारती' पर पड़ा।

मैथिलीशरण गुप्त के पहले व्यापक अर्थ में नवजगरण का आरंभ भारतेंदु हरिश्चंद्र से होता है। बंगला नवजागरण में जिस अस्मिता की खोज बंकिम में देखी जाती है वह नवजागरण का मूल तत्त्व है। बंकिम में मुसलमान शासन से मुक्ति पाने का हर्ष भी है। इसे 'आनंदमठ' के पहले संस्करण में देखा जा सकता है। भारतेंदु ने भी मुसलमान शासन को महामारी की संज्ञा दी थी। पर समग्रतः वे हिंदु-मुसलमान एकता के पक्षधर थे।

ध्यान देने की बात यह है कि हिंदी नवजागरण बंगला या मराठी नवजागरण से अपनी व्याप्ति और स्वरूप में भिन्न है। बंगला नवजागरण 'सोनार बांग्ला' का नवजागरण है तो मराठी नवजागरण मराठी राष्ट्रवाद का। किंतु हिंदी नवजागरण समूचे देश का नवजागरण है। दृष्टिकोण की यह व्यापकता हिंदी-भाषी प्रदेश में अब भी पाई जाती है।

भारतेंदु और उनके मंडल का क्रियाकलाप एडवर्ड सईद के शब्दों में एक प्रकार का 'ग्रासरूट मूवमेंट' था। भारतेंदु ने लिखा है—**'स्वत्व निज भारत अहै।'** इसमें

स्वत्व-स्वतत्व और भारत विशेष रूप से द्रष्टव्य हैं। स्वत्व यानी अपनी पहचान प्राप्त करे संपूर्ण भारत, न कि कोई अंचल। अज्ञेय ने इसी को आत्मबिंब कहा है। इस आत्मबिंब के लिए अपनी भाषा का महत्त्व सर्वोपरि है—**'निज भाषा उन्नति अहै सब उन्नति का मूल।'** किसी भी औपनिवेशिक देश के लिए स्वत्व प्राप्ति में 'स्वदेशी' का अपना महत्त्व है जो देश की आर्थिक स्थिति की मजबूती और विदेशियों के शोषण से संबद्ध है। वे हिंदू थे, वैष्णव थे। उनकी उदारता वैष्णवी चेतना की उपज थी। यद्यपि वे मुसलमानी राज्य को प्लेग और अंग्रेजी राज्य को क्षयी कहते हैं पर इस्लाम और इन्सानियत का आदर करते हैं। भारतेंदु का नवजागरण महावीर प्रसाद द्विवेदी और मैथिलीशरण गुप्त से कहीं अधिक क्रांतिकारी, उदार, प्रगतिशील और व्यापक था।

जहाँ तक लोकप्रियता और प्रभावान्विति के विस्तार का सवाल है अपने समय में 'भारत-भारती' का कोई मुकाबला नहीं था। मैं चौथी कक्षा में पढ़ता था। एक कोस की दूरी से एक वकील साहब से वह किताब माँग कर लाया था। इससे उसकी लोकप्रियता का अंदाज लगाया जा सकता है। वह शिक्षित वर्ग के गले का कंठहार बन गई थी। द्विवेदी जी ने उसके लेखन की अनुमति खुशी से नहीं दी थी। 'सरस्वती' प्रकाशन के आरंभिक वर्षों में वे खुद प्रतिक्रियावादी थे। उनके मतानुसार पुराने समय में 'भैंस भी वेदपाठ किया करती थीं।' आरंभिक दिनों में 'सरस्वती' में झांसी की रानी, तात्या टोपे, नानाजी के बारे में जो लेख प्रकाशित हुए वे उनकी प्रतिक्रियावादिता के प्रमाण हैं पर बाद में उन्होंने नवजागरण में महत्त्वपूर्ण योग दिया। किंतु वास्तविकता तो यह है कि नवजागरण का श्रेय रचनात्मक काव्य 'भारत-भारती' को है।

'भारत-भारती' (1913) के पहले मौलाना हाली का मुसद्दस 'मद्दो-जजो-इस्लाम' शीर्षक से छप चुका था। इसका अर्थ होता है 'इस्लाम का ज्वार भाटा।' पर यह 'मुसद्दसे-हाली' या 'मुसद्दस' के नाम से ही प्रसिद्ध है। यह मुसलमानों के नवजागरण का पहला गीति-काव्य है।

हाली ने भूमिका में लिखा है—'जमाने का नया ठाट देखकर पुरानी शायरी से दिल भर गया था और झूठे ढकोसले बाँधने से शर्म आने लगी थी। कौम के एक सच्च खैरख्वाह ने... आकर मलामत की।... बरसों से बुझी हुई तबिकात में एक बलबला पैदा हुआ, और बासी कढ़ी में उबाल आया... और एक 'मुसद्दस' की बुनियाद डाली।' सच्चे खैरख्वाह थे सर सैयद।

हाली ने लिखा है—

कि कल कौन थे, आज क्या हो गए तुम,
अभी जागते थे, अभी सो गए तुम।

मुसलमानों के जागरण के लिए लिखे गए इस काव्य में सांप्रदायिकता की गंध कहीं नहीं है—**'कहा है यह इस्लामियों की अलामत/कि हमसाये से रखते हैं वो मुहब्बत।'** उन्होंने इस्लाम का एक उदारतावादी और जनतांत्रिक रूप सामने रखा।

हाली के अलावा गुप्त जी ने कैफी के 'भारत दर्पण' से भी प्रेरणा ली। कैफी ने लिखा है—

दिखाऊँगा पहले बुजुर्गों की अजमत
वो भारत का ओज, आर्यों की शौकत
तुम्हारी दिखाऊँगा वो पस्ती की हालत
बताऊँगा फिर तदबीर औ हिकमत
करोगे अमल तो जी जी होश होंगे
नहीं तो फना के हय-आगोश होंगे।

गुप्त जी ने जमीन हाली से ली और राह कैफी से।

'भारत-भारती' लिखने से पूर्व गुप्त जी के मन में कोई हिचकिचाहट रही हो या न रही हो पर उनके नियामक और गुरु महावीर प्रसाद द्विवेदी के मन में जरूर थी। हाली का 'मुसद्दस' पढ़कर राजा रामपाल सिंह ने गुप्त जी को एक पत्र लिखते हुए कहा कि तुम 'मुसद्दस' की तरह एक काव्य हिंदी में लिखो। गुप्त जी ने द्विवेदी जी से परामर्श किया। उन्होंने कहा कि ऐसी पुस्तक लिखने पर शासकों से लेखक की रक्षा कौन करेगा? जब राजा रामपाल सिंह को यह समाचार मिला तो उन्होंने कहा कि हम लोग राजद्रोही थोड़े ही हैं। मतलब यह कि इसे शासकों से बहुत कुछ बच-बचाकर लिखा गया।

गुप्त जी ने हाली का आधार तो लिया। पर इस तरह की चित्तवृति उस समय की फिजां में थी। 'भारत-भारती' के पहले उनकी तीन कविताएँ प्रकाशित हो चुकी थीं—'प्राचीन भारती' (1910), 'पूर्वप्रथा' (1911) और 'पूर्वदर्शन' (1911)। पहली दोनों कविताएँ 'सरस्वती' में छपी थीं और तीसरी 'मर्यादा' में। राजा रामपाल सिंह ने 'पूर्व दर्शन' पढ़कर उन्हें 'मुसद्दस' की तरह काव्य लिखने के लिए कहा था। इन तीनों कविताओं में प्राचीन भारत की गौरव-गाथा का ही वर्णन हुआ है।

हाली की तरह उन्होंने भी 'भारत-भारती' की प्रस्तावना में लिखा है—"यह

बात मानी हुई है कि भारती की पूर्व और वर्तमान दशा में बड़ा भारी अंतर है। अंतर न कहकर इसे वैपरीत्य कहना चाहिए। एक वह समय था कि यह देश विद्या, कला कौशल और सभ्यता में संसार का शिरोमणि था और एक वह समय है कि इन्हीं बातों का इसमें शोचनीय अभाव हो गया है।...''

''परंतु बड़े खेद की बात है कि हम लोगों के लिए हिंदी में अभी तक इस ढंग की कोई कविता-पुस्तक नहीं लिखी गई जिसमें हमारी प्राचीन उन्नति और अर्वाचीन अवनति का वर्णन भी हो और भविष्यत् के लिए प्रोत्साहन भी, इस अभाव की पूर्ति के लिए जहाँ तक मैं जानता हूँ, कोई यथोचित प्रयत्न नहीं किया गया।'' कहना न होगा कि 'भारत-भारती' इसी अभाव की पूर्ति करती है।

भारत-भारती के आरंभिक छंदों में से एक लोकप्रिय छंद है–

हम कौन थे, क्या हो गए हैं और क्या होंगे अभी,
आओ विचारें आज मिलकर ये समस्याएँ सभी।
यद्यपि हमें इतिहास अपना प्राप्त पूरा है नहीं,
हम कौन थे, इस ज्ञान को, फिर भी अधूरा है नहीं।

यह हाली के 'मुसद्दस' से, जिसे पीछे उद्धृत किया गया है, बहुत कुछ मिलता-जुलता है।

पर 'मुसद्दस' और 'भारत-भारती' में एक द्रष्टव्य अंतर है। 'मुसद्दस' में सारा जोर वर्तमान पर है और 'भारत-भारती' में अतीत पर। फिर भी वह भविष्योन्मुखी है। मुसलमानों के एक वर्ग ने मुसद्दस का स्वागत नहीं किया। किंतु 'भारत-भारती' मध्यवर्गीय हिंदू समाज में खूब पढ़ी गई। इसका कारण क्या है? मुस्लिम संप्रदाय अपेक्षाकृत कट्टरवादी है। मुसद्दस की उदारवादी नीति उसे पसंद नहीं आई।

किंतु हिंदू समाज के पास विरासत की एक लंबी परंपरा है जो उसके स्नायुओं में रक्त की तरह बह रही है। इस संदर्भ में देरोजियो की एक कविता याद आती है। उसने लिखा है–'मैं काल की गहराइयों में डूबकर कुछ उदात्त ध्वंसावशेषों को तुम्हारे लिए ले आना चाहता हूँ।' गुप्त जी ने ध्वंसावशेषों का स्मरण कराया है–बार-बार कराया है। इसी पृष्ठभूमि में उन्होंने वर्तमान और भविष्य को भी देखा है।

'भारत-भारती' पर आर्यसमाज का स्पष्ट प्रभाव देखा जा सकता है। किंतु यह प्रभाव आंशिक है। आर्य-श्रेष्ठता को उन्होंने उसी तरह उद्घोषित किया जिस तरह दयानंद और उनके अनुयायियों ने। पर दयानंद की तरह उन्होंने हिंदू धर्म की संकीर्णताओं पर प्रहार नहीं किया। अपनी सनातनी और वैष्णवी चित्तवृत्ति के

कारण उन्होंने मनुवादी जाति व्यवस्था का भी समर्थन किया। राष्ट्रीयता का भाव तो उन्हें दयानंद से भी मिला था। और राष्ट्रीय कांग्रेस से भी। फिर भी वे तिलक के नामोल्लेख का साहस नहीं जुटा सके। उसके स्थान पर लोकमान्य शब्द से काम चलाया गया है।

आर्य समाज का प्रभाव केवल उन्हीं पर नहीं था, उनके गुरु महावीर प्रसाद द्विवेदी पर भी था। गुप्त जी ने 'आर्य' शब्द का प्रयोग बार-बार किया है–

यह पुण्य भूमि प्रसिद्ध है इसके निवासी आर्य हैं,
विद्या कला-कौशल सबके जो प्रथम आचार्य हैं।

वे आर्य ही थे जो कभी अपने लिए जीते न थे;
वे स्वार्थ-रत हो मोह की मदिरा कभी पीते न थे।

चार-पाँच छंदों में आर्य-स्त्रियों का अलग से वर्णन किया गया है। यों तो मंगलाचरण में ही इसका उल्लेख है–

मानस-भवन में आर्यगण जिसकी उतारें आरती।
भगवान भारतवर्ष में गूँजे हमारी भारती।

'भारत-भारती' को तीन खंडों में बाँटा गया है–अतीत, वर्तमान और भविष्यत्। अतीत में कुल नब्बे पृष्ठ हैं, वर्तमान में सड़सठ और भविष्यत् में सत्ताइस। जाहिर है कि इसमें अतीत के गौरव-गान के लिए अधिक पृष्ठ दिए गए हैं। वर्तमान का मतलब अतीत का अभाव है। भविष्यत में भी अतीत का पृष्ठाधार दिखाई पड़ता है। अभिप्राय यह है कि संपूर्ण रचना में अतीत अंतःसलिला की तरह प्रवाहित है। कहीं से भी इसका कोई तार छूने पर अतीत का पूरा सितार झंकृत हो उठता है।

अतीत खंड में जातीय स्मृतियों को जगाने का प्रयास है–"वृद्ध भारतवर्ष ही संसार का शिरमौर्य है।' इसमें ऋषिगण, पूर्वज, सभ्यता विद्या-बुद्धि, साहित्य, दर्शन, कला-कौशल के उत्कर्ष का वर्णन है। इसके साथ ही दान, गोपालन, होमाग्नि, गुरुकुल आदि का विवरण भी दिया गया है। मुसलमानी अत्याचार भी वह नहीं भूलता है।

यवन राज्य का अंत होने पर वह राहत की साँस लेता है। उस समय यह एक सामान्य बात थी और प्रारंभ में ब्रिटिश राज्य का स्वागत अस्वाभाविक नहीं था। वे लिखते हैं–

शासन किसी पर जाति का चाहे विवेक-विशिष्ट हो।
संभव नहीं है किंतु जो सर्वांश में वह इष्ट हो।
यह सत्य है, तो भी ब्रिटिश-शासन हमें सम्मान्य है।
वह सुव्यवस्थित है तथा आशा-प्रपूर्ण, वदान्य है।

सचमुच ब्रिटिश साम्राज्य ने हमको बहुत कुछ है दिया,
विज्ञान का वैभव दिखाया, समय से परिचित किया।
उससे हमारी कीर्ति का भी हो रहा उपकार है,
वह पूर्व चिह्नों का हुआ वा हो रहा उद्धार है।

इसमें कोई संदेह नहीं कि ब्रिटिश साम्राज्य ने अपने हितों में ही सही हमारी जड़ सामाजिक-आर्थिक व्यवस्था को गतिशील बनाया। उसे एक व्यवस्था दी, धार्मिक आकाश को मुक्त किया। ऊपर की अंतिम पंक्ति में उन प्राच्य विद्याविदों का संकेत है जिन्होंने भारत के अतीत-गौरव की पुनः प्रतिष्ठा की। अंग्रेजी राज्य की प्रशंसा का स्वर कांग्रेस के प्रारंभिक अधिवेशनों में भी सुनाई पड़ता है।

पुस्तक के वर्तमान खंड का आरंभ अतीत की याद से होता है–

जिसकी अलौकिक कीर्ति से उज्ज्वल हुई सारी मही
था जो जगत का मुकुट, है क्या हाय! यह भारत वही।

ये पंक्तियाँ निराला की 'क्या यह वही दिल्ली है' की याद दिलाती हैं।

इस खंड में कृषकों की दुर्दशा और व्यापार की गिरावट संबंधी पंक्तियाँ लोगों को अभी तक याद हैं–

बरसा रहा है रवि अनल, भूतल तवा-सा जल रहा।
है चल रहा सनसन पवन, तन से पसीना ढल रहा।
देखो कृषक शोणित सुखाकर हल तथापि चला रहे,
किस लोभ से इस आँच में वे निज शरीर जला रहे।

कुछ रात रहते जागकर चक्की चलाने बैठतीं,
हम सच कहेंगे, उस समय वे गीत गाने बैठतीं।
पर क्या कहें, उस गीत से क्या लाभ पाने बैठतीं,
वे सुख बुलाने बैठतीं या दुख भुलाने बैठतीं।

सारे परिश्रम के बावजूद उन्हें दो जून का भोजन नसीब नहीं होता। इसके मूल में जिसे प्रेमचंद महाजनी सभ्यता कहते हैं बैठी हुई है। सात समुद्रों के पार का 'मार्केट' भी उनके शोषण में लगा है।

भारतेंदु हरिश्चंद्र ने 'भारत दुर्दशा' में लिखा था–**'अंग्रेजी राज सुख साज सजे सब भारी/ पै धन बिदेस चलि जात इहै अति ख्वारी।'** इस तथ्य को गुप्त जी ने अधिक व्यवस्थित ढंग से उठाया है–

जो वस्तु देखो 'मेडइन' इंग्लैंड, इटली, जर्मनी
जापान, फ्रांस, अमेरिका या अन्य देशों की बनी।

ये चूड़ियाँ तक हैं विदेशी देख लो बस हो चुका।

इस संदर्भ में उन्होंने 'स्वदेशी' की ओर भी हमारा ध्यान आकृष्ट किया है–'केवल विदेशी वस्तु ही क्यों अब स्वदेशी है कहाँ।' कांग्रेस ने इस स्वदेशी को स्वराज्य का जबरदस्त हथियार बनाया था। यह दूसरी बात है कि विश्वग्राम और बहुराष्ट्रीय कंपनियों के चक्कर में स्वदेशी की छवि धूमिल हो गई है। पर एक वर्ग ऐसा है जो स्वदेशी के लिए रास्ता खोज रहा है और एक वर्ग ऐसा है जो स्वदेशी को राजनीति का हथियार बना रहा है। राजा-रईसों की अकर्मण्यता की भर्त्सना करते हुए गुप्त जी कहते हैं कि उन्हें न जातीयता का पता है और न देश का। इनसे देश का बेड़ा पार होने वाला नहीं है। इसका संकेतार्थ यह है कि यह कार्य सामान्य जन द्वारा ही संपन्न हो सकता है।

कवि एक ओर शिक्षा की माँग करता है दूसरी ओर इस नई शिक्षा की त्रुटियों को सामने रखता है। मैकाले ने जिस शिक्षा के माध्यम से भारतीयों को क्लर्क बनाने की इच्छा व्यक्त की थी उसे गुप्त जी ने अपनी कविता में सशक्त ढंग से व्यक्त किया है–

लिखते रहो जो सिर झुका, सुन अफसरों की गालियाँ,
तो दे सकेंगी रात को दो रोटियाँ घरवालियाँ।

वे सांप्रतिक शिक्षा के विरुद्ध थे। इससे हमारी संस्कृति की क्षति हुई है। इसीलिए राजा राममोहन राय के जमाने में कुछ लोग अंग्रेजी शिक्षा के विरुद्ध थे–

होती नहीं उससे हमें निज धर्म में अनुरक्ति है,
होने न देती पूर्वजों पर वह हमारी भक्ति है।

उसमें विदेशी मान का ही मोहपूर्ण महत्त्व है,
फल अंत में उसका वही दासत्व है, दासत्व है।

औपनिवेशिक भारत में अंग्रेजी शिक्षा के प्रभाव से अपनी परंपरा को हीन दृष्टि से देखा जाने लगा था। उत्तर-औपनिवेशिक भारत में पाश्चात्य सांस्कृतिक साम्राज्यवाद के विरुद्ध अपनी परंपरा, जातीय संस्कृति का एक मोर्चा अवश्य खोला गया है। पर अंग्रेजी भाषा की पढ़ाई दिन-दूना रात चौगुना बढ़ती चली जा रही है, गाँव-गाँव कान्वेण्ट स्कूल खुल रहे हैं, अपनी भाषा उपेक्षित होती जा रही है। ऐसी स्थिति में नव औपनिवेशिक मानसिकता का प्रभाव बढ़ रहा है। गुप्त जी अपनी सांस्कृतिक गिरावट को देखते हुए प्राचीनता को याद करते रहते हैं–**'हे राम! इस ऋषि-भूमि का उद्धार क्या होगा नहीं?'**

वे तीर्थों के पंडों, धूर्त महंतों, पाखंडी साधु-संतों का विरोध करते हैं। पर वर्ण धर्म में उनका पूरा विश्वास है। ब्राह्मण, क्षत्रिय, वैश्य, शूद्र के पराभव पर उन्हें खेद है। वे हमें **'स्वधर्मे निधनं श्रेयः'** की ओर लौटा देना चाहते हैं। भविष्यत् खंड में वे पुनः चातुर्वर्ण व्यवस्था का वर्णन करते हैं।

'हे ब्राह्मणो! फिर पूर्वजों के तुल्य तुम ज्ञानी बनो।'
'हे क्षत्रियो! सोचो तनिक तुम आज कैसे हो रहे।'
'वैश्यो! सुनो व्यापार सारा मिट चुका है देश का।'

शूद्रों को आश्वासन देते हुए वे कहते हैं– –

रक्खो न व्यर्थ घृणा कभी निज वर्ण से या नाम से।
उत्पन्न हो तुम प्रभु पदों से जो सभी को धेय है,
तुम हो सहोदर सुरसरी के चरित जिसके गेय है।

इसमें शूद्रों को गंगा का समकक्ष कहकर जो सब्जबाग दिखाया गया है वह वर्णाश्रमी स्वभाव के अनुरूप है, मनुवादी है। मनुवाद विरोधी प्रखर ध्वनियाँ स्वच्छंदतावादी कवियों में ही सुनाई पड़ती हैं चाहे श्रीधर पाठक हों, निराला हों। गुप्त जी के पहले श्रीधर पाठक लिख चुके हैं–

'और अधिक क्या कहें बाप जी, कहते दुखता हिया/जटिल जाति का अटल पाँत का जाल है किसने सिया। मनु जी तुमने यह क्या किया?'

भविष्यत् खंड की शुरुआत भी अतीत के स्मरण से ही होती है–**'हतभाग्य हिंदू जाति! तेरा पूर्व दर्शन है कहाँ', 'निःशक्त यद्यपि हो चुकी है किंतु तू न**

मरी अभी', 'पद-चिह्न उनके यत्नपूर्वक खोज लेना चाहिए।' अतीत के बार-बार स्मरण से शमशेर बहादुर सिंह को गलतफहमी हो गई है कि वह अतीतजीवी हैं। वे कहते हैं–''बार-बार और ध्यान से 'भारत-भारती' को पढ़ने पर जो भाव मुख्य रूप से हृदय पर जमता है वह अपने प्राचीन गौरव का...''

गुप्त जी ने साफ कहा है–

प्राचीन हों कि नवीन छोड़ो रूढ़ियाँ जो हों बुरी,

प्राचीन बातें ही भली हैं यह विचार अलोक है,
जैसी अवस्था हो जहाँ वैसी व्यवस्था ठीक है।

इसी खंड में उसने एकता, स्वावलंबन, यंत्र, विज्ञान आदि को अपनाने पर जोर दिया है। वर्णाश्रम धर्म गुप्त जी का अपना अंतर्विरोध है, उस युग के एक वर्ग का भी।

वस्तुतः भारत-भारती जातीय स्मृति का काव्य है, आत्मसाक्षात्कार का काव्य है भविष्यत् के कल्प का काव्य है। यह सच है कि आज 'भारत-भारती' हमारे लिए प्रेरक नहीं रह गई है। यह भावना का काव्य है। आज के वैचारिक युग में भावना के लिए जगह नहीं है। काव्यात्मकता की दृष्टि से भी यह राजा रविवर्मा के चित्रों की तरह इतिवृत्तामक है। पर इसमें उठाए गए प्रश्न आज भी प्रासंगिक हैं। यों अपने समय के काव्यों में यह इतिहास को सर्वाधिक उकेरित करता है।

भविष्यत खंड के अंतिम कुछ छंदों के पहले वह लिखता है–

प्राचीन और नवीन अपनी सब दशा आलोच्य है,
अब भी हमारी अस्ति है यद्यपि अवस्था शोच्य है।

वास्तव में भारत-भारती 'अस्ति' की धुरी पर घूम रही है। आज के राष्ट्रीय और वैश्विक परिवेश में 'अस्ति' का प्रश्न और भी अधिक समस्यामूलक हो उठा है। क्या हम राजनीतिक, आर्थिक, सांस्कृतिक दृष्टि से इसी प्रश्न से नहीं जुड़ रहे हैं?

अनामिका

'आधुनिक काल की कालजयी रचनाएँ' में अद्भुत विरोधाभास है। कुछ लोग इसमें स्पष्ट विरोध मानेंगे। क्या आधुनिक काल की कालजयी रचनाओं को चिह्नित करना संभव है? यदि हम चिह्नित भी करते हैं तो प्रश्न उठेंगे कि क्या वे अपेक्षित काल को अतिक्रमित करते हुए अपने अस्तित्व में स्थिर है। आधुनिक काल को '50 से मानें या '57 से कोई फर्क नहीं पड़ता। यह काल तो अभी दो सौ वर्ष का भी नहीं हो पाया है। प्रारंभ में कई वर्ष एक पड़ी भाषा को खड़ी करने में ही लग गए। बंगला-मराठी आदि को इस प्रकार की किसी समस्या का सामना नहीं करना पड़ा। टिकाऊ या महत्त्वपूर्ण काव्यों की रचना तो '20 के बाद से शुरू हुई। इसके बाद के काव्यों का आलोड़न करने पर कुछ काव्य में कालजयी होने के लक्षण मिल सकते हैं।

इस सिलसिले में 'क्लासिक' शब्द की व्याख्या भी अपेक्षित है। पश्चिम में 'इलियड', 'ओडिसी' और 'इलिड' को क्लासिक कहा जाता है। भारत में क्लासिक की श्रेणी में 'रामायण' और 'महाभारत' आते हैं। जिनमें क्लासिक के लक्षण पाए जाते हैं या जो क्लासिक पर आधारित है वे क्लासिकल कहलाते हैं। लुग्वी कजामिया ने अपने अंग्रेजी साहित्य के इतिहास में 1702 से 1740 के समय को कालिकल या नव्य क्लासिकल काल कहा है। शेक्सपीयर को भी क्लासिकल माना जाता। कुछ लोग तो 'वेस्ट लैंड' को भी क्लासिकल कहते हैं। विंटरनित्स तो पूरे संस्कृत साहित्य को क्लासिकल कहता है। क्लासिकल से उसका अभिप्राय कदाचित् पुराना से है। क्लासिक तो कुछ ग्रंथों के लिए रूढ़ हो गया है, क्लासिकल का बहुत स्थिर अर्थ नहीं है। कालजयी शब्द अपनी अर्थवत्ता में पारदर्शी है। निराला के मन में अपनी अनामिका (द्वितीय) को कालदर्शी बनाने का विचार रहा हो तो कोई आश्चर्य

नहीं। मेरी समझ से आधुनिक काल में चार कविताओं को—कामायनी, राम की शक्तिपूजा, सरोज स्मृति और तोड़ती पत्थर—क्लासिक (रूढ़ अर्थ में नहीं) हैं। तुलसीदास, प्रलय की छाया में प्रेयसी, अँधेरे में, असाध्य वीणा, आत्मजयी, बाघ आदि क्लासिकल हैं। अनामिका द्वितीय की कुछ अन्य रचनाओं में भी कालजयी होने के लक्षण विद्यमान हैं।

'अनामिका' (प्रथम, द्वितीय) के आरंभ में एक श्लोक उद्धृत है—

पुरा कवीनां गणना प्रसंगे
कनिष्ठिकाधिष्ठित कालिदासा
अद्यापि तत्तुल्य कवेराभावात्—
अनामिका
सार्थवती बभूव।

यह श्लोक राजशेखर ने कालिदास की प्रशंसा में लिखा था। इसे निराला ने अपनी अनामिका पर चस्पा कर दिया। जिस तरह कालिदास के समान कालिदास है उसी तरह अनामिका के समान अनामिका है। कनिष्ठिका के बाद अनामिका उँगली स्थित है। गणना करते समय पहला नाम कालिदास का है और दूसरा नाम 'अनामिका' का। इसे हम कवि का गहन आत्मविश्वास भी कह सकते हैं और दर्पोक्ति भी। इस दर्पोक्ति को कालिदास, व्यास, तुलसीदास में भी देखा जा सकता है। 'अनामिका' (द्वितीय) के लिए तो यह औचित्यपूर्ण है किंतु 'अनामिका' (प्रथम) के लिए नहीं है। प्रथम अनामिका के प्रारंभ में भी इस श्लोक को देख कर कहा जा सकता है कि कवि को अपने को उस ऊँचाई तक ले जाने का सपना है। द्वितीय अनामिका के छपने के साथ-साथ प्रथम अनामिका खारिज हो जाती है। दोनों अनामिकाओं में आकाश-पाताल का अंतर है। प्रथम अनामिका की एक भी रचना द्वितीय अनामिका में नहीं मिलेगी। प्रथम अनामिका की दो रचनाओं—'लज्जा' और 'सच्चा प्यार'—को छोड़कर शेष सात कविताएँ परिमल में संगृहीत कर ली गई हैं। जिन दो कविताओं को छोड़ दिया गया है वे किसी संग्रह में संकलित नहीं हुईं। इससे स्पष्ट है कि एक तरह से कवि ने पहली अनामिका को वापस ले लिया है।

पहली अनामिका '23 में छपी थी और दूसरी '38 या '39 के आरंभ में। इन दोनों अनामिकाओं के बीच परिमल, गीतिका और तुलसीदास रचे गए। परिमल '29, गीतिका '36 में प्रकाशित हो चुकी थीं। 'तुलसीदास' काव्य '34 में लिखा

गया पर पुस्तक के रूप में '38 में छपा। एक बात और ध्यातव्य है कि पहली अनामिका में कवि का नाम सूर्यकांत त्रिपाठी है तो शेष काव्य-संग्रहों के रचयिता के रूप में सूर्यकांत त्रिपाठी निराला का नाम छपा है। 'मतवाला' के संपादक मंडल में आने पर उनके नाम में निराला जुड़ गया। यह सभी को ज्ञात है। अनामिका प्रथम की सात रचनाओं को परिमल में शामिल कर लेने के बाद सभी काव्य-संग्रहों पर सूर्यकांत त्रिपाठी निराला का नाम देखा जा सकता है।

दूसरी अनामिका में संगृहीत कविताओं का ध्यान देने से पता लगता है कि इनके चयन के पीछे कवि का अपना एक खास दृष्टिकोण है। '23-'24 में लिखी गई कविताओं को 'परिमल' में रखा जा सकता था। किंतु उन्हें अनामिका में संगृहीत कविताओं के साथ रखा गया है। वे एक दो नहीं संख्या में एक दर्जन के आसपास हैं। खंडहर के प्रति (23), प्रलाप (24), अनुताप (24) यहीं (24) आदि ऐसी ही रचनाएँ हैं जो अपनी अंतःप्रवृत्ति में क्लासिकल हैं। 'परिमल' की अधिकांश रचनाएँ मूलतः संवेगात्मक और क्रांतिकारी सामाजिक-सांस्कृतिक बदलाव की पक्षधर हैं। उदाहरण के लिए धारा, तुम और मैं, जागो फिर एक बार, बादल राग आदि का उल्लेख किया जा सकता है।

'परिमल' की 'धारा' और 'अनामिका' की 'मित्र के प्रति' की तुलना करने में पहले में आवेगमयता है तो दूसरे में संयम। दोनों कविताओं की वक्तव्य-बस्तु एक है।

बड़े दंभ से खड़े हुए ये भूधर
समझे थे जिसे बालिका,
आज ढहाते शिलाखंड-चय देख
काँपते थर-थर–
उपल-खंड नर-मुंड-मालिनी कहते उसे कालिका।

—धारा

कहते हो नीरस यह
बंद करो गान–
कहाँ छंद कहाँ भाव,
कहाँ यहाँ प्राण?

× × ×

रहे बंद कर्ण-कुहर
मन पर प्राचीन मुहर,

हृदय पर शिला

× × ×

बँधा जहाँ भेद भूल
मित्र से अमित्र
तुम रहे एक मोड़, प्रिय मित्र छोड़,
कहो कहाँ होड़,
जहाँ जोड़ प्यार।

—मित्र के प्रति

'धारा' में छायावाद-विरोधियों के खिलाफ एक दर्पपूर्ण ललकार है, मित्र के प्रति में एक मीठी चुटकी है, संवाद है, व्यंग्य है। इसमें विचार का भी प्रवेश है। अनामिका पहले दौर की कविताओं का अंतिम संग्रह और संपूर्ण काव्य-संकलनों में प्रौढ़तम है—भाषा, गहन संवेदना और सधी हुई रूपात्मक संघटना की दृष्टि से।

'अनामिका' में संगृहीत पहली कविता 'प्रेयसी' को ही लें। इसका एस्थेटिक्स एक प्रौढ़तर भूमि पर खड़ा है और कथ्य सामान्य प्रेयसी से अलग है। अपनी आस्वाद्यता, जीवन दर्शन की व्याप्ति, नारी के प्रति नए सांस्कृतिक दृष्टिकोण के कारण (यह दृष्टिकोण भी भारतीय ही है) विशिष्ट बन पड़ी है। परिमल की 'बहू' और द्वितीय अनामिका की 'वे किसान की नई बहू की आँखें' से तुलना करने पर इसका वैशिष्ट्य अपने आप दिखाई पड़ने लगेगा। इन दोनों में कुछ अनोखे, एकदम नए और मनोमुग्धकारी बिंब हैं—**'वह है सुहाग की रानी/भावमग्न कवि की वह एक मुखरता वर्जित वाणी।'** उसका जो कुछ है पति है। वहीं तक उसकी दुनिया सीमित है। 'किसान बहू की नई आँखें' में या एक अद्वितीय चाक्षुष-बिंब है—**'ज्यों हरीतिमा में बैठे दो विहग बंद कर आँखें।'** किंतु उसकी सीमा भी वही है—**'बढ़े क्यों न पुलकित हो कैसे भी वर से।'** इन दोनों के नारी चित्र आज अमान्य हो गए हैं।

'प्रेयसी' के वजन की एक कविता है 'रेखा।' यह परिमल में भी संगृहीत है और अनामिका में भी। किंतु निराला रचनावली भाग-1 में इसे केवल द्वितीय अनामिका में संगृहीत बताया गया है। परिमल की सिर्फ यही एक कविता है जिसे अनामिका में लिया गया है। रेखा का रचना काल सन् '27 है। लेकिन इसे द्वितीय अनामिका में शामिल करने का क्या तुक है? प्रेयसी रेखा का विकास है। ये दोनों प्रेम कविताएँ हैं। निराला की प्रेम-कविताओं की तरह न तो अन्यत्र कहीं निर्विकार चित्रण मिलेगा और न औदात्य। प्रसाद में मादकता है तो पंत में एक तरह की

रीतिबद्धता। निराला में एकांत समर्पण का भाव एक दार्शनिक स्तर प्राप्त कर लेता है। रेखा का समापन एक व्याप्ति में जरूर होता है किंतु उसके फलक में सामाजिकता का समावेश नहीं है। रेखा में समर्पण पुरुष की ओर से है और प्रेयसी में स्त्री की ओर से। पुरुष और स्त्री का प्राणिशास्त्रीय भेद भाषा, सांगीतिक लय और विन्यास से स्पष्ट हो जाता है। प्रेम या समर्पण की शुरुआत यौवनारंभ से होती है। रेखा का आरंभ है—

यौवन के...?? ...पर प्रथम था आया जब
स्रोत सौंदर्य का,
बीचियों के कलरव सुख-चुंबित-प्रणय का,

प्रेयसी के यौवनारंभ का चित्रण रेखा से अलग है—

घेर अंग-अंग को
लहरी तरंग वह प्रथम तारुण्य की,
ज्योतिर्मय लता-सी हुई मैं तत्काल
घेरि निज तरु-तन।

प्रेयसी बुनावट में गज्झिन, एकतान और बिंबात्मक है। अर्थ-संदर्भण अधिक सूक्ष्म और गहन है। संगीत की एक मद्धिम अनुगूँज आदि से अंत तक व्याप्त है। बद्ध संस्कार, कुल-मान-ग्रंथि, रूढ़ि, धर्म और अपनाव भरे प्रेम के अंतर्द्वंद्व द्वारा आधुनिक जीवन-बोध का जीवंत चित्र भी खींचा गया है। प्रिय उसे निर्निमेष देख रहा है—

रखने को निरकाल बाँध कर दृष्टि से
अपना ही नारी रूप अपनाने के लिए

यह मिलन कुछ वैसा है जैसा इस कविता में कहा गया है—...

नीलिमा ज्यों व्योम में 'प्रिय को सँभालने का दायित्व भी उसी पर है—**'गह बाँह-बाँह में भर कर सँभाला तुम्हें।'**

अनामिका की दो रचनाएँ—'सरोज स्मृति' और 'राम की शक्तिपूजा' कालजयी रचना के रूप में स्वीकृत हो चुकी हैं। 'शक्तिपूजा' को पढ़ते समय एक ही पत्थर से तराशी इटली ऊर्जस्वित ग्रीक देहयष्टियाँ याद आ जाती हैं। यह आधुनिक क्लासिक अपने पैटर्न और कथ्य में भिन्न। निराला रह-रह कर अपनी कविताओं में, चाहे

वे छोटी ही क्यों न हों, विराट में लय हो जाते हैं। शक्तिपूजा लघुकाय विराट क्लासिक पुराने क्लासिक। का फलक अत्यंत विशाल, सर्वांगीण और जीवन को समग्रता में समेटे रहता था। धार्मिक-नैतिक मान्यताएँ स्थिर और सत्-असत् की कोटियाँ पूर्वनिर्दिष्ट थीं। आज तो अनास्था, अस्थिरता, अनिश्चयात्मकता, शंकाग्रस्तता का युग है। सत्-असत् की निर्धारित कोटियाँ टूट गई हैं। आधुनिक क्लासिक में उनकी प्रतिध्वनियाँ और आहटें सुनाई पड़ती हैं।

वाल्मीकि के राम अपराजेय, विश्वविजयी और पूर्ण हैं। अपनी गर्भवती पत्नी सीता को वन में अकेले छोड़ आने का निश्चय लेते समय भी उसके मन में कोई उधेड़बुन नहीं होती। शबूक-वध के समय वह शास्त्रानुकूल निर्णय करता है। महाभारत का अर्जुन तो देवताओं की ओर से विजयी बनाकर भेजा गया है। किंतु शक्तिपूजा के राम निराला के राम हैं। उसकी समस्या आज की होकर भी उसे अतिक्रमित कर भविष्य की भी हो जाती है। उसकी समकालीनता में शाश्वतता भी समाहित है।

परिप्रेक्ष्य बदलने से, पाठ तो वही रहता है, पढ़त बदल जाती है। 'राम की शक्तिपूजा' का आरंभ देखें—**'रवि हुआ अस्तः ज्योति के पत्र पर लिखा रह गया राम-रावण का अपराजेय समर/आज का,–।'** इस युद्ध के बारे में वाल्मीकि लिखते हैं—**'राम-रावणयोर्युद्ध रामरावणेयोरिव।'** अनन्वय के माध्यम से युद्ध की अद्वितीयता की अभिव्यक्ति। यह पैटर्न महाभारत की याद दिलाता है—उसकी नाटकीय पद्धति की। संजय युद्धभूमि से लौटकर धृतराष्ट्र से कहता है—

संजयोऽहं महाराज नमस्ते भरतर्षयभः।
हतो भीष्मः शांतनवो भरता पितामहः।

'महाराज भरतश्रेष्ठ! आपको नमस्कार है। मैं संजय हूँ। भरतवंशियों के पितामह महाराज शांतनु के पुत्र युद्ध में मारे गए।' इसके बाद संजय युद्ध का विस्तृत वर्णन करता है।

'राम की शक्तिपूजा' में युद्ध की परिणति बता दी गई है—युद्ध में न तो कोई जीता है और न कोई हारा है। यह कुछ संजय के 'हतो भीष्मः' की तरह का ही है। इसके बाद युद्ध का सघन 'आटो विजुअल'। आज के सिने फलक पर हम युद्ध का जो भोंड़ा प्रदर्शन देखते हैं वह इसका पासंग भी नहीं है। छोटे-छोटे किंतु अत्यंत प्रभावशाली बिंबों से गुँथा हुआ है युद्ध-वर्णन। भयावह सिनोरियो। इसमें श्रव्य और दृश्य बिंबों में अद्‍भुत रचनात्मक स्पर्धा है। निराला की अन्य कविताओं

में भी श्रव्य बिंब है। किंतु शक्तिपूजा में वे सौंदर्य के उच्चतम शिखर पर जा पहुँचे हैं। वेद का अर्थ न समझकर भी उनकी अलग-अलग पाठ-ध्वनियाँ श्रोताओं को आह्लादित करती हैं। जिन्होंने स्वयं निराला के भी मुख से इसका पाठ सुना है। वे भाग्यवान हैं। उसकी अनुगूँज काशी हिंदू विश्वविद्यालय के कला-संकाय के हाल में अब भी टँगी हुई है। पाठ-ध्वनि से युद्ध की भयंकरता साकार हो उठती है।

राम की लगभग हार हो चुकी है। दो बिंब देखिए—**'विच्छुरित वह्नि राजीव नयन हत-लक्ष्य-वाण', 'श्लथ धनु-गुण है कटिबंध स्रस्त...।'** लक्ष्य-च्युत अपने वाणों को देखकर राम के कमलनयन से चिनगारियाँ फूट रही हैं। 'विच्छुरित वह्नि राजीवनयन' में विरोधाभास का अद्‌भुत चमत्कार है। पर यह हार की, पराजय की मानसिकता है। दूसरा बिंब तो हार को निश्चित कर देता है। दूसरा बिंब उस समय का है जब राम युद्धभूमि से लौट रहे थे। 'लौटे युगदल' के बंद में एक उदास और विषादपूर्ण परिवेश का चित्रण है। भाषा बदली हुई है, लय मंथर है, लौटने वाली वानरी सेना की गति मंद है। जिस तरह भाषा स्वयं युद्ध का भयानक बिंब उजागर करती है उसी तरह परिवर्तित भाषा प्रशमित वातावरण का रेखांकन।

क्लासिक रचनाओं में मिथकों का प्रयोग होता ही है। इसमें भी हनुमान का मिथक है। उत्तर भारत में शायद ही कोई ऐसा शहर हो जहाँ संकटमोचन का मंदिर न हो और वहाँ मंगल-शनिवार को भक्तों का जमावड़ा न होता हो। हनुमान-चालीसा का पारायण होता ही है। 'भूत पिशाच निकट नहिं आवै' भक्तों की जबान पर रहता है। हरिवंश राय बच्चन ने इस मिथक को लेकर एक लंबी कविता लिखी है। शक्तिपूजा में इसे मनोवैज्ञानिक आधार पर विश्वसनीय बनाया गया है। एक स्थान पर वे हनुमान के पारंपरिक मिथक को तोड़ते हैं दूसरे स्थान पर उसका पुनर्निर्माण करते हैं। एक हनुमान बिल्लेसुर बकरिहा में है। बिल्लेसुर बकरी चराया करते थे। एक दिन बकरियाँ लेकर नदी के किनारे पहुँचे। वहीं एक चबूतरे पर हनुमान की मिट्टी की प्रतिमा स्थापित थी। बिल्लेसुर को कुछ देर के लिए घर जाना था। हनुमान जी को बकरियों की सुरक्षा का काम सौंप कर घर चले आए। नदी किनारे आने पर उन्हें गणना में एक बकरी कम मिली। डंडा उठाया और हनुमान जी का सिर धड़ से अलग कर दिया और कहा कि इतना छोटा काम भी नहीं कर सकते हो तो क्या कर सकते हो। एक रूढ़ि पर कितना प्रबल प्रहार है। किंतु शक्तिपूजा का हनुमान-मिथक अतिशय ऊर्जस्वित, ज्योतिर्मय, जीवंत होने के साथ शक्ति से उद्वेलित है।

इस मिथक को लेकर दो बातें और भी विचार्य हैं—एक तो यह कि उसे

कहाँ सिचुएट किया गया है, दूसरी यह कि किन महत्तर विश्वासों और परंपरा को उसमें नियोजित किया गया है। अर्जुन के विषाद-योग की तरह यहाँ पर राम का भी एक विषाद-योग है। **'लख शंका कु हो गए अतुल-वल शेष-शयन/... भावित नयनों से गिरे दो मुक्ता दल।'** फिर क्या था राम के अद्वितीय भक्त हनुमान आत्यंतिक रूप से उद्वेलित हो उठे। इस उद्वेलन का चित्रण भी युद्ध-वर्णन जैसा ही 'आटो विजुअल' है। **'शत घूर्णावर्त, तरंग-भग उठते पहाड़'** की तरह और भी काव्यांशों को उद्धृत किया जा सकता है। 'घूर्णावर्त' का कई स्थलों पर अन्यत्र भी प्रयोग मिलेगा। इससे निराला की काव्य-प्रक्रिया भी संकेतित होती है। कम से कम शक्तिपूजा तो बहुत कुछ उनके जीवन संघर्षो के घूर्णावर्तन की ही फलश्रुति है।

रामचरित मानस में गोस्वामी तुलसीदास ने शैवों और वैष्णवों के मतभेद और वैमनस्य को जिस कौशल से समाप्त किया था उससे सब परिचित हैं। मानस का कोई ऐसा सोपान या कांड नहीं है जिसके श्लोकों में शिव की वंदना न की गई हो। उन्होंने बार-बार इस बात पर जोर दिया है कि शिव राम के भक्त हैं और राम शिव के। राम ने तो यहाँ तक कहा है—**'सिव द्रोही मम दास कहावा/सो नर सपनेहु मोहिं न भावा।'** रामभक्त हनूमान के बारे में भी तुलसी ने लिखा है—**अतुलित बलधामं हेमशैलाभदेहं।—रग्रुपति प्रिय भक्तं वातजातं नमामि/।'** शक्तिपूजा में जब हनुमान समग्र आकाशग्रस्त करने के लिए उद्यत हुए तो शिव के कहने से उसकी माँ अंजना ने समझाया—**'यह महाकाश है, जहाँ वास शिव का निर्मल—/पूजते जिन्हें श्रीराम, उसे ग्रसने को चल/क्या नहीं कर रहे अनर्थ?—सोचो मन में;/क्या दी आज्ञा ऐसी कुछ रघुनंदन ने?'** कपि अपने सहज भाव में आ गया। निराला के मन में तुलसीदास के प्रति जितनी श्रद्धा है उतनी किसी अन्य कवि के प्रति नहीं। गोस्वामी जी तथा जनमन में वासित भाव को निराला ने नए ढंग से मिथकीय प्रणाली में बाँध कर व्यक्त किया है। गोस्वामी जी के कथन की तरह यह वाच्य नहीं है, प्रतीयमान है।

इस कविता का अंतिम वाक्य राम की अंतःसाधना पर प्रचुर प्रकाश डालता है। **'कह महाशक्ति राम के वदन में हुई लीना'** देवी-देवता प्रायः वर देकर अंतर्धान हो जाते हैं। पर यहाँ की स्थिति एकदम विचित्र है—महाशक्ति राम के वदन में लय हो जाती है। यह वाक्य उनकी प्रतीकात्मक साधना की कुंजी है। **'धक जीवन जो पाता ही आया विरोध'** उसके जीवन संघर्ष का व्याख्यान है। यह युद्ध, आत्मसंघर्ष, अंतराधन एक और टेस्ट का है, दूसरी ओर राम का है। अपनी व्यंजना में शाश्वत भी है। इसी कारण वह कालजयी भी बन जाती है। यह युद्ध

राम और निराला का होते-होते भी सबका हो जाता है और निरंतर होता रहता है, काल मुक्त है।

'सरोज स्मृति' का समारंभ भी नाटकीय ढंग से होता है—मृत्यु की सूचना के साथ—**'उन विंश पर जो प्रथम चरण तेरा वह जीवन-सिंधु-तरण;/तनया ली दृक्पोत तरुण/जनक से जनम की विदा अरुणः/' 'पितः, पूर्ण-आलोक-वरण/करती हूँ मैं, यह नहीं मरण,/। 'सरोज' का ज्योतःशरण-उरण'/'** पूरी कविता में मृत्यु के विरुद्ध जीवन का दुधर्ष संघर्ष है। **'मरण को जिसने वरा है/उसी ने जीवन भरा है/'** इस संघर्ष के कारण ही यह कालजयी बन जाती है। पहले मैं भी इसे हिंदी का सर्वश्रेष्ठ शोकगीत (ट्रेजिडी) कहता था। बाद में तो इसे ट्रेजिटी कहने का चलन हो गया। पश्चिम के प्रत्यय (कांसेप्ट) उधार ले-लेकर हम आधुनिक बनने की कोशिश करने लगे और कर रहे हैं। ऐसा लगता था कि ट्रेजिडी मान लेने पर यह हिंदी की एक नायाब रचना हो जाएगी। वस्तुतः अपने साहित्य जीवन और दर्शन में ट्रेजिडी की अवधारणा ही नहीं है, जीवन की है, अमृत्व की है, आनंद की है। महाभारत से बढ़कर मृत्यु का कौन काव्य होगा। पर उसकी परिणति शांतिरस में होती है। ट्रेजिक काव्य मार्मिक तो होगा, कालजयी नहीं होगा।

कविता के आरंभ में गीता है, उसका रूपक है। गीता में अठारह अध्याय हैं, सरोज के जीवन में भी अठारह वर्ष ही हैं। कवि उसे 'गीते, मेरी' कहता है। अंत में गीता के संदेश के साथ ही कविता का समापन होता है। कुछ लोगों को समापन अंश पर आपत्ति है। किंतु यही अंश तो उसे क्लासिक बनाता है। शक्तिपूजा की विषय-वस्तु एक मिथक है, किंतु सरोज स्मृति मिथकीय है। युद्ध वहाँ भी है यहाँ भी है, पराजय का बोध वहाँ भी है और यहाँ भी है। शक्तिपूजा का समापन जयबोध में होता है, सरोज स्मृति का गहरे ट्रेजिक बोध के साथ कर्म संन्यास में। शक्तिपूजा मानसिक स्तर पर घटित होती है और सरोजस्मृति व्यावहारिक नैतिक स्तर पर। जो ईमानदार होगा वही मारा जाएगा—यह एक सनातन सत्य है। किंतु जीवित भी वही रहेगा। **'हारता रहा मैं स्वार्थ-समर।/शुचिते, पहनाकर चीनांशुक/रख सका न तुझे अतः दधिमुख।/'** आज के पूँजीवादी समाज में प्रत्येक धनाढ्य, नेता-परेता, डोमा उस्ताद के जुलूस में शामिल बुद्धिजीवी अपने दधिमुख को चीनांशुक पहना रहा है। कवि को अर्थागमोपाय तो मालूम था। लेकिन उसने किसी क्षीण का अन्न नहीं छीना। इसके अभाव में अर्थागम संभव नहीं था।

कालजयी रचनाओं की निर्मिति युद्ध और संघर्षजन्य होती है। यह युद्ध अनेक मोर्चों पर लड़ा जा रहा था—घर-परिवार के मोर्चे पर, रोटी के मोर्चे पर, जनसामान्य

की पक्षधरता के मोर्चे पर, साहित्य के नवोन्मेष के मोर्चे पर, रूढ़ियों के मोर्चे पर, स्वयं निराला के विरुद्ध खड्गहस्त आचार्य शुक्ल जैसे दिग्गज के मोर्चे पर इत्यादि-इत्यादि। 'उसे रोकने कुंजर आया था। इस रचना में भी युद्ध का वर्णन कई बार आया है– **एक साथ जब शत घात घूर्ण/आते थे मुझ पर तुले तूर्ण/देखता रहा मैं खड़ा अपल/वह शर-क्षेप, वह रण-कौशल/' 'दुख ही जीवन की कथा रही/ 'शत घात घूर्ण।'** 'शक्तिपूजा' के भयानक युद्ध वर्णन का एक शूद्र अंश टूट कर गिर पड़ा है।

कविता में वास्तविक निहितार्थ के साथ एक निषेधात्मक अर्थ भी व्यंजित होता है। पाजिटिव और निगेटिव मिलकर कविता में अर्ग की वैद्युत ऊर्जा पैदा होती है। सरोज अपने घर से नानी के घर जाती है। घर में माँ नहीं रह गई है। कवि लिखता है–**'उस घर निशिवासर भरे मोद।'** उस घर से इस घर की याद आती है जो बच्चों के चले जाने पर भयावह सूनेपन से भर जाता है। इसी के साथ एक कारण संगीत भी बन उठता है–**'कर न सका मैं पोषण उत्तम'**। अपने जीवन के दुख का इतना गहन और मर्मान्तक साक्षात्कार किसी अन्य कवि ने नहीं किया है। वह टूट रहा है। शक्तिपूजा में वह सँभलता है। पर क्या सँभल पाया है? 40-41 के बाद के निराला को जो व्यक्तिगत रूप से जानते हैं या जो तदुपरांत लिखी गई कविताओं से जानते हैं वे उसका उत्तर नहीं में देंगे। इस दुःख में भी, कन्या की मृत्यु में भी वह राह खोजता है, शास्त्रीय आडंबरों को, कुंडली के पन्नों की तरह, नष्ट कर देता है। कुंडली फाड़ने के पीछे एक गहरा दर्द है। कोई सज्जन निराला का विवाह करने के लिए डटे हुए थे। कुंडली निराला के हाथ में थी कि **'आई पुतली तू खिल-खिल-खिल/हँसती, मैं हुआ पुनः चेतन/ सोचता हुआ विवाह बंधन/कुंडली छिखा बोला–'ए-लो'/आई तू, दिया कहा, खेलो।'** नन्हीं बेटी को देखते ही निराला की चित्तवृत्ति ही बदल गई। बहुत गहराई में पैठने पर ही इसके पीछे के दुःख का अंदाज लगाया जा सकता है। इस संदर्भ में मुझे एक अंग्रेजी कविता याद आती है–'होम दे ब्राट वारियर डेड।' उसकी विधवा पत्नी पाषाणवत–न हिलना न रोना। उसकी मृत्यु भी आसन्न प्रतीत होती थी। किसी ने उसके बेटे को उसकी गोद में बैठा दिया। वह दहाड़ मारकर रो उठी। यह होती है संतति 'इंस्टिंक्ट।' किंतु दोनों रचनाएँ सामाजिक व्यंग्य भी हैं। एक युद्ध पर दूसरा सामाजिक विकृतियों पर यहाँ व्यंग्य व्यंजना के अर्थ में प्रयुक्त है। कन्या का अप्रतिम सौंदर्य-चित्रण निर्वैयक्तिता की पराकाष्ठा है–वैयक्तिकता में निर्वैयक्तिकता का मानक उदाहरण।

तरुणाई के सौंदर्य-वर्णन और विवाह के समय के सौंदर्य वर्णन का तुलनात्मक अध्ययन कवि की समयानुरूप सौंदर्य-चेतना के सूक्ष्म अंतर को स्पष्ट कर देता है। तरुणाई के सौंदर्य—**'फूटी उषा जागरण छंद।'** सौंदर्य की व्याप्ति और पवित्रता के लिए वे प्रायः उषा का प्रयोग करते हैं। वैदिक साहित्य में उषा प्रकाश के लिए द्वार खोलती दिखती है। यहाँ पर देहात्मबोध का मंदत्व भी है और प्रसार भी। 'तुझ पर शुभ पड़ा कलश जल' के बाद सौंदर्य-वर्णन का रंग-ढंग बदल जाता है। वह पवित्र वैवाहिक संस्कारों और गार्हस्थ्य पवित्रता से जुड़ जाता है—**'नत नयनों का आलोक उतर/काँपा अधरों पर थर-थर-थर/।'** पहले यह आलोक बन प्रांतर तक फैल जाता था अब वह अधरों पर ठहर गया है होठों में बिजली फँसी स्पंद एक नई स्थिति की आनंदानुभूति है।

'आमूल नवल विवाह' कितना ट्रेजिक है इसे दो पंक्तियों में व्यक्त कर दिया गया है—**'...विवाह राग/ भर रहा न घर निधि-दिवस जाग;/।' पुष्प सेज तेरी स्वयं रची/।'** इन स्थितियों से एक अनकहा पहलू भी उजागर होता है जिसका संकेत इन्हीं में है। सामान्यतः विवाह वेला में कन्यापक्ष अपने उल्लास में रतजगा करता है। इस कार्य में घर और पड़ोस की स्त्रियाँ भागीदारी करती हैं। यहाँ तो कोई नहीं है। अतः रतजगा की जगह एक शून्य स्थित है। रतजगा की अनुपस्थिति का बोध बेहद करुण हो उठा है। पुष्पसेज तेरी स्वयं रची में जोर स्वयं पर है। यहाँ पर सरोज की माँ की अनुपस्थिति उपस्थित है। बाप बेटी की पुष्पसेज रचता है। भारतीय परिवेश—हिन्दू परिवेश—में रचे-बसे व्यक्ति को यह पंक्ति बेचैन कर देती है। स्वयं निराला की भूमिका में रहकर उस बेचैनी का अनुभव किया जा सकता है, भुक्तभोगी तो निराला ही हो सकते हैं। इस घटना के बाद उनका टूटना अस्वाभाविक नहीं है।

सरोज-स्मृति की अंतिम पंक्तियों को लेकर उसकी सार्थकता-निरर्थकता, औचित्य-अनौचित्य आदि को लेकर—विद्वानों में मतभेद है। ऐसा प्रायः इसलिए होता कि वे निराला को संस्कृति से अलग कर देते हैं। गोस्वामी तुलसीदास के बाद भारतीय संस्कृति का इतना बड़ा उदगीथकार कवि कम से कम हिंदी में नहीं है। बंगला में केवल रवींद्रनाथ ठाकुर हैं। मलयज, इसमें अरस्तू की केथारसिस खोजते हैं। केथारसिस तो एक तरह की वमनेच्छा है, भारतीय जीवन में इसके लिए कोई स्थान नहीं है। इस कविता की अंतिम पंक्तियाँ गीता का कर्मसंन्यास है। अन्य स्थलों पर जहाँ निराला ने गीता का उल्लेख किया है वहाँ उनका संकेत अनासक्त कर्म में है। **'इस पथ पर, मेरे कार्य सकल/हो भ्रष्ट शीत के से शतदल!/कन्ये**

गत कर्मों-का अर्पण/कर, करता मैं तेरा तर्पण/' में गीता का नामोल्लेख नहीं है, पर उसके सार की व्यंजना है। अनासक्त कर्म और कर्मसंन्यास में अंतर है। कर्म तो दोनों स्थितियों में करना होता है। कर्मयोग साधक का कार्यक्षेत्र है और कर्म संन्यास सिद्ध का कार्यक्षेत्र। कर्मयोग में फलासक्ति तो नहीं है पर कर्म के प्रति अवधानता बनी रहती है। कर्मसंन्यास में व्यक्ति निमित्त मात्र रह जाता है। यह अनासक्त कर्मयोग का उच्चतर सोपान है।

किंतु कुछ पाठक इस बात को लेकर परीशान हो सकते हैं कि यह अंश पूरा कविता के पैटर्न में कैसे समाहित हो सकता है। सच तो यह है इस अंश के कारण कविता की संरचना जटिल हो जाती है—सतह के पाठ के भीतर एक उपपाठ भी उभरने लगता है। इस उपपाठ के समझे बिना कविता संवेदनात्मक पक्ष या इसका ऐस्थेटिक्स समझ में नहीं आएगा। सुविधा के लिए इस रचना को कई खंडों में बाँटा जा सकता है—सरोज का बाल्यकाल, युवावस्था और मृत्यु। इन सब घटनाओं से लिपटी हुई अनेकानेक सामाजिक-धार्मिक रूढ़ियाँ, और जीवन को जर्जर बना देने वाला आत्मसंघर्ष। इन्हें बिंबों, टोनों, कभी तेज कभी मद्धिम लय में बाँधा गया है। संपादकों के गुणों की याद में एक बेहद उदास लय बजती है, कान्यकुब्जी चमरौधे जूते की स्मरण लय बहुत तेज हो जाती है, विवाह में करुणा की मर्मभेदी अनुगूंज सुनाई पड़ती है। इन लयों में दुःख अतिशय घनीभूत हो उठता है और पाठक के मन के आकाश को घने काले बादलों की तरह आच्छादित कर लेता है। यह दुःख का उत्कृष्ट सर्जनात्मक विन्यास है। यों तो उसका जीवन विषाद से भरा हुआ है। कदाचित् इसीलिए उसका काव्य उसे पार करने के लिए जिजीविषा से भरा है। अज्ञेय ने ठीक ही लिखा है—'दुःख सबको माँजता है। किंतु यह एक सपाट बयान है। निराला का कथन कहीं अधिक अर्थ-गर्भ है—' कह रही हो—**'दुःख की विधि/यह तुम्हें ला दी नई निधि/।'** यही निधि तो उसकी सर्जना का उद्‌गम है।

'तोड़ती पत्थर' को भी मैंने क्लासिक की कोटि में डाल रखा है। क्लासिक यानी कालजयी रचना—यह कलेवर में लघु भी हो सकती है और प्रदीर्घ भी। शक्तिपूजा और सरोज-स्मृति में कवि का घनीभूत दुःख साधारणीकृत हो जाता है। उनमें कवि को वस्तुनिष्ठ समीकरण (आब्जेक्टिव-कोरिलेटिव) मिल जाता है। किंतु 'तोड़ती पत्थर' में वह परकाय प्रवेश करता है। किंतु परकाय प्रवेश से बात स्पष्ट नहीं होती। वाल्मीकि याद आते हैं जो क्रौंच मिथुन में से बहेलिए द्वारा एक के मारे जाने पर, क्रौंच का आर्तनाद सुनकर बेहद शोकाकुल हो उठे थे। बहेलिए को शाप दे दिया—'माँ

प्रतिष्ठां...।' इसी दुःख की फलश्रुति है 'रामायण।' 'देखा उसे मैंने इलाहाबाद के पथ पर—'इस देखने से कविता बनती है। यह कुछ वैसा ही है जैसा वाल्मीकि का देखना था—कुछ वैसी ही विह्वलता, शोकाकुलता। **'वियोगी होगा पहला कवि/आह से निकला होगा गान/निकलकर आँखों से चुपचाप/वही होगी कविता अनजान/।'** की तरह रोमानी कविता यह नहीं है। यह एक ठोस शाश्वत सामाजिक यथार्थ है जो कविताबद्ध होकर संवेदनात्मक और रचनात्मक बन जाता है। शाश्वत इसलिए है कि पत्थर तोड़ने का काम निरंतर चलता रहेगा। पत्थर भी रहेगा और उसे तोड़ने वाला भी। यह बात दूसरी है कि पत्थर तोड़ने की भूमिका में कोई अन्य आ जाए। किंतु इस यथार्थ को केवल द्रष्टा देख सकता है, दिखा सकता है। निराला द्रष्टा कवि हैं। सड़क के किनारे पत्थर तोड़ने वाली को तो हम बराबर देखा करते हैं। पर जिस देश-काल में रखकर इसे विशिष्ट काव्यभाषा में बद्ध किया गया है उसे हम नए सिरे से देखते हैं, प्रतीक-रूप में आयत करते हैं। किंतु पाठक इसे अपनी दृष्टि से देखता है। क्योंकि उसके सामने ठोस रूप में कविता का एक टेक्ट है। सबसे पहले शीर्षक पर ध्यान जाता है। शीर्षक में पत्थर संवेदन शून्यता को प्रतीकित करता है। निराला विभिन्न रूप-रंग के पत्थरों को बराबर तोड़ते रहे हैं, कभी बादल की शक्ल में, कभी कुकुरमुत्ता की शक्ल में। कभी महंगू की शक्ल में। यहाँ पर पत्थर-तोड़ना एक थीम है।

'तोड़ती पत्थर' एक अमूर्त व्यापार है। दूसरी पंक्ति में 'वह' सर्वनाम लगा कर इसे मूर्त बना दिया गया है। इलाहाबाद के पथ पर सिचुएट करके तोड़ने के व्यापार को और ठोस बना दिया गया है। पत्थर तोड़ने वाली एक स्त्री है। इसके संबंध में आलोचकों ने एक भ्रांति फैला रखी है। उनका कहना है कि स्त्री प्रकृति से, शरीर से कोमल होती है। कोमल स्त्री को पत्थर तोड़ने का काम सौंप कर निराला ने एक विडंबनात्मक चमत्कार पैदा कर दिया है। निराला ने स्त्री-सौंदर्य का अभूतपूर्व चित्रण करते हुए उसे ज्योतिर्मयी कहा है। स्त्री को इतना अधिक सम्मान शायद ही किसी अन्य कवि ने दिया हो—'ज्योति की तन्वी तड़ित द्युति ने क्षमा माँगी; 'ज्योतिः प्रवाह स्वर्गीय', 'फूटा ऊषा जागरण छन्द' इत्यादि। स्त्री हमारी संस्कृति में शक्ति रूपा स्वीकृत है। इस पत्थर को शक्ति ही तोड़ सकती है।

उसकी स्थिति (कंडिशनिंग) अत्यंत भयावह है। वह जिस पेड़ के नीचे अपनी स्थितियों को स्वीकार करके बैठी हुई है वह छायादार नहीं है। अपनी स्थिति (कंडिशनिंग) को स्वीकार करने के अतिरिक्त कोई दूसरा विकल्प नहीं है। लेकिन वह पत्थर तोड़ रही है। 'छायातट' शब्द यों ही नहीं प्रयुक्त हुआ है। उसे किसी

का आश्रय नहीं है। निराला पुनः याद आते हैं–'मैं अकेला।' मजदूरनी है, उसका संघर्ष है। हथौड़ा है, पत्थर है। रूपरेखा–'श्यामतन, यह बँधा यौवन।' कितने कम शब्दों में बँधे-भरे यौवन का चित्रालेख। इसी तरह अत्यंत अल्प शब्दों में सौंदर्य और प्रेम की एक युगलबंदी 'नासमझी' में देखी जा सकती है। 'सामने तरुमल्लिका अट्टालिका' और 'कोई न छायादार पेड़' का विडंबनात्मक प्रयोग स्त्री श्रमजीवी की यातना को और गहरा देता है। गर्मी का ताप और लू की चिंगारी एक ओर और उसका पत्थर तोड़ना दूसरी ओर। 'जो मार खा रोई नहीं' से उसकी व्यथा की कसमसाहट तथा चारों तरफ से मार खाने का दृश्य एक साथ उभरने लगते हैं। **'लीन होते कर्म में फिर ज्यों कहा/मैं तोड़ती पत्थर।'** अन्य पुरुष अब उत्तम पुरुष 'मैं' में बदल जाता है। वस्तुतः वह कहती नहीं उसकी कर्म-संलग्नता कहती है कि देखो यह कथन नहीं कर्म है। यह कार्य श्रमजीवी को अपने निजी कर्मों द्वारा संपन्न करना होगा। कर्म का उल्लेख दो बार हुआ है–'प्रिय कर्म-रत-मन', 'लीन होते कर्म में' यही गीता का कर्मयोग है। किंतु इसके पीछे एक सामाजिक वर्ग दृष्टि, वैयक्तिक ऐंद्रियबोध, साहित्यिक सौंदर्य चेतन और भाषिक चैतन्य का जो जटिल रचनात्मक संश्लेष है वह प्रबुद्ध पाठक की भागीदारी की अपेक्षा रखता है।

अब यह बात स्वीकृत हो चुकी है कि आधुनिक काल में एक ही क्लासिक कवि है–निराला। दूसरे कवियों की कुछ रचनाएँ क्लासिकल हो सकती है किंतु उनमें से कोई 'क्लासिक' की संज्ञा का अधिकारी नहीं है। आखिर वह कौन-सा तत्त्व है जो उन्हें सर्वाधिक आधुनिक और चिरंतन दोनों एक साथ बनाए रखता है। वह तत्त्व है उनकी गहन सांस्कृतिक चेतना। इस चेतना में संस्कृति के साधु वंशों को, जो हमारे लिए प्रासंगिक और महत्त्वपूर्ण है, ग्रहण किया गया है और जीर्ण-शीर्ण रूढ़ियों को छोड़ दिया गया है। यदि दूसरे कवियों की क्लासिकल रचनाओं को देखें तो उनका मूलाधार भी संस्कृति ही मिलेगी।

आज प्रायः लोग अवगत हो चुके हैं कि भूमंडलीकरण या विश्वग्राम का लुभावना प्रत्यय हमारी संस्कृति के लिए कालिनेम बन चुका है। बाजार के साथ उसकी प्रपंचात्मक साँठ-गाँठ है। वह विपणात्मक औजार है। इस नागपाश से मुक्त होने के लिए तीसरी दुनिया अपने संस्कृति गरुड़ का आह्वान कर चुकी है। यह सांस्कृतिक संकट हमारी अस्मिता का संकट है। निराला को इस संकट का एहसास बहुत पहले हो चुका था–

सोचता कहाँ रे, किधर कूल
बहता तरंग का प्रमुद फूल?

यों इस प्रवाह में देश मूल खो
बहता;

संस्कृति का मूल नष्ट हो जाने पर हमारी जातीय अस्मिता और पहचान भी खो जाएगी। मुसलमानों और अंग्रेजों के शासन में भारतीय संस्कृति का क्षरण हो रहा था। इसे लेखकों तथा धर्म-सुधारकों ने रोका। किंतु आज तो मूल के खो जाने की स्थिति आती प्रतीत होती है। नागुगी वा थियांगो की एक पुस्तक है 'डी कोलोनाइजिंग माइंड'। थियांगो उसमें लिखता है कि शोषितों के प्रतिरोध को समाप्त करने के लिए साम्राज्यवादियों के पास सबसे बड़ा हथियार संस्कृति-बम है। इस संदर्भ में निराला की कविताओं की पुनः पुनः विवेचना अपेक्षित है।

वाल्मीकि, व्यास, कालिदास के अतिरिक्त उन्होंने मध्यकालीन कवि तुलसीदास को विशेष रूप से अपनी अमूल्य धरोहर के रूप में चुना है। गीता और उसके अनासक्त कर्मयोग को वह बार-बार कविता और जीवन में स्मरण करता है। वेदांत उसका दर्शन है—शांकर वेदांत नहीं, विवेकानंदीय वेदांत। इसमें देश, जाति, संस्कृति की उन्नति का समावेश है। उसकी राजनीतिक चेतना में तिलक हैं। अपनी संस्कृति के आधार पर—व्यापक संस्कृति—वह जागरण के गीत गाता है, रागों में एक नए राग का—बादल राग का—आविष्कार करता है। वह खँडहर को नमन करता है—गौतम, कपिल कणादि को। इन्हीं लोगों से उसकी रचनाओं को ज्योतिर्मयता मिली है। रवीन्द्रनाथ की तरह उसकी रचनाओं में रह-रह कर झलक मिलती है—**'वैराग्य साधने मुक्ति, से आभार नय।'**

दलित साहित्य

हिंदी साहित्य में इधर कुछ दशकों से स्त्री-विमर्श और दलित-विमर्श की खूब चर्चा रही है। अब भी दोनों विमर्शों को लेकर गोष्ठियाँ हो रही हैं, पत्रिकाओं के विशेषांक निकल रहे हैं। स्त्री-विमर्श एक वैश्विक फेनामिना है। स्त्री-पुरुषों द्वारा दुनिया भर में शोषित होती रही है—समानता की दृष्टि से, कानून की दृष्टि से, आर्थिक दृष्टि से। समाज चाहे हिंदुओं का हो, मुसलमानों का हो, इसाइयों का हो या किसी अन्य धर्म का। पुरुष के लिए तो स्त्री बराबर भोग्य रही है। अतः उनकी व्यथा-कथा वही लिख सकती है। दलित-विमर्श अपने सही अर्थ में केवल भारतीय है वह भी हिंदू। दलित या शूद्र हिंदुओं में ही होता है। दलितों के अपमान से हमारे धर्मशास्त्र, रामायण, महाभारत भरे पड़े हैं।

आधुनिक काल में दलितों की दुर्दशा की ओर सर्वप्रथम महात्मा गाँधी का ध्यान गया। उनके उद्धार के हेतु उन्होंने रचनात्मक पहल भी की। कहा जाता है कि 1970 में महाराष्ट्र के दलित पेंथर ने 'दलित' शब्द का प्रचार किया। पर गाँधी के मतानुसार दलित शब्द के प्रथम प्रयोक्ता विवेकानंद थे। गाँधी का कहना है कि हमने उनका दमन किया, इसलिए 'दलित' शब्द औचित्यपूर्ण है। आंबेडकर का आगमन गाँधी के बाद होता है। 1915 में अछूतों ने गाँधी के सम्मान में एक समारोह किया। गाँधी ने कहा अछूतों को जूठा खाना दिया जाता है, पानी नहीं मिलता। उनके पास न कपड़ा है न मकान हैं। कुंभकोणम में ब्राह्मणों की तानाशाही चलती है। केरल में एक सड़क पर अछूतों के चलने की मनाही थी। गाँधी के नेतृत्व में अछूतों ने इसके विरोध में एक जुलूस निकाला। इसके लिए उन्हें धमकी भी मिली। उनका कहना था कि अस्पृश्यता हिंदू धर्म का अंग नहीं है। यदि इस साँप को मारा नहीं गया तो हिंदू धर्म को ही निगल जाएगा। चूँकि गाँधी ईश्वरवादी

थे, वर्णाश्रम धर्म को मानते थे इसलिए अछूतों ने उनकी निंदा की, विरोध किया। दक्षिण अफ्रीका में उनके साथ एक दलित भी रहता था। अतः आज के संदर्भ में गाँधी का पुनः अध्ययन अपेक्षित है।

आंबेडकर बहुत पढ़े-लिखे व्यक्ति थे। उन्होंने वेद, पुराण, उपनिषद्, स्मृति आदि का गहन अध्ययन किया था। उन्होंने सिद्ध किया है आर्य यहाँ के मूल निवासी थे। आर्यों-अनार्यों में नस्ल-भेद नहीं था। ऋग्वेद में केवल तीन ही वर्ण थे। शूद्र का नामोल्लेख नहीं था। वे क्षत्रिय थे, मंत्रों के द्रष्टा थे। जिस 'पुरुष सूक्त' में इनका नाम आया है वह बाद में ब्राह्मणों ने ऋग्वेद में घुसेड़ दिया है। शूद्रों का अपना गण था, राज्य था। सुदास शूद्र थे, क्षत्रिय थे। बाद में स्मृतियों-पुराणों ने शूद्रों को वर्णधर्म का चौथा चरण मानकर अस्पृश्य बना दिया। मनुस्मृति ने इनकी घोर अवमानना की है। 1927 में आंबेडकर ने मनुस्मृति को सरे आम जलाया।

आंबेडकर गाँधी से सहमत नहीं थे क्योंकि वे वर्णधर्म के समर्थक थे। लेकिन गाँधी के इस कथन का क्या होगा कि अस्पृश्यता हिंदू धर्म का अंग नहीं है। मार्क्सवाद से भी सहमत नहीं थे। मार्क्सवाद का मूलाधार वर्गभेद है जबकि आंबेडकर की मान्यता थी कि भारतीय समाज का बुनियादी आधार वर्ण-भेद है। ब्राह्मण, क्षत्रिय, वैश्य और शूद्र में शूद्र का काम केवल उच्च वर्णों की सेवा करना है। हजारों वर्षों से शूद्रों का आर्थिक, सामाजिक, सांस्कृतिक शोषण किया जाता रहा। गाँधी ने इसे स्वयं स्वीकार किया है। मजदूर शोषित थे पर दलितों की तरह बहिष्कृत नहीं थे। वर्ण-संघर्ष द्वारा ही वर्णहीन समाज की स्थापना हो सकती है। बौद्ध धर्म स्वीकार करने के मूल में वास्तविक बात यह थी कि वहाँ वर्ण-व्यवस्था नहीं थी। ऐसा करने से वर्ण-व्यवस्थावादी हिंदू धर्म से मुक्ति भी हो जाती थी। आंबेडकर के अलगाववादी मसले के विरुद्ध गाँधी ने आमरण अनशन किया था। गाँधी से सुलह करके आंबेडकर ने उदारता का ही नहीं राजनीतिक सूझबूझ का भी परिचय दिया था। हिंदू धर्म से एकदम अलग हो जाने पर न हिंदुओं को लाभ था न दलितों या शूद्रों को। वर्ण-संघर्ष कोई नया नहीं है। क्षत्रिय-ब्राह्मण के दीर्घ वर्ण-संघर्ष का वर्णन स्वयं आंबेडकर ने किया है। संभवतः इसी का फल है कि क्षत्रियों को—राम-कृष्ण को ईश्वर का सगुण अवतार मान लिया गया। बाद में महात्मा गौतम बुद्ध जो क्षत्रिय थे ब्राह्मणों द्वारा अवतार घोषित कर दिए गए। दलितों के वर्ण-संघर्ष से वर्ण-व्यवस्था नष्ट हो या न हो लेकिन उनका आत्मगौरव, समता, बेहतर आर्थिक स्थिति लौटेगी। सत्ता की भागीदारी के लिए उन्हें राजनीति का आश्रय लेना होगा, और सांस्कृतिक समरसता के लिए साहित्य का।

दलित साहित्य के लेखकों में अभी न तो बौद्धिक ऊँचाई आ पाई है, न संयम, न रचनात्मक सोच। हिंदी पट्टी के दलित लेखकों और उनसे ज्यादा उनके गैर दलित-पैरवीकारों ने ब्राह्मणों द्वारा लिखा गया सब कुछ जला देने की खोखली आवाज उठाई है। तब उस सभ्यता और वैभवपूर्ण संस्कृति का क्या होगा जो यूनान, चीन, मिस्र की चुनौतियों के आगे थी और बहुत कुछ आज भी नष्ट नहीं हुई है। आंबेडकर ने उनका तिरस्कार करने के लिए नहीं कहा है। वे कहते हैं कि ऋग्वेद और महाभारत ब्राह्मणों द्वारा लिखे गए हैं। इसलिए उनका तिरस्कार नहीं करना चाहिए। ऐसा करने पर हम पुरोहित-विरोधी विचारधारा का बहिष्कार कर देंगे। यह तो तर्कसंगत बात नहीं है।

हाँ, ब्राह्मणों ने अपना वर्चस्व बनाए रखने के लिए अपनी ओर से जो प्रक्षेपण किया है उसे चिह्नित किया जाना चाहिए। जैसे शंबूक वध।

रामायण के पुराने संस्करणों—एक बंगाल संस्करण है, दूसरा इतालवी संस्करण। इसमें उत्तरकांड ही नहीं है। यह सिद्ध करने के लिए कि शूद्र तपस्या के अधिकारी नहीं हैं तपस्वी शंबूक का वध भगवान से कराया गया है। रामचरित मानस में तो इसका नामोनिशान नहीं है। गोस्वामी जी भी शूद्र निंदक थे। फिर भी इसका समावेश मानस में क्यों नहीं किया? इधर रामायण के अन्य संस्करण निकले हैं उसमें इसे शामिल नहीं किया गया है। ऐसे प्रसंगों को किसी संस्करण में नहीं निकालना चाहिए। हमारे धर्मशास्त्रों के पुनः संपादन की सख्त जरूरत है। इन सब बातों के साथ वर्ण-संघर्ष का जारी रखना आवश्यक है। दलित साहित्य का सृजन भी इसी संघर्ष पर जोर देता है।

सबसे पहले 1960 के आसपास मराठी भाषा में इसके लेखन की शुरुआत हुई। आंबेडकर महाराष्ट्र के थे। उनके पास एक विचारधारा भी थी। मराठी दलित साहित्य उसी पर आधारित है। हिंदी पट्टी में इसका लेखन 1980 के लगभग आरंभ हुआ—बीस वर्ष पीछे। हिंदी प्रदेश के दलित नेता जगजीवन राम से इसकी अपेक्षा नहीं की जा सकती थी। मराठी कवि नामदेव ढसाल की एक कविता का हिंदी अनुवाद संभवतः 'साक्षात्कार' में छपा। हिंदी के लोगों का ध्यान इधर गया। सबसे अधिक प्रभाव शरण कुमार लिंबाले की आत्मकथा 'अक्करमासी' का पड़ा। इसमें एक अक्करमासी (रखेल की संतान) की कथा का बहुत मार्मिक चित्र है। आत्मकथा का मूल प्रश्न है—'मैं कौन हूँ?' यह सवाल किसी आध्यात्मिक प्रसंग में नहीं उठाया गया है। बल्कि इसके साथ दो प्रश्न और जुड़े हुए हैं—मैं क्या हूँ और क्यों हूँ? सारे प्रश्न इहलौकिक प्रकरण में उठते हैं और उत्तरित-अनुत्तरित होते रहते हैं। मराठी

में आत्मकथाकार के रूप में दया पवार, लक्ष्मण गायकवाड़, नामदेव आदि उल्लेख्य हैं। हिंदी दलित साहित्य में भी सर्वाधिक आत्मकथाएँ ही चर्चित रहीं।

हिंदी के दलित साहित्यकारों का दावा है कि दलित साहित्य केवल दलित ही लिख सकता है। इस तरह दलित अपना एक अलग वर्ण बना लेते हैं। वर्ण-धर्मियों ने दलितों को 'बहिष्कृत' कर रखा था तो दलित साहित्यकार स्वयं बहिष्कृत हो गए। गैर दलितों को अपने साथ लेने से उनका मोर्चा मजबूत होगा। इस तरह का आक्रोश पहले स्त्री-विमर्श में भी था। लेकिन धीरे-धीरे उसमें संयम आया और उसके लेखन के विषय को विस्तार मिला। दलित लेखकों ने गैर दलित लेखकों पर, जिन्होंने दलितों को अपनी विषय-वस्तु बनाया है, चुन-चुन कर हमला करना शुरू किया। सबसे पहले आधुनिक हिंदी साहित्य के दो सर्वश्रेष्ठ लेखक इस हमले के शिकार हुए—प्रेमचंद और निराला। दलित विरोध के कथित अपराध में 'रंगभूमि' को जलाया गया, उन्हें सामंतों का साहित्यकार कहा गया। 'प्रेमचंद : सामंतों के मुंशी' पुस्तक छाप दी गई। 'ठाकुर का कुवाँ' और 'कफन' को दरकिनार कर दिया गया। यदि वे दलित होते तो ये कहानियाँ बेजोड़ घोषित कर दी जातीं। साहित्य का प्रतिमान साहित्य होता है न कि लेखक की जाति। निराला 'चतुरी चमार' लिखें या 'कुल्ली भाट' दलितों ने उन्हें ब्राह्मणवादी सिद्ध कर दिया। **'वे शेष-श्वास, पशु मूक-भाष/पाते प्रहार अब हताश्वास/सोचते कभी, आजन्म ग्रास द्विजगण के/होना ही उनका धर्मपरम/वे वर्णधम, रे द्विज उत्तम, वे चरण-चरण बस, वर्णाश्रम-रक्षण के/।'** यह निराला की कविता है। 'तोड़ती पत्थर' अद्वितीय दलित कविता है। निराला की सर्वश्रेष्ठ कविताओं में एक यह भी है। लेकिन चूँकि निराला ब्राह्मण हैं इसलिए उन्हें दलित कविता लिखने का अधिकार नहीं है। इन बहसों में न पड़कर सीधे साहित्य पर बात करनी चाहिए।

हिंदी का दलित साहित्य अभी विकास की पहली मंजिल पर है। इसमें भी आत्मकथाओं का महत्त्व अधिक है। ये आत्मकथाएँ पारंपरिक आत्मकथाओं से भिन्न हैं। न इनमें किसी बड़े राजनेता की आत्मकथा है और न साहित्यकार वैज्ञानिक की। इन कथाओं में शोषित, दमित, पीड़ित, दरिद्र, अपमानित दलितों का भोगा हुआ कटु यथार्थ व्यक्त हुआ है। यह आत्मकथाओं का नया रूपांतरण है।

हिंदी दलित साहित्य में छह आत्मकथाएँ हैं—मोहनदास नैमिशराय की 'अपने-अपने पिंजरे', ओप्रकाश वाल्मीकि का 'जूठन', कौशल्या बैसंती की 'दोहरा अभिशाप', सूरजपाल चौहान की 'तिरस्कृत', डॉ. जाटव की 'मेरा सफर मेरी जिंदगी' और भगवानदास की 'मैं भंगी हूँ'। नैमिश की आर्थिक स्थिति मध्यवर्गीय परिवार

से बेहतर थी। अतः उन्हें सामान्य दलित के भोग से गुजरना नहीं पड़ा है। इसमें नैमिश के अपने परिवार और परिवेश का चित्रण अधिक हुआ है। फिर भी यह दलित समाज को गुलामी का बोध कराती है। पर उस समाज को सकारात्मक प्रेरणा नहीं देती। स्त्री के प्रति नैमिश का दृष्टिकोण सामंती है। 'जूठन' की समस्या रोटी की उतनी नहीं है, जितनी आत्मसम्मान की है। ओप्रकाश स्कूल जाता था। लेकिन हेडमास्टर उसे चूहड़े कहकर अपमानित करता था और स्कूल परिसर में झाड़ू लगवाता था। एक दिन उसके पिता ने झाड़ू लगाते देख लिया। बेटे के हाथ से झाड़ू लेकर दूर फेंक दिया और तेज स्वर में बोला—'देखें कौन द्रोणाचार्य की औलाद है जो मेरे लड़के से झाड़ू लगवाते हैं।' उसका स्वाभिमान देखते ही बनता है। लेकिन बेटे की शिक्षा में बाधा न हो, इसलिए प्रधान से मिन्नत भी करता है। उसकी माँ बारात की जूठन बटोरने के लिए बेटे-बेटी के साथ बैठी है। किंतु त्यागी से अपमानित होने पर टोकरा उलट कर शेरनी की तरह चली जाती है। आत्मसम्मान की इस चिनगारी को बचाए रखकर ही दलित अपनी लड़ाई लड़ सकते हैं। दलितों के लिए वर्ण-संघर्ष ही बुनियादी समस्या है—'सबसे बड़ा जाति अपमान।' एक व्यक्ति की स्तुति इसकी संरचना को बेहद कमजोर बना देती है। 'तिरस्कृत' में अनावश्यक आक्रोश ज्यादा है। लेखक साहित्य को हथौड़ा कहता है। हथौड़ा की अवधारणा क्रीशे हो गई है। साहित्य संवेदना होता है, हथौड़ा नहीं। हथौड़ा साहित्य अपने को ही तोड़ता है। 'दोहरा अभिशाप' में एक ओर स्त्री पुरुष से पीड़ित है तो दूसरी ओर वर्ण-व्यवस्था में स्त्री होने से। माताप्रसाद की 'झोंपड़ी से राजभवन' में राजनीति ज्यादा होने के बावजूद आत्मविकास के लिए दलित का संघर्ष उभरा है।

इधर कुछ लोग 'अक्करमासी', 'जूठन' आदि को आत्मकथात्मक उपन्यास कहने लगे हैं। किंतु आत्मकथा और उपन्यास की संरचनाएँ अलग-अलग हैं। वर्ण्य के भिन्न होने से ही संरचनाओं में वैभिन्न्य आता है। उपन्यास कहन शैली में होता है। आत्मकथाएँ वर्णन शैली में। उपन्यास में कल्पना का विन्यास भी आवश्यक है। आत्मकथाओं में प्रामाणिकता जरूरी है जबकि ऐतिहासिक पौराणिक उपन्यासों में भी लेखक अपेक्षित परिवर्तन कर लेने के लिए स्वतंत्र है।

आत्मकथाओं के अतिरिक्त अन्य विधाएँ कमजोर हैं। दलित लेखकों की संख्या भी कम है। एक ही व्यक्ति कविता, कहानी, उपन्यास, आत्मकथा सब कुछ लिखता है। इसलिए अनुभव का एक ही तार हर विधा में बजता रहता है। इस बात पर बहस जरूर हुई है कि पहला दलित कवि और पहली दलित कविता कौन है? कुछ लोग 1914 की 'सरस्वती' में हीरा डोम लिखित 'अछूत की शिकायत'

को पहली दलित कविता मानते हैं। कुछ दूसरे अछूतानंद को पहला दलित कवि कहते हैं। उन्होंने 1910 से 1927 तक बहुत-सी दलित कविताएँ लिखीं। किंतु वे दिनांकित नहीं हैं। इसलिए हीरा डोम को ही पहला दलित कवि कहना संगत है। दलितों के प्रतिमान से कबीर, मुलसमान होने के कारण, दलित कवि नहीं हो सकते। वर्ण-धर्म विरोधी कविता लिखने से कोई भी क्यों न हो दलित कवि नहीं हो सकता। दलित साहित्यकार होने के लिए लेखक को जन्मना दलित होना चाहिए। ठीक वैसे ही जैसे यज्ञोपवीत, शादी-विवाह आदि कराने का अधिकार उसी को है जो जन्मना ब्राह्मण है। रैदास जन्मना दलित हैं, इसलिए उन्हें पहला दलित कवि कहना तर्कसम्मत-इतिहास-सम्मत है। ओमप्रकाश, कँवल भारती, नैमिश, कर्दम आदि ने कविताएँ लिखी हैं लेकिन ढलान तक पहुँचने में अभी देर है।

उपन्यासों में जयप्रकाश कर्दम के 'छप्पर' की चर्चा अधिक हुई है, लेकिन इसका अंत पूर्वनिर्धारित और कृत्रिम हो गया है। नैमिश का 'मुक्तिपर्व' सामान्य उपन्यास है। हरनोट के उपन्यास 'हिडिंब' को दलित उपन्यास भी कहा जा सकता है और प्रेमचंदीय परंपरा का ग्रामीण उपन्यास भी। इसमें किसान अपनी जमीन के लिए लड़ता है—सत्ता से संघर्ष करता है। शावण अपना सर्वस्व कुर्बान कर देता है, लेकिन मंत्री के हाथ भी कुछ नहीं लगने देता। इसमें सत्ताधारियों की साजिश का पर्दाफाश करते हुए सरकारी अफसरों में इन्सानियत भी दिखाई गई है। एक अदद इंसान कहीं भी हो सकता है।

कहानियाँ कुछ बेहतर बन पड़ी हैं। इन पर ज्योतिबा फुले और आंबेडकर दोनों का प्रभाव है। दलितों की हीन दशा के लिए मूलतः वर्ण-व्यवस्था तो जिम्मेदार है ही, ज्ञान का अभाव भी है। सवर्णों ने ज्ञानोपलब्धि के मार्ग में भी काँटे बिछा रखे हैं। वैदिक काल में उन्हें कहीं ज्ञान का अधिकारी बताया गया है कहीं नहीं। ब्राह्मणवादी व्यवस्था ने निषेधात्मक पक्ष पर बल देना शुरू किया। इसके प्रमाण में मनुस्मृति का उल्लेख किया जा सकता है। आंबेडकर तो इसके विरोध के नराकार रूप थे। कथा-साहित्य, उपन्यास-कहानी दोनों में इसका चित्रण मिलेगा। कहानीकारों में भी कोई खास नया नाम नहीं है। इधर जयप्रकाश कर्दम का एक नया कहानी संग्रह 'तलाश' छपा है। उनमें संगृहीत कुछ कहानियाँ आंबेडकरी रक्षा-कवच से अलग हैं। उससे लगता है कि भविष्य में कथा-साहित्य का दायरा व्यापक होगा। व्याप्ति की दृष्टि से हरनोट का कहानी संग्रह 'दारोश' द्रष्टव्य है। दलितों के पास एक ही आलोचक है धर्मवीर। अपनी कतिपय खामियों के बावजूद 'कबीर के आलोचक' ठीक ठिकाने की पुस्तक है। लेकिन 'प्रेमचंद : सामंतों के मुंशी' लिखकर धर्मवीर

ने अपनी आलोचना का अंत घोषित कर दिया।

आजकल हर नए साहित्य के लिए नए सौंदर्यशास्त्र का फैशन बढ़ता जा रहा है। एक उपन्यास लिखा। लेखक-आलोचक को नए सौंदर्यशास्त्र की आवश्यकता महसूस होने लगी। कुछ लोग तो सौंदर्यशास्त्र की जगह 'एस्थेटिक्स' शब्द का ही प्रयोग करते हैं। नया काव्यशास्त्र कोई नहीं माँगता। सौंदर्यशास्त्र कला की सैद्धांतिकी है, दर्शन है। कमोबेश इसे प्रत्येक कला में देखा जा सकता है—चित्र में, संगीत में, वास्तु आदि में। काव्यशास्त्र या साहित्यशास्त्र की माँग कोई नहीं करता। दलित साहित्य के सौंदर्यशास्त्र की माँग इसी प्रकार का एक फैशन है। मार्क्सवादी सौंदर्यशास्त्र पर पश्चिमी ढर्रे पर दो-चार किताबें लिखी गई हैं। फिर भी भारतीय सौंदर्यशास्त्र को एकदम अनदेखा नहीं छोड़ा गया है। मराठी में दलित साहित्य को लक्ष्य करके लिम्बाले ने सौंदर्यशास्त्र पर एक पुस्तक जरूर लिखी है। हिंदी में ओप्रकाश वाल्मीकि की भी एक पुस्तक है—'दलित साहित्य का सौंदर्यशास्त्र' वास्तविकता तो यह है हिंदी दलित-लेखन का पहला फेज है। इसके साहित्य में न परिपक्वता है न वैविध्य। वैविध्य का ऐकांतिक अभाव सौंदर्यशास्त्र को कौन कहे काव्यशास्त्र निर्माण में भी बाधक है।

दलित लेखक जिस तरह अलगाववाद की नीति अपना रहे हैं वह उनके लिए ज्यादा घातक है। नफरत से नफरत पैदा होती है। लोकतंत्र में यह संभव भी नहीं है। गठबंधन सरकारों के जमाने में एक जाति का दूसरी जाति से मिलना युग की माँग है। सत्ता में भागीदारी वर्णवादी व्यवस्था को तोड़ने में मदद करेगी। बहुत से सवर्ण दलितों के पक्षधर हैं और बहुत से दलित अलगाववाद के विरुद्ध हैं। पश्चिम में अनेक श्वेतों ने अश्वेतों के पक्ष में श्रेष्ठ साहित्य का सृजन किया है। अश्वेत ऐसे साहित्य का स्वागत करते हैं। दलित साहित्यकारों को अपने हित में यह जिद छोड़नी पड़ेगी कि दलित साहित्य दलित ही लिख सकते हैं।

जन्मदिन

रवि बाबू ने अपने जन्मदिन पर एक कविता लिखी है। मैं कवि नहीं हूँ। यदि होता तो शायद मैं भी लिखता। लेकिन उनकी कविता मेरे जैसे उम्रदराज के व्यक्ति पर पूरी तरह लागू होती है–

आज नया जन्म-दिन
नए सूत्र में गूँथा जा रहा है।
जन्मोत्सव के लिए यह जो आसन बिछाया गया है
यहाँ मैं केवल यात्री मात्र हूँ।
यहाँ मैं मृत्यु के दाहिने हाथ से तिलक वरण करूँगा
जब तक नूतन अरुणिमा
यात्रा पर जाने का संकेत नहीं देती।
जन्म और मृत्यु आज परस्पर समीप हैं।
दोनों एक ही आसन पर बैठे हैं
मेरे जीवन की सीमा में दोनों आलोक,
रात्रि के चंद्रमा और उषा के शुक्र तारे के समान
आमने-सामने होकर मिल रहे हैं।
आशीर्वाद दो
यात्रा की नौका पर चलते समय
पीछे मुड़कर
जीवन भोज में उच्छिष्ट की ओर
मैं आँख फाड़-फाड़कर न देखूँ।

इस अवसर पर निराला को न याद करना कृतघ्नता होगी। मैंने निराला पर पहली किताब लिखी थी—'क्रांतिकारी कवि निराला' आश्चर्य है कि आचार्य हजारी प्रसाद द्विवेदी शांतिनिकेतन की अपनी पत्रिका में उसकी समीक्षा लिख चुके थे। अतः 50 में हिंदू विश्वविद्यालय में आने पर उन्होंने हिंदी विभाग में मेरी नियुक्ति कर ली। यह भी बता दूँ कि यहाँ का ब्रह्मकुल मेरे विरुद्ध था। लेकिन निराला ने अपने लिए स्वयं लिखा है—"ब्राह्मण समाज में ज्यों अछूत।" आचार्य द्विवेदी की स्थिति भी यही थी। इसके विस्तार के लिए यहाँ अवकाश नहीं है। यहाँ मैं निराला की एक कविता उद्धृत करने की अनुमति चाहूँगा—

मैं अकेला
देखता हूँ आ गई मेरे दिवस की सांध्यवेला।
जानता हूँ नदी झरने,
जो मुझे थे पार करने
कर चुका हूँ, हँस रहा हूँ
यह देख
कोई नहीं मेला।

निराला ने 'आ रही' लिखा है। मैंने उसे बदलकर 'आ गई' कर दिया है।

मुझे अधिक नहीं 3-4 वर्षों का समय और चाहिए। इसके लिए प्रार्थनापत्र भेज दिया है। मैं एक पुस्तक लिखने की तैयारी कर रहा हूँ 'संस्कृत काव्यशास्त्र का लोकपक्ष।' इस विषय पर लिखने वाले दिग्गजों ने इसे आध्यात्मिकता से जोड़ कर इसकी मिट्टी पलीद कर दी है। इससे यह काव्य न प्रासंगिक रह पाता है न प्रामाणिक। के.सी. पाण्डेय, ए.के. कुमार स्वामी, मैसन-पटवर्धन, त्र्यंबक गणेश देशपाण्डेय ने इसे धर्म-आंध्यात्मिकता से जोड़कर अन्याय किया है। वस्तुतः साहित्य शास्त्र की मुख्य धारा को कर्म और अध्यात्म से कुछ खास लेना-देना नहीं है। काश, यह काम पूरा हो जाता।

हरिवंश राय बच्चन का शायद अंतिम काव्य संग्रह है—'जाल समेटा'। इसके बाद उन्होंने लिखना बंद कर दिया। लेखक कभी भी जाल नहीं समेटता। 'जाल समेटा' के साथ मुझे हेमिंग्वे का 'ओल्ड मैन एंड सी' याद आ गया। हमारे लिए इस समय सर्वाधिक प्रासंगिक है। मुझे लगा कि क्यों न इसे बच्चों को पढ़ने के लिए दे दें। बच्चों यानी एक पौत्र और एक पौत्री। बेटा नौवीं कक्षा का विद्यार्थी है—थोड़ा पाजी भी। उसने किताब उल्टी-पल्टी और बोला यह किताब तो आप लोगों

के लिए लिखी गई है—'ओल्ड मैन एंड सी'। बच्चे की इस टिप्पणी से मैं हैरान रह गया। यह अद्भुत अर्थापन इंटरप्रेटेशन था। बच्चों से भी कुछ सीखा जा सकता है। पौत्री का उत्तर उससे भिन्न था। उसने किसी प्रकार किताब का काफी हिस्सा पढ़ डाला। आगे पढ़ने से इनकार कर दिया। वह बोली—'बूढ़े आदमी के जाल में एक सुनहली मछली फँसी है। जाल किनारे की रेत पर आ गया है। मुझे डर लगा कि यदि यह मछली भी चली गई तो बूढ़े का क्या होगा?' बच्चे भी अपने ढंग से पाठ को डीकान्स्ट्रक्ट करते हैं। यही तो है "रीडर्स रेसपांस आलोचना" फिर मैं बूढ़े आदमी के सपने में खो गया, दूर-दूर तक समुद्र की लहरों से लड़ने के लिए समुद्र में उतर पड़ा। पूस की रात से यह कितना भिन्न है। हेमिंग्वे में एक सपना है। जीवन है। वह रचना के धरातल पर जीवन के सरोकारों से कितने गहरे अर्थों में जुड़ा है।

इस साइटेशन में कहीं आलोचना की आयातित शब्दावली का उल्लेख किया गया है। उनमें से अनेक शब्द 'हिंदी आलोचना के बीज शब्द' में विवेचित हैं—मार्क्सवादी समीक्षा, पाठाश्रित आलोचना, रीडर रेसपांस आलोचना, डीकान्स्ट्रक्शन, आधुनिकता, उत्तर आधुनिकता आदि ऐसे ही शब्द हैं। प्रश्न होता है कि क्या भारतीय आलोचना में ऐसा कुछ है जिसे निर्यातित किया जा सकता है? ऐसा करने का प्रयास हुआ है, पर पश्चिम के बाजार ने उन्हें ग्रहण नहीं किया। अपने शब्दों को यहाँ भेजकर पश्चिम हमारी संस्कृत और चिंतन को अपनी संस्कृति से ढँक लेना चाहता है। ऐसी स्थिति में सांस्कृतिक आलोचना पर बल दिया जाने लगा है। पत्र-पत्रिकाओं में मौलिक लेख कम पश्चिम के लेखकों के निबंधों के अनुवाद अधिक दिखाई पड़ते हैं। विदेशी किताबों के नामों का उल्लेख करने में हिंदी के विद्वान अद्वितीय हैं। गोया सारे अंतर्राष्ट्रीय जगत का ज्ञान उनकी मुट्ठी में है। इस कुप्रवृत्ति से मुक्त होना जरूरी है। हमारे कहने का तात्पर्य यह नहीं है कि हमें उनसे परहेज करना चाहिए, ताजा हवा के लिए खिड़कियाँ खुली रखनी चाहिए किंतु इतना नहीं कि वे हमें नंगा कर दें। इसीलिए बार-बार कहा गया है कि जड़ों की ओर लौटो। अपनी जड़ों में बहुत मिलेगा।

मैं एक उदाहरण देकर इसे और स्पष्ट करना चाहूँगा। इधर आलोचना के क्षेत्र में एक नया शब्द घुस आया है। उसे अंग्रेजी में 'इंटरटेक्चुएलिटी' कहा जाता है। इसे हम अंतर्पाठ कह सकते हैं। इसका ठीक अभिप्राय है एक पाठ में बहुत से पाठों का मिला होना। निराला के **'स्नेह निर्झर बह गया है/रेत ज्यों तन रह**

गया है' में भवभूत झाँकते हुए मिल जाएँगे। **'पुरा यत्र स्रोतः पुलिनमधुना तत्र सरिताम्...'** गार्सिया मारक्वेज का एक प्रसिद्ध उपन्यास है–**'वन हंड्रेड ईयर्स आफ सालीट्यूड'** उसमें वे कहानियाँ भरी पड़ी हैं जो उसने अपने बचपन में परिचारिकाओं से सुन रखी थीं। बाद में उसने अन्य उपन्यासों में लोरका के अनेक मोतिफ लिए हैं। यह बाहर से लाकर जड़ा नहीं गया है। बल्कि रचनात्मक प्रक्रिया का अंग है। किंतु अज्ञेय और निर्मल वर्मा के उपन्यासों में पश्चिमी मोतिफ जड़ाऊ बन गए हैं। टी.एस. इलिएट के वेस्टलैंड को इंटरटेक्चुएलिटी को जाने बिना कठिन है। अंतर्पाठ जानबूझकर नहीं लाए जाते वे जातीय मन में समाहित रहते हैं और अनजाने अपने आप फूट पड़ते हैं। इसे भलीभाँति समझने के लिए मैं केदारनाथ सिंह की एक कविता जो 'टालस्टाय और साहित्य' में संगृहीत है। उद्धृत करना चाहूँगा–

आप पाएँगे वहाँ शब्दों ने पीसकर
समय को बराबर कर दिया है
और अब वहाँ सारा समय एक जगह इस तरह है
कि आपको लगेगा जैसे ब्रह्मसूत्र
पढ़ रहा है मुक्तिबोध को
और शाकुंतल का हिरन
कुछ कह रहा है पद्मावत के तोते से
और बीजक का कोई पद
किसी पोथी से छिटक कर
मनु से बहस कर रहा है
और रासो की सबसे पुरानी प्रति
धीरे-धीरे गुनगुना रही है
किसी युवा कवि की अप्रकाशित कोई कविता

अंतर्पाठ (इंटरटेक्चुएलिटी) के जाने बिना इस कविता को नहीं समझा जा सकता। 'बाघ' कविता में इसे देखा जा सकता है। किंतु सभी रचनाओं के लिए यह आवश्यक नहीं है। इधर के कुछ उपन्यासों–कितने पाकिस्तान, काशी का अस्सी–को ठीक से समझने के लिए इस सिद्धांत की सहायता ली जा सकती है। यह कहना कि हमारे यहाँ सब कुछ है, दकियानूसी है।

बीसवीं शताब्दी में योरप में साहित्यिक सिद्धांतों की बाढ़ आ गई थी। इसे एज़ाज अहमद 'प्रोलिफरेशन' कहते हैं। अब यह शब्द एटम के विस्फोट के संदर्भ में किया जाता है। अहमद के अनुसार यह विस्फोटक अंग्रेजी भाषा-भाषियों के बीच हुआ है। किंतु वास्तविकता इससे भिन्न है। यह विस्फोट मुख्यतः फ्रांस में हुआ। जर्मनी, रूस और इटली में भी इन विस्फोटों की प्रतिध्वनियाँ सुनी जा सकती हैं। अंग्रेजी के माध्यम से इनकी अनुगूँज औपनिवेशिक बंधनों से मुक्त तीसरी दुनिया में भी फैल चुकी है। जाहिर है कि साहित्य और संस्कृति को देखने में गहरी असहमतियाँ हैं। ये असहमतियाँ बहुरंगी संस्कृतियों की सूचक हैं। यह सारे विस्फोट दूसरे विश्व युद्ध के बाद हुए। एक आश्चर्यजनक बात यह दिखाई पड़ती है कि इनके पीछे कहीं न कहीं मार्क्सवाद है। मार्क्स के सिद्धांतों को अलग-अलग देशों ने अपने-अपने ढंग से लिया है। उत्तर-आधुनिकतावाद पर भी इसकी गहरी छाप है। प्रमाण में जेम्स आन की कृतियाँ देखी जा सकती है। दरिदा, सईद वगैरह तो मार्क्सवादी हैं ही इतिहास का अंत घोषित करने वाला फुकियामा भी मार्क्सवादी है, ऐसा वह स्वयं कहता है। अपने देश में लोहिया ने मार्क्सवाद को भारतीय परिवेश में ढालने का प्रयास किया है। मेरी समझ से वे मार्क्सवाद विरोधी नहीं हैं। साहित्य और संस्कृति का नया सिद्धांत बनाने के लिए हमें मार्क्स के साथ गाँधी, आंबेडकर और लोहिया को पुनः पुनः पढ़ना होगा। 'सास्त्र सुचिंतित पुनि पुनि देखिय।'

स्वयं जर्मनी में मार्क्सवादी साहित्य सिद्धांतों को फ्रैंकफर्ट स्कूल ने नया रूप दिया। इस स्कूल के महत्त्वपूर्ण नाम हैं—एडोर्नो, होरखिमेर और मारकूजे। ये यहूदी थे। वे लोग 'सामाजिक अनुसंधान केंद्र' में एकत्र होने लगे। पारंपरिक मार्क्सवाद की इतिहास में अटूट आस्था थी। इसे वह क्रांति और प्रगति के लिए अनिवार्य मानता था। उसका विश्वास था कि पूँजीवाद के स्थान पर मजदूर वर्ग एक वर्गहीन समाज की स्थापना करेगा और समाजवादी भविष्य की फसल लहलहा उठेगी। सन् 1944 में एडोर्नो और होरखिमेर ने एक किताब लिखी 'डाइलेक्टिस आफ इनलाइटेनमेंट'। इसमें उन्होंने बताया कि इतिहास के प्रति अटूट विश्वास में उनकी आस्था नहीं है। फासीवाद और नाजीवाद के उदय के बाद वे और भी निराश हो गए। टोटैलिटेरियन के विचारों को अस्वीकार कर दिया। पर वे फासीवाद और नाजीवाद के खतरे से पूर्णतः सावधान थे। उन्हें जर्मनी से निष्कासित कर दिया गया। वे न्यूयार्क चले गए। वहाँ पर उन्होंने पुनः वही संस्थान खोला। वे मास कल्चर के घोर विरोधी थे, अमेरिकी लोकतंत्र से घृणा करते थे। बेन्यामिन भी इसी स्कूल में थे, यहूदी थे। वे मास कल्चर के समर्थक और आधुनिकता के विरोधी थे। 1936 में उन्होंने

'दी वर्क आफ आर्ट इन दी एज आफ मेकैनिकल प्रोडक्शन' लिखा इसमें मास कल्चर का समर्थन—इतनी दूर तक है कि वह उत्तर-आधुनिकतावादी लगने लगता है। इन सब बातों पर बहस की अपेक्षा है।

फ्रैंकफर्ट स्कूल की चर्चा करने का अभिप्राय यह था कि बनारस में भी क्यों न एक सामाजिक सांस्कृतिक अध्ययन केंद्र खोला जाए जिसमें मार्क्स, गाँधी, आंबेडकर, लोहिया को लेकर बहसें हों और हम किसी नए सिद्धांत पर पहुँच सकें। इस प्रकार के संस्थान के लिए बनारस से बेहतर दूसरी जगह नहीं है।

आलोचना और इतिहास के अतिरिक्त मैंने तीन उपन्यास भी लिखे हैं। कथा लेखन में जितना आनंद आया उतना आलोचना में नहीं। आलोचना की अपेक्षा साहित्येतिहास लेखन अधिक रचनात्मक लगता है। इधर आलोचना को भी लोग रचनात्मक मानने लगे हैं। आलोचना की चिंतन-प्रक्रिया आनंदात्मक जरूर है। पर इसका सही निर्णायक पाठक होता है। अभी-अभी एक पत्रिका में पढ़ रहा था कि संरचनावादी आलोचना को भी कविता कथा की तरह रचनात्मक मानते हैं। इससे पता लगता है कि उत्तर-औपनिवेशिक मानस अभी भी औपनिवेशिक है। चूँकि यह बात संरचनावादियों ने कह दी इसलिए सही है। इस पर अलग से बहस होनी चाहिए। हाँ, बुद्धदेव बसु के 'महाभारतेर कथा' का अनुवाद करते समय हम अद्भुत रसानुभूति से गुजर रहे थे।

किताबों के पढ़ने और निरंतर लिखते रहने में हमारा समय सुखद ढंग से बीतता रहता है। किताबों के साथ मेरा अकेलापन सबसे अभिन्न मित्र बन गया है। भीड़ में भी इस मैत्री में कोई बाधा नहीं पड़ती। अस्वस्थता को भुलाए रखने के लिए यह औषधि का भी काम करता है। बनारस जैसे भीड़भाड़वाले शहर में, जहाँ सड़क पर चलने का कोई नियम नहीं है, लोग बड़े मजे से समाधिस्थ होते रहते हैं। दिल्ली जैसे 'डीह्यूमनाइज्ड' नगर में लोग 'नदी के द्वीप' की तरह पड़े रहते हैं। गंभीर लेखन वहाँ नहीं हो रहा है न होगा। जो कुछ हो भी रहा है वह बाजार से नियंत्रित है। वहाँ से निकलने वाली पत्रिकाएँ भी बाजारू बनती जा रही हैं। एलीट संस्कृति के लोग समीक्षाएँ पढ़कर मूल पुस्तक पढ़ने का नाट्य करते हैं। बनारस की युवा पीढ़ी बहुत जागरूक है। अच्छा लिख रही है। अच्छा पढ़ रही है। इस नगर को छोड़ कहीं भी 'टेक्स्ट' पढ़ने का संस्कार नहीं है। यहाँ की कविताएँ जरूर कमजोर हैं। पर कथा लेखन में यह शहर नया मोड़ देता दिखाई देता है। कुछ युवा आलोचना के क्षेत्र में भी काफी अच्छा काम कर रहे हैं। वे अच्छी तरह अपने को 'अपडेट' बनाए हुए हैं। गोस्वामी जी ने इसीलिए जोर देते हुए कहा

है—**'सो कासी सेई कस न'**।

इस नगर को प्रणाम करते हुए मैं अपने लिए कुछ वर्ष और माँग रहा हूँ। मिलें या न मिलें। 'पत्रोत्कंठित जीवन का विष बुझा हुआ है।' काम न भी पूरा हुआ तो भी आधे-अधूरे का भी अपना सुख होता है, स्वाद होता है। अपने पीछे मनुष्य कुछ अधूरापन भी छोड़ जाता है—

किसी को मुकम्मल जहाँ नहीं मिलता।
जमीं मिलती है तो आसमाँ नहीं मिलता।।

□□□